周易译注

李志刚 译注

长江出版传媒 崇文书局

　　李志刚，1970 年本科毕业于清华大学机械制造专业，1980 年获华中工学院金属压力加工专业硕士学位，1984 年赴英国伯明翰大学作访问学者。现任华中科技大学教授，曾任华中科技大学材料成形与模具技术国家重点实验室主任、中国模具工业协会副理事长、全国塑性工程学会副理事长、全国高等学校材料成型与控制工程专业教学指导委员会委员、湖北省塑性工程学会理事长、湖北省模具工业协会副理事长等职。长期从事塑性成形理论与模具技术的教学科研工作，研究成果曾获国家科技进步二等奖及十余项国内外科技奖励。

　　作者喜爱中国古代文化，科研之暇，研读《易经》，广泛涉猎传统传注及今人研究成果，以期对易理做科学的把握。《周易译注》是作者近年对研究成果和心得体会的归纳整理，注释简净扼要，译文晓畅明达，冀望有裨《周易》这部中华经典的传承与普及。

序 言

　　《周易》又称《易经》，是我国古代一部伟大的哲学著作，对中华文化的发展具有重大而深远的影响。改革开放以来，对《易经》的研究出现了空前的热潮。一些研究《易经》的著作和论文得以发表，许多有关的论坛和讲座在各地举办，所有这些对《易经》概念和理论的普及推广起到了推动作用，也引起了人们对《易经》的浓厚兴趣。

　　但是，我们也看到在当前对《易经》的研究中存在一些值得注意的问题，主要包括：一是将《易经》视为无所不包、无所不能的"天书"，夸大其预知未来的作用，大肆进行占卜、算命等迷信活动；二是过度推崇和神化《易经》，将其视为可解决一切问题、放之四海而皆准的理论；三是不少《易经》研究者不求甚解，生吞活剥，甚至是望文生义，误解或曲解了《易经》的本义。

　　将《易经》神秘化，用以宣扬迷信思想，进行占卜、算卦等活动，这并不是近年来出现的新问题，而是存在已久的问题了，其原因也是多方面的。首先，《易经》本身的结构就是为占卜而设计的，这也反映了《易经》作者的时代局限性。其次，从《易经》出现后便不断衍生出各种占卜方法，从早期的《周易》经典占卜方法，到后来甚至于仅凭投掷硬币便可占卜吉凶，五花八门，花样繁多。为了预测吉凶祸福，不惜重金求算命先生占卜，已成为屡见不鲜的现象。古代许多鸿儒大家都对《易经》有深入研究，例如先秦时期的诸子百家和历朝历代的大学问家，几乎无一不深入研究过《易经》。荀子曾说过："善《易》者不卜。"孔子也曾说过："不占而已矣。"他们的意思是，如果将《易经》研究透彻了，明白了其中的道理，是没有必要占卜的。所以学习《易经》重要的是理解其中的道理，而不是将其作为占卜工具。

　　还有一些人在弘扬传统文化、传承中华文明的口号下，将《易经》推崇到了无以复加的程度。例如，有人认为《易经》是可以用来解决一切问题的金钥匙，不但可以用于解决社会问题，同样也可以用于解决自然科学问题。有人甚至认为，《易经》的阴阳学说为计算机科学的发展奠定了理论基础，《易经》是计算机的鼻祖，《易经》完全可以指导自然科学的研究。

《易经》之所以难懂，而且经常出现对同一句话的多种解释，有几个方面的原因。一是随着文字的不断演变，不少古文字与现代文字在含义和用法上存在较大差异，古代的一个字词在现代汉语中可能会有多种不同的含义。二是古文中没有标点符号，现在看到的《易经》中的标点符号都是后来加上去的。标点符号在不同的位置、断句的不同，会导致不同的解读，甚至是完全相反的意思。三是《易经》中有大量的不完全句，句子成分不完整，极易造成歧义。由于这些原因，为一些人对《易经》进行想象、发挥留下了很大的空间，经常可以看到《易经》的一个句子存在几种、甚至十余种不同的解释。例如，豫卦第二爻中的"介于石，不终日"，就有人解读为"被卡在两块石头之间，不到一天就获救了"。望文生义、凭想象对《易经》胡乱解读的例子不胜枚举。

作者编写此书的目的，不是对上述问题进行批判，而是通过正确地解读《易经》，尽可能确切地阐述经文的核心要义，使读者了解《易经》的精神实质，避免进入上述误区。

为了达到正确解读《易经》的目的，作者在写作过程中遵循了以下的准则和方法，即对经文的解释一要合乎文理，二要合乎事理，三是参考历史上多数易学大家的说法。

所谓合乎文理，就是解释经文时不能脱离原文，不能超越卦义，任凭自己的想象进行翻译和诠释。合乎事理，不仅是指要合乎人情事理，更是指不能超越《易经》作者当时的社会发展水平。《易经》中常以狩猎、婚嫁、封侯建国、祭祀上天等活动为例，以喻事理，我们不能随意把现代生活的内容强加给几千年前的社会。作者在译注经文时，本着忠实于原文的精神，尽量如实地反映经文的本质内容与核心要义，而不是脱离卦辞和爻辞本身、信马由缰地自由发挥。例如，豫卦主要是阐述与逸悦欢娱有关的问题，上面提到的对"介于石，不终日"的解释，完全与卦义无关，当然不能予以采信。

作者对《周易》的译注，采纳的主要是古代易学家的主流见解。因为语言文字演变和社会变迁的缘故，古代学者更能准确理解经文的含义。王弼为魏晋玄学的代表人物及创始人之一；孔颖达为唐代鸿儒，奉唐太宗之命编纂五经正义定本；程颐为宋代易学义理派代表人物；朱熹则是集义理派和象数派之大成者。这些古今公认的易学大家的著作《周易注》《周易正义》《伊川易传》和《周易本义》，对《易经》的解释具有相当的权威性。虽然本书的译注不尽与上述著作相同，但对于一些众说纷纭的问题，作者采信的主要是这些经典著作中较为一致的说法。

为了使读者易于阅读和理解本书的内容，全书在结构上分为两部分，即绪论和正文。绪论中简要地介绍了《周易》的发展过程、理论基础、基本概念和专用术语等内容。读者在掌握了这些预备知识后，就可以较容易地阅读经文的译注了。在正文部分，按照《周易》六十四卦的顺序给出了各卦的详细解读和翻译，并且在经文的释义和译文之后，对生僻的词语、难理解的句子、文言文用词及语法等进行了注释。由于内容和结构上的优化，使本书具有便于阅读、易于理解的特点，有利于国学知识的普及和推广，对弘扬中华优秀传统文化有积极意义。

谨以此书献给我的家人、老师、同学、朋友和同事们。

李志刚

2022 年 6 月 14 日

于华中科技大学

| 目　录 |

绪　论

为了较容易地开始本书正文的阅读，有必要首先了解一些关于《易经》的基本概念和基础知识。绪论作为本书的预备知识，将简要介绍《易经》的发展简史、《易经》的理论基础、八卦和六十四卦的形成、《易经》的象数理、《周易》的体例等基础知识和概念术语。

1.《易经》的起源与发展

《易经》是中国古代一部伟大的的哲学著作，被誉为诸经之首，对中华文化的影响极为深远。关于《易经》的起源与发展，学术界的主流说法是"人更三圣，世历三古"。所谓"人更三圣"，说的是伏羲、周文王和孔子三位圣人是《易经》的主要作者。伏羲首先画出了八卦图；周文王将八卦推演为六十四卦，并作了卦辞和爻辞；孔子则是在写传解经方面做了大量工作。其实，在《易经》的形成和发展过程中，有许多人都参与其中并做出了贡献，可以说《易经》是众多古人集体智慧的结晶，伏羲、周文王和孔子则是他们的杰出代表。所谓"世历三古"，是说《易经》的成书经历了上古、中古和下古三个时期，是一个漫长的历史发展过程。按《汉书》颜师古注引三国魏孟康的说法，上古指的是伏羲生活的时期，距今5000多年；中古指的是周文王生活的时期，距今3000多年；下古则是指孔子所处的春秋时期，距今2500多年。

上古时期的伏羲仰观天文、俯察地理，发明和绘制了八卦。那个时候还没有文字，采用的是结绳记事、绘图相传的方法，所以八卦是用图形符号表示的。

中古的殷商时期，周文王在八卦的基础上，进而推演出六十四卦。那时候已经发明了文字，所以对每一卦的卦辞和爻辞都有了文字表达。

下古的春秋时期，孔子对《易经》进行了阐述和解读，并撰写了《易传》，其中包括 10 篇论述易经的文章。近代学者多认为，《易传》并非一人一时之作，而是出于春秋战国、秦汉时期多人之手。孔子对《易经》的贡献主要在于：一是把《易经》列为六经之一，使得《易经》引起更多人的关注；二是作《易传》，详细阐述了《易经》的理论。

据古籍记载，《易》包括《连山易》《归藏易》和《周易》，是《易经》在不同时期的版本，但是《连山易》和《归藏易》都已失传，《周易》是在《连山》《归藏》的基础上发展而成的，所以我们现在所说的《易经》就是《周易》。

2.《易经》的阴阳理论

阴阳理论是《易经》的总体哲学思想，也是其内涵的核心。在《易传》的《系辞》中写道："一阴一阳之谓道。"意思就是万事万物的变化都是阴阳的变化，阴阳的变化决定了事物变化的规律。

《易经》认为，无论是自然现象，还是社会生活，都存在着对立面，而这种对立面就是"阴阳"。《易经》将"阴阳"作为事物的性质及其变化的法则，把许多自然的和社会的现象都赋予了"阴阳"的含义。

在自然现象方面：天为阳，地为阴；日为阳，月为阴；暑为阳，寒为阴；明为阳，暗为阴；昼为阳，夜为阴……

在社会生活方面：男为阳，女为阴；君为阳，民为阴；君子为阳，小人为阴；高贵为阳，低贱为阴……

此外，《易经》对自然和社会中一些共有的现象也赋予了"阴阳"的含义，例如：刚与柔；动与静；进与退；伸与屈；实与虚；高与低；奇数与偶数……

图1　太极图

宋代学者周敦颐创作的太极图（图1），形象地解释了《易经》阴阳理论的内涵。太极图中的外圆代表太极，也就是无所不容、无所不包的宇宙，《易经》中称之为"太极"。圆内以S曲线分为黑白两部分，分别代表阴和阳，反映了事物中对立的两个方面。太极图中的黑白两部分都包容在圆内，表示阴阳的对立统一，既一分为二，又合二为一。白中有一黑点，黑中有一白点，白为阳，黑为阴，象征阴阳对立共存，即阴中有阳、阳中有阴。图中黑强白弱、白强黑弱、黑白相称表示事物的动态变化，即阴盛阳消、阳盛阴消、阴阳相持的状态。S曲线则表示事物的运动变化是曲折的，不是直线前进的。从图中黑白两部分的变化可以看到，阴阳的变化是有极限的，阳极必阴，阴极必阳，反映了事物盛极必衰、穷极而兴的发展规律。S曲线的圆弧与外圆相切、圆滑过渡，表示事物的变化，即阴阳的变化，是循环不已、永无止境的。

3.《易经》的八卦与六十四卦

本节介绍的内容对于理解正文中对经文的释义、译文和注释至关重要，是阅读本书的基础。在阅读中遇到难理解的问题，多半会与本节论述的内容相关，因此建议读者认真学习本节内容，务求掌握理解。

3.1 《易经》八卦

《系辞》说:"易有太极,是生两仪,两仪生四象,四象生八卦。""仪"就是仪容、容貌的意思,"易有太极,是生两仪"中的两仪,说的是"宇宙的两种仪容"。古人观察到自然界中存在各种对立又相互关联的现象,如天地、日月、昼夜、寒暑、男女、上下等。"阴阳"的概念就是对这种对立而又相关的自然现象的抽象,所以"两仪"指的是"阴阳",即阴仪和阳仪(图2)。在易经中,用图中的这两个符号表示阴和阳,也称为阴爻(yáo)和阳爻,是组成卦象的基本符号。

阴　　　　　　　阳

图2　阴爻与阳爻

爻与爻之间发生关系,或者用数学语言讲是排列组合,就会产生四个新的符号,即老阳、少阴、少阳和老阴(图3),也就是"两仪生四象"中所说的"四象"。在一日之中,少阳代表早晨;老阳代表正午;少阴代表傍晚;老阴代表深夜。在一年之中,少阳代表春天;老阳代表夏天;少阴代表秋天;老阴代表冬天。

老阳　　　　少阴　　　　少阳　　　　老阴

图3　四象

以四象为基础,在每一象的上面再加一个阳爻或者阴爻,便可以生成八个符号,即八卦(图4),也就是"四象生八卦"。在老阳的上方加一阳爻,代表天;在老阳上方加一阴爻,代表泽;在少阴的上方加一阳爻,代表火;在少阴的上方加一阴爻,代表雷;在少阳的上方加一阳爻,代表风;在少阳的上方加一阴爻,代表水;在老阴的上方加一阳爻,代表山;在老阴的上方加一阴爻,代表地。

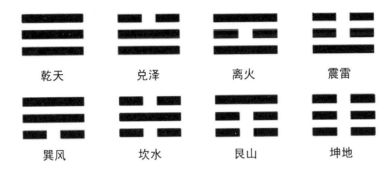

图4 八卦

八卦作为一种符号，在伏羲所处的上古时期，最初只是用来代表天、地、风、雷、水、火、山、泽八种自然现象和东南西北等八个地理方位。后来随着社会的发展，人们赋予了八卦更多的社会人文属性，并为八个卦起了名字，分别称之为乾、坤、离、坎、兑、震、巽、艮。

乾卦代表天，象征天的特性，即阳刚与强健。坤卦代表地，象征地的特性，即顺从与厚重。离卦代表火，火是明亮的，并且不能脱离物体而单独存在，所以象征光明和依附。坎卦代表水，象征坎坷和危险。兑卦代表泽，象征喜悦和欢乐。震卦代表雷，象征威厉和震动。巽（xùn）卦代表风，风吹草动，无孔不入，因而巽卦象征服从和谦逊。艮（gèn）卦代表山，象征阻止和抑制。

《易经》的八卦有阳卦和阴卦之分。将阴爻按二画、阳爻按一画计算，凡是一卦的总画数为奇数的称为阳卦。如乾卦由三画组成，震卦、坎卦、艮卦等三卦由五画组成，这四卦属于阳卦。凡是一卦的总画数为偶数的卦称为阴卦。如坤卦由六画组成，巽卦、离卦、兑卦等三卦由四画组成，这四卦就属于阴卦。

在《易经》中，乾、兑、离、巽分别代表父亲、少女、中女和长女；坤、艮、坎、震分别代表母亲、少男、中男和长男。

后来，出现了五行学说，用金、木、水、火、土表示物质的不同属性，表示事物间相生相克的关系。根据五行学说，五行相生的关系是：金生水，水生木，木生火，火生土，土生金。五行相克的关系是：火克金，金克木，木克土，土克水，水克火。在五行学说中，乾、兑属金，震、巽属木，坤、艮属土，离属火，坎属水。

　　总之，在中华文化中八卦被赋予了许许多多的含义，八卦已经深植于人们生活的方方面面。所以，现在提到《易经》，就会说到八卦，而较少言及六十四卦，八卦作为《易经》的基础是毋庸置疑的。图5所示，是后人绘制的先天八卦图和后天八卦图，分别代表了伏羲和周文王的八卦图。

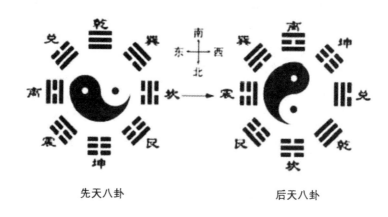

先天八卦　　　　　　　　后天八卦

图5　先天八卦图和后天八卦图

　　先天八卦图和后天八卦图，既有相同的地方，又存在着差异。它们的共同点都是使用了八个各不相同的符号，以代表八种不同的卦象。它们的区别主要在于，先天八卦图立足于自然，基于天文地理的变化认识宇宙；文王八卦图是在先天八卦图的基础上推演出来的，立足于人事，着眼于应用。先天八卦图是"乾天坤地，以上下言"；后天八卦图是"离火坎水，以南北言"。两个图中各卦的方位不同，先天八卦为：乾南，坤北，离东，坎西，兑东南，震东北，巽西南，艮西北；后天八卦为：乾西北，坤西南，离南，坎北，兑西，震东，巽东南，艮东北。两图的东南西北的方位与现在的地图表示不同，但方位的相对关系是相同的，因此并无矛盾。两个八卦图的推演和差别，与本书的内容关系不大，在此就不详细展开论述了。

3.2 《易经》六十四卦

　　《易纬》是汉代前的一部易学著作，书中说："卦者挂也，言悬挂物象，以示于人，故谓之卦。"这里给"卦"下了一个定义，即卦就是挂的意思，将物象悬挂在那里，展示给人看的。前面讲的"四象"，虽然可以表达阴阳之气，但还不能形成万物之象，所以不能称其为"卦"。由三画构成的八卦中，上中下三画，即三个爻，分别代表天、地、人三才，人居天地之间。八卦可以描写天、地、风、雷、水、火、山、泽的象，所以可称之为"卦"。因此，《系辞》说："八卦成列，象在其中矣。"

三画卦又称为三爻卦、单卦或经卦。虽然三画卦具有万物之象，但是对于万物变化的道理，即变化规律，却不能加以描述。于是，周文王等人就想到将两个三画卦重叠起来，使之成为六画卦，即六爻卦，这样既具备万物的形象，又能阐述其变化的规律。图6所示，为两个三画卦重叠起来组成六画卦的例子。图6(a)所示的六画卦是由两个乾卦叠加而成，用以描述天的变化规律，取名为乾卦。图6(b)所示的六画卦，则是由上坤下乾叠加而成，坤所代表的阴气下降，乾所代表的阳气上升，阴阳二气交合，象征通泰顺畅，故取名泰卦。图6(c)所示的卦是由上艮下震叠加而成，上下两个阳爻像口腔的上下腭，中间四个阴爻像两排牙齿。上艮为止，犹如上腭静止不动；下震为动，犹如下腭咀嚼食物，大快朵颐，故取名为颐卦，用以阐述饮食供养的道理。

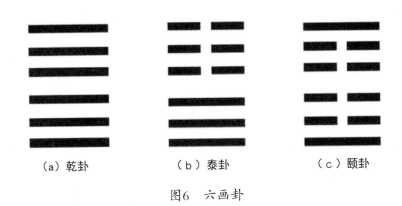

(a) 乾卦　　　　　　(b) 泰卦　　　　　　(c) 颐卦

图6　六画卦

按照上述方法，将八个三画卦放在下面，将另外八个三画卦放在上面，进行排列组合就形成了如图7所示的六十四卦。《易经》将自然界的变化和人类的活动归纳为六十四种情境，用六十四卦来阐述自然界和人类活动的规律。从八卦到六十四卦的演变是一个飞跃，大大扩展了《易经》揭示和阐发自然界和人类社会变化规律的能力。

3.3 重卦中各爻的地位与关系

三画卦两两相重叠而形成的六画卦又称为重卦。重卦下面的三画卦称为下卦、下经卦或内卦，上面的三画卦称为上卦、上经卦或外卦。下卦和上卦代表了事物发展的前后两个阶段。每个重卦共有六画，即六个爻。六爻按其居位次序，自下而上依次称为初爻、二爻、三爻、四爻、五爻、上爻。利用六个爻进一步将事物的发展过程细分为六个小阶段，可以更详细地描述事物发展的进程，分析其内在的规律。

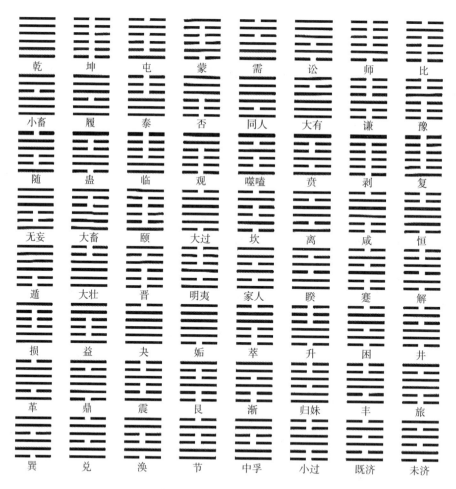

图7　六十四卦的顺序图

　　重卦六爻的位置有阴阳之分，初爻、三爻、五爻是奇数位，称为阳位；二爻、四爻、上爻是偶数位，称为阴位。在易经中，阳爻称为"九"，阴爻称为"六"。对此有一种解释：在八卦中乾卦有三画，坤卦有六画，阳统御阴，故其数为九；阴不能兼阳，故其数为六。对于图8所示的比卦，其二爻为阴爻，故称其为六二；其五爻为阳爻，所以称其为九五；比卦自下而上的六爻分别称为初六、六二、六三、六四、九五和上六。

　　了解重卦六爻所处的位置以及与其他爻的相对关系，对于解读卦义和爻义有着非常重要的意义。

①居位的正当性

　　在《易经》中，凡是阳爻居阳位、阴爻居阴位，则称为"当位""得位"或"得正"；凡是阳爻居阴位、阴爻居阳位，则称为"不当位""失位"或"失正"。图8所示的比卦，主要是讲怎样处理人际关系，阐述彼此之间相亲相比的道理。此卦中，初六和六三都是阴爻居阳位，所以不当位；六二、六四和上六是阴爻居阴位，九五是阳爻居阳位，所以这几个爻都是当位的。《易经》中的"不当位"有两种类型：一是阳爻居阴位，阴爻居阳位；二是阴爻居于阳爻之上，以阴凌阳，也属不当位。当位的爻，象征遵循正道，符合事物的发展规律；不当位的爻，则象征背离正道，违反事物的发展规律。

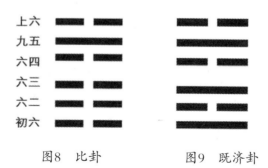

上六
九五
六四
六三
六二
初六

图8　比卦　　　　　图9　既济卦

②居位的中正性

　　每个卦的第二爻居下卦的中间，第五爻居上卦的中间，《易经》称之为"中"。阳爻居中称为"刚中"，阴爻居中称为"柔中"。《易经》提倡中庸之道，主张行为中正，不偏不斜。阳爻居中位，象征具有"刚中"之德；阴爻居中位，象征具有"柔中"之德。若是阴爻居二位，阳爻居五位，则是既"中"且"正"，称之为"中正"，象征守持中道，行为不偏，有美善之德。即便有的爻不当位，但如果居二爻或五爻，即居于中位，一般情况下仍然良好。图8所示的比卦中，六二居下卦中位，九五居上卦中位，居位都是既中且正，是非常吉祥的。

③爻的对应关系

在《易经》的重卦中，下卦的初爻与上卦的四爻、下卦的二爻与上卦的五爻、下卦的三爻与上卦的上爻为对应关系。如果具有对应关系的两爻阴阳异性，则称之为"相应"或"正应"；如果两爻同性，即同为阳爻或阴爻，则称之为"不相应"或"敌应"。两爻之间具有正应关系，象征关系密切，大多数情况下可以相互援应。图8所示的比卦中，下卦的六二与上卦的九五之间就是正应关系。

④爻的相邻关系

重卦中相邻的两爻，称为具有"相比"的关系。如果相邻的两爻异性，则称之为"亲比"关系；如果相邻的两爻同性，则称之为"逆比"关系。图8所示的比卦中，六三与六四的关系即为逆比关系。对于具有亲比关系的两爻，如果阳爻在上，阴爻在下，则称阳爻"下乘"或"下据"阴爻，或者说阴爻"上承"阳爻；如果阴爻在上，阳爻在下，则称阴爻"凌乘"阳爻，"凌乘"多数情况是不好的。图8所示的比卦中，上六与九五相比，上六阴爻在上，"凌乘"九五阳爻。

理解了上述关系，解读《易经》各卦就比较容易了。例如，图9所示为既济卦的卦象，由图中可以看到，各爻都"当位"，各爻都有"正应"关系，六二爻和九五爻居位"中正"，从卦象上看是十分完美的搭配，所以既济卦代表了万事皆济、万事皆成的大好局面。

如前所述，重卦的下卦和上卦分别代表事物发展的两个大阶段，六个爻则代表事物发展过程细分的六个小阶段。总结六爻在六十四卦中的表现，可以发现其中的一些共同点。初爻象征事物发展的起始阶段，或是初涉人世的新人，多数情况下会有一些小错误，但一般不会有危险。二爻因为位置居中，阴爻居此位，是"既中且正"，所以吉祥；即使阳爻居此位，因为居位得中，情况也不会很差；所以有"二多誉"的说法。三爻位于上、下卦的交际处，是事物发展阶段的转折点，有许多不确定因素，危险性较大，因此有"三多凶"的说法。四爻象征事物发展进入了更高的阶段，对于人而言则代表已处较高地位。四爻和三爻一样也处于两个发展阶段的转折期，另外四爻上方是代表君位的五爻，"伴君如伴虎"，四爻多处于忧惧状态，所以"四多惧"。《易经》将重卦的六爻分为天地人三才，五、六爻为天才，五爻象征天子、君王，所以五爻多代表事物圆满成功。上爻象征事物发展的终结，往往是物极必反，穷极而生，代表一个新的轮回的开始。孔子在《系辞》中说："二与四同功而异位，其善不同，二多誉，四多惧。三与五同功而异位，三多凶，五多功。"上述总结包括了多数情况，但也存在一些例外，因此对不同的卦还要具体问题具体分析。

4.《易经》的象数理

《易经》通过象、数、理三者来阐明自然界和人类社会的发展规律。理就是象与数综合起来得到的规律。象和数都离不开理，象是理的外在表现，理则是象和数所包含的事物发展规律。

象，就是一个卦所呈现的图象。图象的背后蕴含着事物发展的基本规律或道理，人们通过观象，可领悟人生处事应当遵循的基本原则和方式方法。《系辞》写道："易者，象也。象也者，像也。"六十四卦中的每一卦都是天、地、风、雷、水、火、山、泽等各种自然形态的组合变化所形成的象。八卦两两相重所形成的六十四种卦象，是揭示事物发展规律的六十四把"钥匙"。卦象是《易经》最基本的象，是一个卦的总体形象，也称为大象。卦中的每一个爻在其位置上所呈现的各种现象，则称为小象，也称爻象。除卦象、爻象外，太极图、八卦图、六十四卦图等都属于象。《系辞》说："在天成象，在地成形，变化见矣。"日月星辰成象于天，动物植物成形于地，变化就体现出来了。在《易经》中，象就是通过卦和爻体现出来的，人们可以直观地感觉到事物的形象，就可以用象的方法来认识事物，并可以进一步分析和了解事物发展变化的规律。例如，图6所示的泰卦和颐卦的卦象就很形象地体现了两卦的卦义。

《易经》的"数"就是现象中所包含的各种"数据"信息，既包括数学上确定的数，也包括不确定的、变化的数。《易经》最基本的数据就是阴阳，例如"一生二"，即表示一个事物包含阴阳两面。阴阳二面的结合，又生成四象，四象再生八卦，八卦又排列组合成六十四卦。四象中的每一象为二画，即二个爻；八卦中的每一卦为三画，即三个爻。《老子》所说的"一生二，二生三，三生万物"，是从数的角度对《易经》最好的总结，解释了"两仪生四象，四象生八卦"的万物生成过程。

此外，《易经》还有阴阳数、天地数、大衍数、河图数、洛书数等关于数的不同表达和含义，因为与本书的阅读关系不大，不影响对《周易译注》的理解，所以在此就不展开讨论了。

理，就是原理和道理。理是在象和数的基础上推出或悟出的道理，是发现的事物发展规律。象和数是理的外在表现或载体，理是象和数背后所蕴含的规律。象离不开理，象中有理；数也离不开理，数是理的表达。《易经》通过一系列的象和数，发现和阐明了自然界和人类社会的发展规律。在《易经》的运用中，有的理主要是由象推出的，称为象理；有的理主要是从数推出的，称为数理；但更多的理则是由象、数结合而推出的。《易经》的理体现了其哲学思想，包括世界观、人生观、天人观和辩证法等。

自孔子以后，特别是汉代以后，易学研究者逐渐分成了两大派别，即象数派和义理派。前者偏重于象数，后者偏重于义理，两大派别互相攻击，互相排斥。大多数现代学者认为，象、数、理具有密不可分的关系，都是《易经》的重要成分，具有互相引发、互相补充、共同表达的作用。

5.《周易》的体例

如前所述，《易经》的发展经历了漫长的历史过程，历时数千年，是古人集体智慧的结晶。在古代，"经"就是指永恒的真理，即"恒久之至道"。中国古代儒家推出的经共有六部，称为"六经"，其中有一部《乐经》已经失传，剩下的五部是《诗经》《书经》《礼经》《易经》和《春秋经》，统称为"五经"。

除了"经"之外，还有"传""传"是对"经"的解释、阐释和补充。例如，《春秋》原为鲁国的史书，后被奉为儒家的经典，对它进行注解、阐释、补充的《左传》就是"传"。孔子对《易经》进行了精深的研究，为阐释和论述《易经》的道理撰写了七种共十篇文章，包括《文言》《彖》上下、《象》上下、《系辞》上下、《说卦》《序卦》《杂卦》。这些文章被后人称为"十翼"，意思是为《易经》作辅翼，详细阐释《易经》。"十翼"就是《易经》的"传"，即《易传》。

在孔子之后很长的时间内，《易经》和《易传》是独立存在的。西汉时期，汉武帝为了加强中央集权，采纳了董仲舒"独尊儒术"的主张，将孔子儒家的著作称为"经"。于是，《易经》和《易传》被统称为《易经》或《周易》。

所谓"体例"，指的是著作的编写格式或组织形式。《易经》六十四卦的体例都是一样的，即由五个部分构成。第一部分是卦象，或者称为卦画，例如图6、图8、图9所示的都是卦象。

第二部分是卦辞，用以综合说明一个卦的要义。例如，乾卦的卦辞是"元亨利贞"，说明"天"具有"元始广大、亨通顺利、和谐有利、正固持久"的特性。

第三部分是彖辞，"彖"（tuàn）就是断的意思，引申义为判断、总结。彖辞的作用是对全卦的要义进行分析和概括，所以这一部分的文字要比卦辞多。

第四部分是象辞，其中描写整体卦象的象辞称为"大象"，描写六个爻的象辞称为"小象"。大象用以解释全卦的卦象，所以将上下卦合在一起看。例如，咸卦是专门论述感情的卦，其卦象是下卦为艮，上卦为兑。艮代表少男，兑代表少女（见3.1节图4及其解释）。整个卦象表示少男在下方，谦恭有礼地追求上方的少女；少女在上，爱情专一，下顺阳刚而感动喜悦。所以，此卦的象辞为"山上有泽，咸。君子以虚受人"，意思是：山上有泽，是咸卦的卦象。君子效法这一卦象，以虚怀若谷的精神接纳感化他人。

第五部分是爻辞，每卦六爻共有六个爻辞，用以解释每一爻的爻义。在每一爻辞的后面有"小象"与其搭配，从象的角度分析该爻与其他爻的关系，判断其面临的形势。

6.《易经》中的断语

6.1《易经》常用的断语

《易经》中的断语用于卦辞和爻辞中，对事情的状况做出判断。此类断语最常用的就是元、亨、利、贞和吉、凶、悔、吝。

《子夏易传》说："元，始也；亨，通也；利，和也；贞，正也。"乾卦的卦辞是"元亨利贞"，所以元、亨、利、贞也被称为天之"四德"。

"元"所代表的意思是第一、开始、本来、原本、开端等，例如"元吉"就是非常吉祥的意思。

"亨"在古代的本义为献、进献，引申义为通达。常说的"万事亨通"，就是取"通达"之义。《易经》中常用到的"亨"，表示通顺、通达、顺利，有时也表示进献。

"利"代表利益、有利于、有益于、适宜于等意思。

"贞"在《易经》中主要指纯正、贞正、贞节、操守等，另外"贞"还有占卜、占问的意思。

"吉"和"凶"，分别代表事物发展的两极，即好和坏、顺利和失败。吉是守持正道和顺乎天理的结果；凶则是背离正道和违逆天理所致。

"吉"表示顺利、吉祥、吉利，走向成功。常用的关于"吉"的断语有：元吉、大吉、贞吉、初吉、终吉等。其中，"贞吉"表示因纯正、中正、守持正道而获吉祥。

"凶"表示凶险、大的灾难、灾祸。常用的关于凶的断语有：贞凶、有凶、终凶等。其中，"贞凶"在不同的情况下有时会有相反的含义，多数情况下是因为贞正方面有问题而出现凶险；个别情况则是"即使贞正，也会有凶险"。

"悔"代表出现了错误，但不是致命的错误，感到后悔、悔恨。常用的与悔相关的断语有："有悔"，即有过失，有后悔的事；"无悔"，即无后悔之事，不懊悔；"悔亡"，即悔已消亡，不再有悔。

"吝"代表遗憾、缺憾、麻烦，也代表耻辱、羞辱。"吝"往往还包含着知错而不改，还要找借口掩饰的意思。与吝有关的断语包括：有吝、小吝、终吝、贞吝等。"贞吝"是因为贞正方面的问题而造成的"吝"。

在吉和凶之间还存在两个中间状态，即"咎"和"厉"。"咎"表示过错、错误和灾咎，常用的词有："无咎"，即没有过错；"匪咎"，即不是过错，或没有过错；"灾咎"即为灾祸、祸殃。"厉"表示危险、危厉、艰难，"有厉"即有危险。处于"厉"的情况，如果及时反省，修正错误，就能化险为夷；反之，就会转向"凶"。

吉、凶、悔、吝之间是可以相互转化的，而不是固定不变的。正如宋代易学大师朱熹所言："盖吉凶相对，悔吝居其中间，悔自凶而趋吉，吝自吉而向凶也。"其意思就是：吉和凶是相对的，悔吝在吉凶之间。如果知道后悔，则凶可以转化为吉；本来是吉，但如果不思忧患、不知改过，则可由吉变为凶。

6.2 如何看待占卜

《易经》是一部伟大的哲学著作，是众多古代圣贤长期总结、不断完善、集体创作完成的巨著，是一部充满智慧的宝典。但是，由于时代的局限性，《易经》的结构是为了占卜而设计的，因而使其科学的内核外蒙上了一层神秘的面纱，长期以来被人用于占卜。许多人因为不明白《易经》的道理，而盲目地相信利用《易经》占卜能够趋吉避凶、改变命运。

人是否有命运呢？如果说有，那么命运也是由主观和客观两方面的条件决定的，而不是上天注定的。在决定个人命运的各种条件中，有些是自己可以控制的，有些则是自己无法控制的。因此，在客观条件允许的情况下，经过个人最大的努力，所得到的结果就是自己的命运，顺乎自己的命运就可获得吉祥。另一方面，由于许多客观条件不是自己能够改变的，如果不顾客观条件的限制而盲目行动，冒险蛮干，结果事与愿违，这就是逆天命，就会遭遇凶险。所以，我们学习《易经》就是要明白其中的道理，根据自己所处的时势、地位和条件，尽最大的努力去做应该做的事，在条件允许的情况下争取达到最好的结果。

古代的诸子百家几乎没有不深入研究《易经》的，而真正将《易经》参透的大学问家，都不会利用《易经》占卜来决定自己的命运。荀子曾说过："善《易》者不卜。"孔子也曾说过："不占而已矣。"他们都是会占卜的，但却不会根据占卜去做出自己的选择和决定。运用《易经》的最好方法，就是将其作为一部经典来学习。当自己处于迷惘、进退维谷、左右为难时，可以查阅一下《易经》，比较对照自己的处境与六十四卦中哪一卦的情境相符，将其中的论述作为决策的参考。

在这方面孔子为我们树立了很好的榜样。孔子晚年特别喜欢读《易经》，经常手不释卷，由于翻阅的次数太多，把编联竹简的皮绳都磨断了好几次。关于自己的人生，孔子在《论语·为政》篇中说："吾十有五而志于学，三十而立，四十而不惑，五十而知天命，六十而耳顺，七十而从心所欲不逾矩。"孔子将自己的人生划分为六个阶段，如同重卦的六爻，这也是其人生的自画像。他15岁立志做学问；30岁确立了自己追求的目标；经过实践后40岁对确定的目标坚定不惑；50岁便知道了自己的人生命运；由于有自己的原则和信念，所以到了60岁，别人说的好话和坏话都不会影响他的情绪；70岁达到了能随心所欲地说话做事，但不会违背规律、超越规矩。在《论语·学而》篇和《论语·述而》篇，孔子分别对自己人生六个阶段的状态进行了概括："学而时习之，不亦说（悦）乎？有朋自远方来，不亦乐乎？人不知而不愠，不亦君子乎？""发愤忘食，乐以忘忧，不知老之将至云尔。"这就好像是六个爻的小象，很形象地反映了他人生六个阶段的生活状态。50岁仍在为自己追求的目标"发愤忘食"；虽然已经到了70岁，已是"古来稀"的年龄，但孔子心理年龄依然年轻，"不知老之将至"。

第一卦　乾卦

乾下乾上

乾：元亨利贞。

【注释】元亨利贞：元、亨、利、贞为乾阳的四种品德。《子夏易传》说："元，始也。亨，通也。利，和也。贞，正也。"《文言》说："元者，善之长也；亨者，嘉之会也；利者，义之和也；贞者，事之干也。君子体仁，足以长人；嘉会，足以合礼；利物，足以和义；贞固，足以干事。"

【译文】乾卦：元始广大，亨通顺利，和谐有利，正固持久。

【卦辞释义】《易经》认为，"有天地，然后万物生焉"，即天地是万物的本原。乾坤象征天地，所以乾坤二卦居六十四卦之首。乾卦六爻全阳，纯阳代表天，天的特性是阳刚和强健。卦中以龙作为"阳"的象征，喻指有德才的君子。卦中各爻揭示了阳刚、强健的本质与变化规律。对于那些德才兼备、雄心勃勃的强者来说，乾卦就是他们人生借鉴的一面镜子。乾卦的卦辞是"元亨利贞"，意思是广大、亨通、吉利和纯正。元、亨、利、贞被称为天之四德。

初九，潜龙勿用。

【注释】初九：卦的第一爻称为初爻，阳爻称为九，故该卦第一爻为"初九"。潜龙：古人认为，天的自然之气起于建子月，即夏历十一月，此时阴气强盛，阳气潜在地下，故称此时的龙为"潜龙"。月建：古代天文学中干支纪月的一种方法。"建"代表北斗七星斗柄顶端的指向，古代天文学称北斗星斗柄的指向为"建"。一年之中斗柄旋转而依次指向为十二辰，称为"十二月建"，即一月建寅，二月建卯，三月建辰，四月建巳，五月建午，六月建未，七月建申，八月建酉，九月建戌，十月建亥，十一月建子，十二月建丑。

【译文】初九，龙潜伏着，不可有所作为。

【爻辞释义】从夏历的十一月开始天气转为寒冷，此时阴气强盛，阳气潜在地下，故称此时的龙为"潜龙"。在《易经》中，阴代表小人。对于人事而言，阴气强盛意味着小人势盛，初爻则代表地位低下，此时君子虽有龙德，也只好潜藏，不可施用，故称"勿用"。当小人大行其道之时，若要施展才能，必为小人所害。势单力薄，寡不敌众，弱不胜强，招致祸害，所以告诫"勿用"。爻辞讲述了韬光养晦的道理，身处下位而过于显露才干对自己不利。君子要效法龙的精神，在时机不成熟时要潜伏起来，积蓄力量，等待时机。

九二，见龙在田，利见大人。

【注释】九二：第二爻为阳爻，故称"九二"。见：这里"见"有两种不同的意思：一是"出现"，即龙出现在田野上；二是"见到"，即九二利于见到像九五那样的大人。

【译文】九二，龙出现在田野上，宜于见到大人物。

【爻辞释义】九二居下卦的中位，居中不偏，有君子之德。九二阳气生发，阳气发于地上，故称"见龙在田"。九二所代表的龙出现在大地上，表示龙已经崭露头角，才华引人注目，这时有利于见到大人物，即"利见大人"。因为自身已经具备了一定的能力，如果遇到大人物，有贵人相助，就可以获得进一步的栽培和历练，有利于发挥更大的作用。

九三，君子终日乾乾，夕惕若厉，无咎。

【注释】九三：第三爻为阳爻，故称"九三"。乾乾：本是指太阳的运行不止，在这里"乾乾"连用，表示君子勤勉不懈。夕惕若厉："惕"，小心谨慎，警惕；"若"，像，如同；"厉"，危险；"夕惕若厉"，晚上仍保持警惕，如同有危险发生。咎：过错，灾祸。

【译文】九三，君子整天自强不息，勤勉不懈，晚上仍保持警惕，如同会发生危险一样，没有过错。

【爻辞释义】九三阳爻居阳位，处于上下卦之间，其位置是上不在天，下不在田，居于忧危之地。"君子终日乾乾"，讲的是九三终日自强不息，勤勉不懈。虽然阳气呈上升趋势，由"潜龙勿用"到"见龙在田"，但是事情并不会一直都一帆风顺，必须保持勤勉和警惕，随时准备有危险情况发生，才不会造成灾难。"夕惕若厉，无咎"，讲的就是这个意思，告诫要保持危机感，随时准备应对各种不利情况。

九四，或跃在渊，无咎。

【注释】渊：深潭，深水。

【译文】九四，龙或跃上天空，或停留在深渊，没有灾难。

【爻辞释义】九四已进入上卦，阳爻居于阴位，失位，处于乾道的变革期，所以爻辞中出现了"或"，表示发展的不确定性。九四阳气渐长，到了龙体欲飞的阶段；对于人事而言，则象征君子地位已经上升，想进而高居王位。"或跃在渊"，是指龙正腾跃于水潭，尚未飞上天空。此时存在两种可能性，或上或下，上则飞龙在天，下则继续居于水中，都不会有灾难，即"无咎"。第四爻这个阶段，龙的力量已积蓄到一定程度了，跃跃欲试，成败与否在此一搏。但是，成功与否取决于各种条件，因此把握时机至关重要，该进则进，该退则退，要做到进退有据。

九五，飞龙在天，利见大人。

【译文】九五，龙飞腾在天空，利于出现大人。

【爻辞释义】九五阳爻居阳位，处于中位，既中且正，为君王尊位。九五阳气强盛，龙已腾飞于天，故称"飞龙在天"。对于人事而言，则表示圣人有龙德，高升而居于君位。龙所象征的阳气经过与阴气的抗争，终于升腾到天空。

九五所具有的龙德，像正午的阳光普照大地，象征君王施恩惠于天下，民众自然感恩戴德，庆幸出现了这样的君王，所以说"利见大人"。这里的大人指的是九五。

上九，亢龙有悔。

【注释】上九：第六爻为上爻，因其为阳爻，故称为"上九"。亢：高，极，过甚。

【译文】上九，龙飞得过高，会有后悔之事。

【爻辞释义】上九阳爻居阴位，失位，居全卦之极。上九阳刚过甚，龙巨大而极盛，故称其为"亢龙"。阳气强盛已到极点，"亢龙"飞得过高。物极必反，阳极则衰，如日中天，不可长久。以人事而言，就像是本来具有龙德的君王，长久居于王位，变得飞扬跋扈，刚愎自用，盛气凌人，偏离了中正之道，所以必然"有悔"。所谓"亢"，就是只知进，而不知退；只知生，而不知死；只知得，而不知失。亢就是到达了极限，事物发展到了尽头，必将走向自己的反面。

用九，见群龙无首，吉。
象曰：用九，天德不可为首也。

【注释】群龙无首，除象辞外，还有其他解读：① "群龙无首"是潜、见、飞、跃之龙显现，而没有亢龙。乾卦上九爻处诸爻之上，即群龙之首；爻辞为亢龙有悔，无首即亢龙不现；亢龙不现，无悔而吉。《周易集注》："惟见群龙无首则吉。群龙者，潜、见、飞、跃之龙也。首者，头也。乾为首，凡卦初为足，上为首，则上九即群龙之首也。" ② "群龙无首"，意为乾卦六爻皆变刚而能柔。《周易本义》："圣人因系之辞，使遇此卦而六爻皆变者，即此占之。盖六阳皆变刚而能柔，吉之道也。故为群龙无首之象，而其占为如是，则吉也。"

【译文】用九，看到群龙无首，吉祥。

象辞说：用九，天德是没有为首的。

【爻辞释义】在《易经》的六十四卦中，只有乾卦与坤卦在六爻之外增加了"用九"和"用六"。"九"代表天德，乾卦的六爻均为九，共同形成了天德，并非特指某一爻的九为天德。"用九"就是履行天德，而真正的天德是六条龙所体现的德，而不只是一条龙的德。所以，在"用九"的时候，即履行天德的时候，要同等地看待六条龙，而不能只特别地看重某一条龙，所以说"见群龙无首"。只有这样，才会吉祥，即"见群龙无首，吉"。象辞说"天德不可为首也"，意思就是：没有哪一个天德重要，哪一个天德不重要。

彖曰：大哉乾元，万物资始，乃统天。云行雨施，品物流形。大明终始，六位时成。时乘六龙以御天。乾道变化，各正性命。保合太和，乃利贞。首出庶物，万国咸宁。

【注释】在《易经》六十四卦中唯有乾卦的彖辞和象辞在爻辞之后，其余各卦都在爻辞之前，其用意可能是要说明以前的《易经》和《易传》本是分开的。

乾元："天"的元始之德，开创万物的阳气。统天：统领于天。品物流形："品物"，各类事物；"流形"，流布成形。大明：太阳。六位时成："六位"，即乾卦的六爻；"六位时成"，六爻按不同的"时位"而成。时乘六龙以御天："六龙"，指乾卦六爻；"时乘六龙以御天"，六爻的变动如六龙按时统御于天。乾道：天道，即大自然运行规律。各正性命："正"，定、确定；"性命"，性格与命运；"各正性命"，万物各有其性命。保合太和，乃利贞："太和"为"阴阳会合、冲和之气"，即"太和元气"；"保合太和"，保全"太和元气"；"保合太和，乃利贞"，意为万物保持阴阳调和的"太和元气"，就能得利而贞正。首出庶物，万国咸宁："首"，始；"庶"，众；"国"，邦国；"咸"，皆；"宁"，安；"首出庶物，万国咸宁"，阳气是万物之始，故称"首出庶物"，这里以阳气"首出庶物"比拟拥立君王，要使"万国咸宁"、天下太平，就要有"首"，即要有君王。

【译文】彖辞说：伟大啊，开创万物的阳气！万物由此开始，且统领于天。（乾元变化，）云气飘移，雨露施布，各类事物流布成形。日出日落，终而复始，（乾卦）六爻依时而成。按时乘六龙，以统御于天。天道的变化，赋予了万物各自的性命。保持阴阳调和的"太和元气"，就能得利而贞正。（天为万物之始，）国君为民众之首，天下各国才能皆安宁无事。

象曰：天行健，君子以自强不息。潜龙勿用，阳在下也。见龙在田，德施普也。终日乾乾，反复道也。或跃在渊，进无咎也。飞龙在天，大人造也。亢龙有悔，盈不可久也。用九，天德不可为首也。

【注释】 天行健：天的运行昼夜不息，周而复始，刚健强劲。君子以自强不息：君子效法天的运行，勉力自强，永不止息。终日乾乾，反复道也："乾乾"是指太阳运行不止，"反复道"是说日出日落，周而复始。

【译文】 象辞说：天道运行刚健强劲，君子效法天道而勉力自强，永不停息。"潜龙勿用"，是说阳气初生在下。"见龙在田"，说明已可普施恩德。"终日乾乾"，是说反复践行自强之道。"或跃在渊"，说明前进没有灾难。"飞龙在天"，是说圣人高居王位，大有成就。"亢龙有悔"，说的是盈满不可长久。"用九"，是说践行天德不可有所偏重。

第二卦　坤卦

坤下坤上

坤：元，亨，利牝马之贞。君子有攸往，先迷，后得主，利。西南得朋，东北丧朋。安贞，吉。

【注释】牝（pìn）马：雌马。利牝马之贞：坤为阴，坤道以柔顺为贞正。雌对雄为柔，马对龙为顺，故借"牝马"比喻坤道的柔顺。有攸（yōu）往：攸，所；"有攸往"，即有所往。

【译文】坤卦：元始广大，亨通顺利，利于像雌马一样守持正固。君子有所前往，抢先居首会迷失方向；随从人后会有人做主，有利。往西南行，将得到友朋；往东北行，将丧失友朋。安顺守正，可获吉祥。

【卦辞释义】坤为卦名，象征地。坤的特性是顺从，坤卦以地为象，以顺为义。万物皆由天地所生，所以坤卦和乾卦一样，元始广大，亨通顺利，故称"元，亨"。坤代表阴柔，以柔顺为贞正，爻辞中取牝马为柔顺之象，象征具有牝马般的柔顺之德，所以说"利牝马之贞"。坤德在于柔顺和跟随，在前进时抢在前面会迷失方向，跟在后面有了主心骨，所以有利。"君子有攸往，先迷，后得主，利"，表达的就是这个意思。往西南方向前行，阳气渐盛；往东北方向前行，则阳气渐尽；因为"阴得阳为朋"，故"西南得朋，东北丧朋"。"安贞，吉"，意思是坤德为安顺守正，只有安顺守正，才能获得吉祥。

彖曰：至哉坤元，万物资生，乃顺承天。坤厚载物，德合无疆。含弘光大，品物咸亨。牝马地类，行地无疆，柔顺利贞。君子攸行，先迷失道，后顺得常。西南得朋，乃与类行。东北丧朋，乃终有庆。安贞之吉，应地无疆。

【注释】至哉坤元："至"，形容词，意为"至极"；"元"，开始、原本、开端；"至哉坤元"，大地生养万物之德美善至极啊！含弘光大，品物咸亨："弘"，为大；"含弘光大"，指大地包容广大。"咸"，皆；"品物咸亨"，万物皆亨通顺达，用以说明卦辞中的"亨"。后顺得常：解释"坤德"，随从人后，秉承柔顺，则可福庆常保。东北丧朋，乃终有庆：往东北方向前行，则阳气渐尽，因为"阴得阳为朋"，故"东北丧朋"。往东北方向虽丧阳失朋，但行至终极，必将转为西南向，终将出现"得朋"之庆，故称"乃终有庆"。这是阴阳循环所致，表明只要安顺守持"坤"德，即使"丧朋"，也会出现"得朋"之时。安贞之吉，应地无疆：解释卦辞"安贞，吉"，君子有"安贞"之吉，是因为应合了地的无与伦比的美德。

【译文】彖辞说：美善至极啊，开创万物的大地！万物依靠大地生长，大地顺承于天。坤德广厚，可载万物，（乾坤）德合，永久无疆。大地包容弘大，万物皆亨通顺达。雌马为地面动物，可驰骋于无际的大地，本性柔顺，利于贞正。君子所往，抢先居首会迷入歧途；随从人后，秉承柔顺，则会（福祉）常保。往西南将得到友朋，可以和朋类同行。往东北将丧失友朋，但终有福庆。安顺守正的吉祥，应合了大地的美德无疆。

象曰：地势坤，君子以厚德载物。

【注释】地势坤：坤为顺义，"地势坤"为地的走势和顺。厚德载物：从"乾，健"，引申出"自强不息"；从"坤，顺"，引申出"厚德载物"。这是《象》对卦象的阐述，使隐含于"卦象"中的理得以彰显。

【译文】象辞说：大地的走势和顺，君子效法大地，以厚德容载万物。

初六，履霜，坚冰至。

象曰：履霜坚冰，阴始凝也。驯致其道，至坚冰也。

【注释】履：踩，踏。凝：凝聚，凝结。驯致其道，至坚冰也："驯"，通"顺"。开始时为"履霜"，顺着阴柔之道发展，最终至于"坚冰"。"履霜，坚冰至"，也说明了至柔则刚的道理。

【译文】初六，踩踏着薄霜，可知坚硬的冰快要到来了。

象辞说：踩踏着薄霜，可知坚硬的冰快要到来了，阴冷之气开始凝聚。顺其阴柔之道，最终结成坚冰。

【爻辞释义】初六是坤卦的初爻，阴气尚微，如寒冬之始。开始踩踏在霜上，随着寒气渐渐增强，乃至于结成坚冰。由此说明了坤道的发展，起初虽然柔顺，渐渐积累，最后变得坚刚。"冰冻三尺，非一日之寒"，恰合此理。对于人事而言，发现事物的萌芽，就可以推断出事物的后果，即见微知著。所以，谋事之初，须慎之又慎，防微杜渐。

六二，直，方，大，不习无不利。
象曰：六二之动，直以方也。不习无不利，地道光也。

【注释】直，方，大：从六二的位、体、用三方面说明爻义。居位中正为其"直"；地体安静为其"方"；无物不载为其"大"。不习无不利：不加伪装修饰而无所不利。《周易注》："居中得正，极于地质，任其自然而物自生，不假修营而功自成，故'不习'焉而'无不利'。"地道：地的柔顺之道。

【译文】六二，正直、端方、宏大，不加伪装修饰而无所不利。

象辞说：六二的行为，正直而端方。不加伪装修饰而无所不利，是大地柔顺之道的发扬光大。

【爻辞释义】六二阴爻居阴位，柔顺中正，秉持了完美的坤德。"直，方，大"是大地具有的特点。古人认为"天圆地方"，大地是方的，四边是直的，并且广大无际。坤卦中，六五虽居尊位，却是阴居阳位；六四得位而不居中；六三居位不中不正；只有六二居中得正，完美地体现了坤德，即"直，方，大"。对于人事而言，就是具有正直、方正、大气、中和的优秀品质。"不习无不利"，并非不学习而无不利，而是尽显自然品质，不加伪装掩饰，以自身的正直之德而行，则无所不利，即"不假营修而功自成"。象辞说，六二的行动，正直而端方。"不习无不利"，是坤德的发扬光大。

六三，含章可贞。或从王事，无成有终。
象曰：含章可贞，以时发也。或从王事，知光大也。

【注释】含章可贞："章"，指华美文章、才德。"含章可贞"，内含华美而不轻易显露，可守持贞正之道。或从王事，无成有终："或"，不确定，包含抉择时机的意思；"无成"，不以功劳自居；"有终"，供职至终；"或从王事，无成有终"，或可辅佐君王的事业，不以功劳自居，可谨守臣职至终。含章可贞，以时发也：释"含章"之义，即内含章美，守持正固，待时而发。知：智，智慧。

【译文】六三，含晦章美，可以守持正固。或可辅佐君王的事业，不以功劳自居，可谨守臣职至终。

象辞说：含晦章美，守持正固，是在等待时机发挥作用。或可辅佐君王的事业，（说明其）智慧光大恢弘。

【爻辞释义】六三处下卦之极，阴爻居阳位，位置不中不正，情况不利。但是，六三秉承柔顺之德，虽然地位较高，却不张扬，而是将自己的才华收敛起来，不为人首，待命而行，守持正道，所以称其"含章可贞"。"或从王事，无成有终""或"讲的是可能性，即或可担当朝中之臣，侍奉君王；"无成"，意思是有功而不自居，将一切功劳归于君王；"有终"，是说谨慎从事，尽臣职至终。象辞说的"含章可贞，以时发也"，意思是含晦藏美，待时而发，待命而行。"或从王事，知光大也"，讲的是随从君王，谨慎行事，侍奉至终，而无灾咎，确有过人之智，可谓知虑光大。

六四，括囊，无咎，无誉。
象曰：括囊无咎，慎不害也。

【注释】括囊："括"，束结，结扎；"囊"，袋子；"括囊"，束紧口袋，喻指谨言慎行，藏知不用。

【译文】六四，扎紧了口袋，没有灾难，也没有美誉。

象辞说：扎紧了口袋，没有灾难，谨慎才没有祸害。

【爻辞释义】六四居上卦之始，阴爻处阴位，得位。六四地位很高，但处位不中，接近六五君位，伴君如伴虎，风险很大。六四谨慎警惕，明哲保身，"括囊"意思是扎紧口袋，比喻其谨言慎行，将才华隐藏起来，藏其知而不用。因为收敛锐气，不冒犯于人，所以"无咎"，即无灾难；因为不显功，所以"无誉"，即无赞誉。

六五，黄裳，元吉。
象曰：黄裳元吉，文在中也。

【注释】黄裳："黄"，为五色之中色，象征"中道"；"裳"，古代服装的名称是上装为衣，下装为裳，故"裳"为下衣，比喻谦下。元：极大，至大。文：温文，与威武相对，喻指坤德。

【译文】六五，黄色裙裳，至为吉祥。

象辞说：黄色裙裳，至为吉祥，是因为以温文之德守持中道。

【爻辞释义】乾为君道，坤为臣道，六五居上卦尊位，是权位极高的大臣。六五位居一人之下、万人之上，非常吉祥。黄色是大地的颜色，是中和之色，象征大地之德，穿黄色的衣服，代表守持中正之道。与坤卦六五爻匹配的是乾卦的九五爻，九五至尊，为君王。君王穿的衣服是黄色的。"黄裳"是黄色的下衣，六五穿黄裳，表示甘为臣职，居下不争，只有这样才能"元吉"。象辞说"黄裳元吉，文在中也"，意思是：之所以得到"黄裳元吉"，是因为六五居位在中，守持中道，通文达理，不用威武。

上六，龙战于野，其血玄黄。
象曰：龙战于野，其道穷也。

【注释】龙战于野：在乾卦中乾阳称为龙，坤卦上六阴气至极，至柔则刚，阴盛似阳，故称上六为"龙"。阴盛不已，阴气之龙与阳气之龙相争斗，交战于野外。玄黄：天地之色，"天玄而地黄"；天地混沌之象。

【译文】上六，龙在田野上争斗，血流遍野。

象辞说：龙在田野上争斗，坤阴之道已经发展到穷尽的程度。

【爻辞释义】上六居坤卦的极位，发展到了极点，阴气强盛得如同阳气，故称上六为"龙"。坤卦的前五爻讲的都是坤顺从于乾，阴顺从于阳，到了上六爻，坤阴发展到了极盛，以至于要和乾阳一决高低，甚至到了与乾激烈交战的程度，这就是爻辞中说的"龙战于野"。乾阳之道发展到穷极，会导致"亢龙有悔"；坤阴之道发展到穷极，则会导致"龙战于野"。阴阳相争，异常激烈，"其血玄黄"描述的是阴阳对决、血流遍野的情形。天为玄（黑青色），地为黄，阴阳争斗造成了天昏地暗、混沌莫辨的局面。上六爻蕴含了阴极阳生、阴阳在矛盾冲突中发展变化的道理。对于人事而言，"龙战于野，其血玄黄"，象征位高权重的大臣，势力强大到欲将君王取而代之，矛盾激化到了你死我活的程度，必须通过武力来解决。

用六，利永贞。
象曰：用六永贞，以大终也。

【注释】用六：义与乾卦的"用九"相对，但"用六"是就坤阴而言。以大终：阳大阴小，"以大终"是说以阳为归宿，亦即阴极必返阳。

【译文】用六，利于永久守持正固。

象辞说：践履坤德，永守正固，（阴柔小者）以阳刚大者为归宿。

【爻辞释义】坤卦和乾卦一样，在六爻之外增加了"用六""用六"是对坤卦六爻的总结。用六就是用坤，践行六爻所代表的坤德。"利永贞"意思是利于永久保持贞正。永，为永久之意，永久坚持就具有"健"的含义，能永久守正，必有阳刚强健之质。如果纯柔，则不可能永贞。因此，坤卦"用六"的"利永贞"，是柔而能刚，而非全柔。象辞说"用六永贞，以大终也"，阳为大，阴为小，"以大终"就是以阳为归宿，阴极必返阳。

第三卦 屯卦

震下坎上

屯：元亨，利贞，勿用有攸往，利建侯。

【注释】屯（zhūn）：艰难，困顿。元亨，利贞："元"，至大，"元亨"即"至为亨通"；"利贞"，利于守持正固。勿用有攸往，利建侯："用"，适宜，宜于；"攸"，所；"勿用有攸往"，不宜有所前往；"建侯"，授爵封侯，建立诸侯国；"利建侯"，利于封建诸侯。事物初生，艰难当前，应当广泛争取支持帮助，授爵封侯有利于笼络人心、稳定局势。用：《周易》中出现的"用"字有两种含义：一是作动词，意为"施用"，如"潜龙勿用"；二是作副词，意为"宜""应"，如本卦的"勿用有攸往"。

【译文】屯卦：至为亨通，利于守持正固，不宜有所前往，利于封建诸侯。

【卦辞释义】屯字的篆书形态像草木的种子破土萌生，象征初生的艰难。屯卦列在乾坤二卦之后，表示天地形成，阴阳始交，万物初生，十分艰难。事物初生，日渐成长，其趋势至为亨通，故称"元亨"。初生的事物应当正固其根本，宜于守持正道，故说"利贞"。事物初生，艰难当前，不可轻举妄动，所以"勿用有攸往"。对于人事而言，则是世道初创，天下未宁，需要取得各方的帮助，授爵封侯有利于笼络人心、稳定局势，所以说"利建侯"。全卦各爻以婚姻、打猎等作为比喻，阐述了事物初创时期的艰难，说明了困难时期的事物发展规律。

彖曰：屯，刚柔始交而难生，动乎险中，大亨贞。雷雨之动满盈，天造草昧，宜建侯而不宁。

【注释】动乎险中，大亨贞：坎为险，震为动，震在坎下，故称"动于险中"。开始动于险中，遭遇屯难；最终脱离险境，得以"大亨贞"，即至于大亨和贞正。天造草昧："草"，草创，开始创建；"昧"，冥昧，混沌状态；"天造草昧"，天造万物之始，处在混沌状态。

【译文】彖辞说：屯卦，说的是刚柔开始交汇，险难随之而生，动于险中，（而至于）大亨和贞正。雷雨响动，充盈天宇，天造万物于混沌之时，（王者）应当封建诸侯，而不能安居无事。

象曰：云雷，屯，君子以经纶。

【注释】云雷：屯卦的上卦为坎，为云；下卦为震，为雷。经纶："经"，纵向的丝；"纶"，青丝绞合而成的带；"经纶"，整理丝线，比喻治理国家，亦为"管理"之意。

【译文】象辞说：上云下雷，是屯卦的卦象。君子观此卦象，致力于治理国家。

初九，磐桓，利居贞，利建侯。
象曰：虽磐桓，志行正也。以贵下贱，大得民也。

【注释】磐（pán huán）：即盘桓，意思是徘徊、逗留；犹疑不决的样子。贞：意为"正"，即行为守正，心志坚定。以贵下贱，大得民也：阳为贵，阴为贱。初九阳爻在三阴爻之下，是"以贵下贱"之象。阳为君，阴为民。屯难之世，君王能"以贵下贱"，所以大得民心。

【译文】初九，徘徊不前，宜于安居，守持正固，宜于封建诸侯。

象辞说：虽然徘徊不前，但志在履行正道。地位尊贵而态度谦卑，大得民心。

【爻辞释义】初九阳爻居阳位，得位。屯卦艰难，初爻为全卦救济险难的主爻。"磐桓"，为徘徊不进的样子。处在初创时期，不可轻举妄动，所以初九反复思虑，盘桓不前。此时，应该守正而居，静守待变，即"利居贞"。这与卦辞中所说的"勿用有攸往"是相同的意思。虽然初九阳刚，勇而能进，也不得不谨慎而行。当下，初九可做的有利之事，就是封赏爵位，建立诸侯，笼络人心，以求得各方的帮助，故说"利建侯"。象辞说的"虽磐桓，志行正也"，意思是：虽然初九磐桓不进，并非为了求得苟安、贪图享乐，而是志在行正，平息乱象，安定天下。阳为贵，阴为贱，初九阳爻处在三个阴爻之下，象征贵而居下，谦恭下士，因而大得民心，所以象辞说："以贵下贱，大得民也。"

六二，屯如，邅如，乘马班如。匪寇婚媾，女子贞不字，十年乃字。

象曰：六二之难，乘刚也。十年乃字，反常也。

【注释】如：古汉语中用在形容词后面表示状态，为"……的样子"。邅（zhān）：难行不进；迟疑不进；处境不利。班：通"盘"，意为回旋，盘旋不进。字：许配，婚嫁。例如，待字闺中。匪：非，不。反常："反"，同"返"；"反常"，返回常态。

【译文】六二，艰难险阻，困顿难行，乘着马盘旋不前。若非寇害，早已成婚。女子坚贞不嫁，十年后才出嫁。

象辞说：六二的艰难，是由于凌乘阳刚。十年才能出嫁，是因为世态已返回正常。

【爻辞释义】六二居初九之上，凌乘阳刚初九，二者为逆比关系。虽然六二与九五正应，想前往应合九五，但畏惧初九侵害，处境困难，不敢前进，故称"屯如，邅如，乘马班如"。"乘马班如"是乘着马盘旋不进的样子。屯难之时，正道不通，所以六二和九五不能结合。"匪寇婚媾"中的"寇"指的是初九，意思是：若非初九的阻拦侵害，六二就已经与九五成婚了。"女子贞不字"中的"女子"，指的是六二，六二居中位正，坚守贞正之道，不嫁与初九。"十年乃字"，说的是度过十年的艰难之后，才得以嫁与九五。十为大数，"十年"意思是多年，即需要长期等待。象辞说"六二之难，乘刚也"，是说六二的艰难，原因在于凌乘阳刚初九。"十年乃字，反常也"，说的是经过十年才能出嫁，是因为世态已返回正常了。

六三，即鹿无虞，惟入于林中，君子几不如舍，往吝。
象曰：即鹿无虞，以从禽也。君子舍之，往吝穷也。

【注释】即鹿无虞："即"，至，到；"虞"，古代掌管山林川泽的官，可充当向导；"即鹿无虞"，逐鹿而没有向导指引。惟：只是，只不过。君子几不如舍："几"，知几，意思是看出事物发生变化的细微征兆；"舍"，舍弃；"君子几不如舍"，君子知道不如舍弃。《伊川易传》："君子见事之几微，不若舍而勿逐。往则徒取穷吝而已。"《周易正义》："几，辞也。夫君子之动，自知可否，岂取恨辱哉！见此形势，即不如休舍也。"禽：在此为禽兽的总称。穷：走投无路，处境窘迫。

【译文】六三，逐鹿而没有向导指引，只是白白地进入树林之中，君子知道不如舍弃，前往会遭羞辱。

象辞说：逐鹿而没有向导指引，只不过是追逐禽兽而已（毫无所获）。君子会舍弃，前往会遭羞辱，走投无路。

【爻辞释义】六三处在上下卦之间的位置，处境困难，应该按照卦辞所说的"勿用有攸往"，守静以待。然而，六三的位置靠近九五，虽然六四与九五比邻，但六四心在初九，不会阻挡自己的道路，于是六三就毫无顾忌地去接近九五。九五与六二相应，意在六二，并不会接纳六三。"即鹿无虞，惟入于林中"，比喻打猎时看到了鹿，但没有向导的指引，只是进入树林中，但空无所获。六三欲往追求九五，就是"即鹿"；九五与六二相应，六三并不知情，即为"无虞"。如果是君子，就会决定舍弃追求九五的想法，因为前往定会自取其辱，所以说"君子几不如舍，往吝"。

六四，乘马班如，求婚媾，往吉，无不利。
象曰：求而往，明也。

【注释】求而往，明也：六四求婚媾前往初九处，明白初九会接纳自己，很明智。

【译文】六四，乘马徘徊回旋，欲求婚配，前往吉祥，无所不利。

象辞说：前往追求（好合），十分明智。

【爻辞释义】六四阴居阴位，与初九相应。六四为阴柔之质，无力独自克服艰险，有待于外援，便前往初九处求婚，"乘马"而往。起初顾虑六二会阻挡去路，故而盘旋不前，即"乘马班如"。因为六二志在九五，不会妨碍六四，所以六四求婚必会成功，即"求婚媾，往吉，无不利"。初九既有济险之志，又有济险之力，六四前往求助十分明智，因此象辞说"求而往，明也"。

九五，屯其膏，小贞吉，大贞凶。
象曰：屯其膏，施未光也。

【注释】屯其膏："屯"，屯积；"膏"，本为油脂，引申为富有，恩惠；"屯其膏"，富有而未广施恩泽。

【译文】九五，将实惠好处囤积起来（而未广施），小事因贞正而获吉，大事则因有失贞正而遭凶。

象辞说：将实惠好处囤积起来，施惠之德尚未光大。

【爻辞释义】九五以阳刚之质，居上卦中正尊位。处于屯难之时，陷入坎险之中，作为居于尊位的九五，应当广施德泽，收揽人心。但是，九五身居尊位，却只牵挂与其正应的六二，施恩惠过于偏狭。"膏"比喻恩惠；"屯其膏"是说九五将恩惠好处囤积起来，而不广施与民众。贞，为贞正的意思。九五一心牵挂六二，在这个小事上表现得贞正，是吉祥的；但因不能恢弘博施，在大事上需要坚守贞正的时候，却表现得令人失望，所以凶险。"小贞吉，大贞凶"，就是这个意思。

上六，乘马班如，泣血涟如。
象曰：泣血涟如，何可长也。

【注释】泣血涟如：眼睛哭出了血，异常悲痛。"泣血涟如"现在已为成语。

【译文】上六，骑着马徘徊行走，泣血涟涟，泪如雨下。

象辞说：哭得血泪满面，怎么会长久呢？

【爻辞释义】上六阴爻居阴位，得位，但位于屯卦的极位，已经走到了尽头，前无去路。上六与六三不相应，所以下无援应，进退不得，情况悲惨。

因为上无去路，下无援应，无法摆脱困境，因而上六骑在马上徘徊，忧惧交加，泣血不止，即"乘马班如，泣血涟如"。上六陷入绝境，或者归于灭亡，或者困极而通，绝处逢生。不管哪一种可能性，目前的困境都不可能长久地存在下去，所以象辞说："何可长也。"

第四卦　蒙卦

坎下艮上

蒙：亨。匪我求童蒙，童蒙求我。初筮告，再三渎，渎则不告。利贞。

【注释】蒙：蒙稚，幼稚无知。筮（shì）：占卜，卜算。渎（dú）：繁琐，滥，过度，轻慢。

【译文】蒙卦：亨通。不是我有求于幼稚无知的学童，而是幼稚无知的学童有求于我。初次提问，施以教诲，接二连三地滥问就是渎乱学务，渎乱就不予施教。（启蒙）利于守持正固。

【卦辞释义】蒙卦论述了启蒙的道理。蒙，是蒙昧、蒙稚、幼稚无知的意思。在社会和个人发展的初期，处于蒙昧状态，开发民智便需要启蒙教育。事物在蒙稚阶段，若能合理开发，必致亨通，故称"亨"。启蒙这件事，是学子有求于老师，并非老师有求于学子，因此卦辞说"匪我求童蒙，童蒙求我"。在启蒙教育中，学生应当循序求问，不可再三滥问；而老师也必须教之有方，给出唯一确定的解答；如果学生反复滥问，则不予回答。卦辞中用占卜作为例子，第一次占卜告诉了，如果反复占卜，便是亵渎，就不予告知，即"初筮告，再三渎，渎则不告"。蒙童学子提出问题，本来是为了解惑，如果老师告诉了许多答案，反而把学生搞糊涂了，所以还不如不告。卦辞用"利贞"做了总结，说明启蒙之道，利于守持贞正。

彖曰：蒙，山下有险，险而止，蒙。蒙亨，以亨行时中也。匪我求童蒙，童蒙求我，志应也。初筮告，以刚中也。再三渎，渎则不告，渎蒙也。蒙以养正，圣功也。

【注释】山下有险，险而止："山下有险"，上卦为艮，为山；下卦为坎，为险，故称山下有险。"而"，连词，表示并列、递进、因果、转折等关系；"险而止"，后退会遭遇水险坎难，而前进则会遇到山的阻止。

【译文】彖辞说：蒙卦，山下有险，遇险难而受阻止，（不知如何是好，）这就是蒙昧。蒙昧（若要）顺利亨通，（就应该）以通达（的态度）适时、中正地行事。不是我有求于幼稚无知的学童，而是幼稚无知的学童有求于我，（这样）志向才能应和。初次提问，施以教诲，是因其阳刚中正。接二连三地滥问就是渎乱学务，渎乱就不予施教，渎乱轻慢正是蒙昧无知（的表现）。将蒙昧无知的人培养成具有贞正之德的人，是至圣的功业。

象曰：山下出泉，蒙。君子以果行育德。

【注释】山下出泉，蒙：上卦为艮，象征山；下卦为坎，象征泉；山下泉水喷涌而出，这是蒙卦的卦象。山下泉水涌出，遇到险难，不知往何处去，这就是"蒙"的象，如同人因蒙稚而无所适从。君子以果行育德：君子观此象，看到泉水涌出而不能通行，便采取果敢坚毅的行动，即"果行"；看到泉水刚涌出而不知所往，就知道要培育自己的高尚品德，即"育德"。

【译文】象辞说：山下出泉，是蒙卦的卦象。君子观此卦象，从而采取果敢坚毅的行动，培养自身的品德。

初六，发蒙，利用刑人，用说桎梏，以往吝。

象曰：利用刑人，以正法也。

【注释】刑人：罚人。用说桎梏："说"，同脱；"桎梏"，木制刑具；"用说桎梏"，用了惩罚，以后就可以免遭桎梏之苦。以往吝：长此以往，发展下去，后悔莫及，故称"以往吝"。另解："刑不可长"，长则有吝。正法："正"，使端正，整治；"法"，法律，规章制度，规矩；"正法"，端正规矩、法则。

【译文】初六，启发蒙昧，施加惩罚手段是有利的，用以使之免于犯罪，任其发展下去必然造成遗憾。

象辞说：施加惩罚手段有利，因为可以使人遵守规矩。

【爻辞释义】初爻以阴爻居于阳位，不中不正，象征蒙昧极甚、不守正道的学童。在蒙昧的初始阶段，必须严加管教，必要时应给以惩罚，非如此不能使其归于正途，所以说"发蒙，利用刑人"。否则，放任自流，结果顽童就可能成为罪犯。"用说桎梏"，意思是：严加管教后，以后可以免受桎梏之苦。姑息迁就，后患无穷，发展下去，追悔莫及，故称"以往吝"。这一爻强调了严加管教的必要性。

九二，包蒙吉，纳妇吉，子克家。

象曰：子克家，刚柔接也。

【注释】刚柔接：九二阳爻居于卦内，接纳群阴，与六五正应，为刚柔相接之象。

【译文】九二，包容蒙昧，吉祥；容纳妇人，吉祥。儿辈能够治家。

象辞说：儿辈能够治家，这是因为刚柔相合的缘故。

【爻辞释义】九二爻以阳居阴，处位得中，刚柔相济，与六五相应。九二爻为蒙卦的主爻，象征主治天下之蒙的人。因为治蒙的面极宽，各种蒙昧人等参差不齐，启蒙者要有博大的胸襟，要有包容的精神。九二"包蒙吉"，因为包容各种蒙昧者而得吉。九二爻以刚居中，与卦中的诸阴爻亲比，有容纳"妇人"之善，有母爱精神。"纳妇吉"中的"妇"，指的是卦中的诸阴爻。九二以"包蒙""纳妇"的精神，对蒙童无所遗弃，有教无类，当然吉祥，所以爻辞连用了两个"吉"字。"子克家"，意思为儿子治理家政。九二居下为子，之所以能"子克家",除了自身的能力强,也是因为与六五相应,得到了六五的信任。儿辈能够治家,既是教育启蒙的目的,也是启蒙的结果。初爻强调的是严加管教,本爻则强调宽以包纳,二者相辅相成。

六三,勿用取女,见金夫,不有躬,无攸利。
象曰:勿用取女,行不顺也。

【注释】取:通娶。金夫:"金",性阳刚;"金夫",具有阳刚之美的男子,意指上九爻。不有躬:"躬",本身,自身;"不有躬",失去自身,失身。

【译文】六三,不要娶这样的女子,因为她见到阳刚英俊的男子,就会失身,(娶其为妻)没有好处。

象辞说:不要娶这样的女子,其行为没有顺从正道。

【爻辞释义】六三阴爻居于阳位,失位,不中不正,凌乘阳刚九二,且与同样不中不正而处于极位的上九相应。初六虽然顽劣愚昧,但毕竟处在蒙昧的初期,严加管教,尚可归于正途。六三则不然,不是顽劣愚昧的问题,而是品性恶劣的问题。这种品行不端的人难以施教,正所谓"朽木不可雕也"。爻辞中的"勿用取女",即不要娶这种女人为妻,比喻不可收这样的人为门徒。"见金夫,不有躬",说明了"勿用取女"的缘故,即六三遇见有阳刚之美的男子,就会追求而失身。所以,娶这样的女人不利,即"无攸利"。象辞说的"勿用取女,行不顺也",意思是:六三以阴爻处阳位,欲与上九相配,有失"男下女"之礼,即女子向男子求婚,违反了正道。

六四,困蒙,吝。
象曰:困蒙之吝,独远实也。

【注释】吝:遗憾,麻烦,艰难。独远实:"实",阴为虚,阳为实,这里"实"指九二。"独远实",只有六四远离九二阳爻。

【译文】六四,处于困境的蒙昧者,很遗憾。

象辞说:处于困境的蒙昧者遗憾,是因为孤独而远离了启蒙老师。

【爻辞释义】六四阴爻居阴位,处于六三、六五两个阴爻中间,周围都是蒙昧阴晦之气。在卦中,唯独六四这一爻距离阳爻最远,与九二、上九两阳爻既非亲比，又无正应。阴虚阳实，在本卦中阳实之爻为蒙师，阴虚之爻为蒙童。如果远离老师，无法接近老师，必然困于蒙昧。六四本身蒙昧，周围环境封闭隔离，陷入"困蒙"，亟待启蒙教化。所以，爻辞对于六四困于蒙昧深感遗憾，即"吝"。

六五，童蒙，吉。
象曰：童蒙之吉，顺以巽也。

【注释】童蒙："童"，儿童；"童蒙"，童稚般的蒙昧。巽（xùn）：卑顺，谦逊。

【译文】六五，童子蒙昧，吉祥。

象辞说：童子蒙昧获得吉祥，是因为其恭顺而谦逊。

【爻辞释义】六五阴爻居于尊位，其位中正，居尊谦逊，以"童蒙"自处，是好学"君子"的象征。九二阳刚居中，启迪群蒙，是有道师表的象征。六五与九二正应，是最理想的师生关系。这就是卦辞中所肯定的"童蒙求我"，当然吉祥。六五童蒙得到良师启迪，可发蒙获吉；六四爻同样蒙昧无知，却因无人教诲，陷于困顿之境。

上九，击蒙，不利为寇，利御寇。
象曰：利用御寇，上下顺也。

【注释】击蒙："击"为震击，给蒙昧者以震击，即用猛烈强暴的方法启蒙。寇：匪寇，敌寇。

【译文】上九，以严厉的方法来启发蒙昧，（将学生）当敌人是不利的，宜用于捍御敌寇。

象辞说：宜用于捍御敌寇，是因为上下莫不顺从。

【爻辞释义】上九处蒙卦之终，以刚居上，启蒙采用的是猛烈强硬的暴力方法，将蒙昧击去，故称"击蒙"。蒙卦的两个阳爻代表了两种不同施教方法的师长，九二是"包蒙"，而上九却是"击蒙"。用暴力压制的方法，将教育对象当作敌人，则学子们就会叛逆，老师倒成了匪寇般的人了，这种做法不好，所以说"不利为寇"。将这种方法用于捍御敌寇倒是不错，故称"利御寇"。"击蒙"的方法容易产生弊病，惩罚需要注意掌握分寸。

第五卦　需卦

乾下坎上

需：有孚，光亨，贞吉，利涉大川。

【注释】需：等待。有孚："孚"，诚信；"有孚"，心怀诚信。光亨："光"，光明；"亨"，亨通；"光亨"，光明而亨通。贞吉："贞"，正。"贞吉"，因正而获吉。利涉大川："利"，宜于；"涉"，涉渡；"大川"，大河，引申为险阻；"利涉大川"，利于渡过艰难险阻。

【译文】需卦：心怀诚信，光明而亨通，因贞正而获吉祥，利于渡过艰难险阻。

【卦辞释义】需卦阐述的是善于等待的道理。凡事无信则不立，等待时机也要有诚信，故称"有孚"。"光亨，贞吉"，说的是若能有诚信，则等待之道光明而亨通，固守贞正，则可获吉祥。需卦的上卦为坎，即坎险；下卦为乾，为刚健。刚健地前进，不畏险难，有乾德可得亨通，所以说"利涉大川"。在事物发展的进程中遇到困难时，要审时度势，耐心等待时机。能进则进；不能进，则要善于等待。在险外，不轻进；在险中，静守待援。处险之时应沉着谨慎，守正待时，这是需卦的要义。

彖曰：需，须也。险在前也，刚健而不陷，其义不困穷矣。需，有孚，光亨，贞吉。位乎天位，以正中也。利涉大川，往有功也。

【注释】须：等待。险在前：需卦乾下坎上，坎为坎险，乾阳在下，由下至上为进，故说"险在前"。刚健而不陷："刚健"，指下卦乾阳刚健；"不陷"，即不陷于险。天位：《易经》卦画六爻，分别代表天地人。一二爻为地；三四爻为人；五六爻为天，五爻为天之正位。

【译文】彖辞说：需，是等待的意思。前面有艰险，阳刚健行而不陷于险，理应不会困顿途穷。等待而心怀诚信，（就会）光明而亨通，贞正而获吉祥。（九五）位于天位，是因其得正居中。利于渡过艰难险阻，前往能够建立功业。

象曰：云上于天，需。君子以饮食宴乐。

【注释】云上于天："云"，上卦坎代表云；"天"，下卦乾代表天；需卦的卦象为"云上于天"。饮食宴乐：宴，为"安"的意思；君子饮食安乐，蓄养精力，待时而动。

【译文】象辞说：云浮聚于天上，是需卦的卦象。君子观此卦象，饮食安乐，待时而动。

初九，需于郊，利用恒，无咎。
象曰：需于郊，不犯难行也。利用恒，无咎，未失常也。

【注释】恒：恒常。犯难：冒险。未失常：未失常理，没有违背常理。

【译文】初九，在郊外等待，宜于保持恒常状态，不会有灾难。

象辞说：在郊外等待，没有冒险行动。宜于保持恒常状态，不会有灾难，因为没有失去常理。

【爻辞释义】初九在需卦的最下方，离上卦坎险最远，所以用在郊外等待作比喻，即"需于郊"。初九为阳爻，刚毅而有定力，能够遵守恒常的规矩，待时而动，所以不会有灾难，故称"利用恒，无咎"。象辞说的"不犯难行也"，就是说不冒险行动，在时机不成熟时以静待动；"未失常也"，就是守常道，不失其常。

九二，需于沙，小有言，终吉。

象曰：需于沙，衍在中也。虽小有言，以终吉也。

【注释】小有言："有言"为受人言语的伤害，"小有言"意即小有言语之伤。衍：水向四处漫延。

【译文】九二，在沙地等待，虽受人言语之伤，最终还是吉祥的。

象辞说：在沙地等待，水流在沙中漫延。虽然受到小的责难，最终还是吉祥的。

【爻辞释义】九二比初九更接近上卦坎险，其处境用"沙"来形容，沙虽难行，却不致陷入，所以说"需于沙"。"小有言"是受到言语责难。言语之伤也是伤害，但属小伤，因尚未接触到险难，即使受伤也是轻微的。九二阳爻居中，因而仍可安然地等待，最终还是吉祥的，所以说"小有言，终吉"。"衍"是水向四处漫延的意思。象辞说的"需于沙，衍在中也"，意思是：在沙中等待，水流在沙中漫延，距离险难已近。

九三，需于泥，致寇至。

象曰：需于泥，灾在外也。自我致寇，敬慎不败也。

【注释】需于泥："泥"为水边淤泥；"需于泥"即在水边淤泥处等待，已逼近于险。灾在外：虽在泥中等待，但泥还在坎险之外，即灾在身外、未陷其中。

【译文】九三，在泥潭中等待，招致匪寇到来。

象辞说：在泥潭中等待，灾难就在附近。自己招致匪寇，但若谨慎应对，则可以不败。

【爻辞释义】九三居下卦之极，更接近上卦的坎险，其处境用"泥"来形容，随时有可能陷入危险。九三阳爻居阳位，但不居中位，刚强过度，急于前进。其遭遇险害的情况，已到了随时会有敌人来袭的程度了，所以说"需于泥，致寇至"。象辞说"需于泥，灾在外也"，意思是灾难就在附近，但尚未伤及其身；"自我致寇，敬慎不败也"，意思是：自己招致的匪寇，但若能谨慎应对，仍然可以不败。

六四，需于血，出自穴。

象曰：需于血，顺以听也。

【注释】血：流血，比喻杀伤之地。穴：洞穴，为阴暗的险陷之地。六四为阴爻，所以称其居所为穴。

【译文】六四，在杀伤之地等待，从洞穴中逃出。

象辞说：在杀伤之地等待，顺而听命，化险为夷。

【爻辞释义】六四已处于上卦坎险之地，九三阳爻意欲上进，而六四阴爻挡住其路，两相妨害，可能会造成伤害，故称"血"。"需于血"，就是在险难之中等待。六四阴爻居阴位，居位得正，柔弱顺从。九三前来，六四无力抗拒，从其所居住的洞穴中出走，即"出自穴"。六四顺从听命，而得以免除灾祸，所以象辞说"需于血，顺以听也"。这一爻强调，陷入危险时不可逞强，应顺势而变，以化险为夷。

九五，需于酒食，贞吉。

象曰：酒食贞吉，以中正也。

【注释】需于酒食：九五处中得正，居于天位，所需必获，只需在酒食安乐中等待。

【译文】九五，在酒食安乐中等待，守持正道而获吉祥。

象辞说：酒食安乐，贞正获吉，是因为居位中正的缘故。

【爻辞释义】九五阳爻居阳位，得正居中，已达到至尊的地位。爻辞中用"需于酒食"来描述九五爻的状态，意思是：居于天位，所需必得，只需安享酒食等待就可以了。尽管如此，仍然是以贞正为先决条件，守持贞正才会吉祥，即"贞吉"。象辞中说的"酒食贞吉，以中正也"，意思是：安享酒食，贞正获吉，是因为九五居位中正的缘故。

上六，入于穴，有不速之客三人来，敬之终吉。

象曰：不速之客来，敬之终吉。虽不当位，未大失也。

【注释】有不速之客三人来：不速之客为不召自来的客人，"三人"指初九、九二、九三。三阳爻上升，不需召唤而自来，故称"有不速之客三人来"。不当位：指所居爻位不恰当。"不当位"有两种类型：（1）一、三、五为阳位，二、四、六为阴位，以阴爻居阳位，或以阳爻居阴位，均为不当位；（2）阴爻居于阳爻之上，以阴凌阳，亦属不当位。需卦上六的不当位，属于第二种情况。

【译文】上六，入居险穴，有三个不速之客来访，恭敬相待，终获吉祥。

象辞说：有不速之客来访，恭敬相待，终获吉祥。虽然居位不当，但没有大的损失。

【爻辞释义】上六爻位于上卦坎险的极点，"入于穴"称其居住于阴暗险陷的洞穴，已经无所等待了。上六与九三相应，九三为其援应，九三前来不会有害于上六。九三连同下面的二个阳爻，即下乾卦的三个阳爻，有勇往直前的刚强性格，现在已经到了等待的终极时刻，因而一齐前来，爻辞中称之为"不速之客三人"。上六柔弱顺从，作为三位刚强的不速之客的主人，只有恭敬相待，最后才能获得吉祥，即"敬之终吉"。象辞中说的"虽不当位，未大失也"，是指上六居于九五阳爻的上方，即凌乘九五，不当位，但因为能恭敬地对待"不速之客"，也没有太大的损失。

第六卦　讼卦

坎下乾上

讼：有孚窒，惕中吉，终凶。利见大人，不利涉大川。

【注释】讼：诉讼，打官司。孚：诚信。窒：闭塞。惕：惕惧。中：持中，得中。

【译文】讼卦：心有诚信而未通达，惕惧持中可以获吉，争讼至终会有凶险。利于见大人（求明断），不宜（冲动鲁莽而）陷入危险。

【卦辞释义】讼卦的上卦乾为天，下卦坎为水，卦形象征"争讼"。天西转，水东流，两者背道而行，象征不和睦而致"争讼"。讼卦二、五爻皆阳，阳实阴虚，中实象征有诚信，故说"有孚"。若是"有孚"而有争讼，是因为窒塞而未通达，故说"有孚窒"。讼事待决，事未明辨，应该警惧畏惕，折中和解，中止争讼，才能获吉，即"惕中吉"。"终凶"与"惕中吉"意思相反。争讼终究是一种不祥的事情，争讼带来的最终结果就是凶，即使官司打赢了，也只能是相争结怨，仍然是凶，故称"终凶"。争讼这种事情，宜于诉之公堂，请大人明断，所以说"利见大人"。"大川"即大河，比喻险境，这里指争讼的事情。争讼不可陷于危险，不能有冲动、冒险的行为，如果因争讼而涉险，必会招致灾祸，所以说"不利涉大川"。

彖曰：讼，上刚下险。险而健，讼。讼，有孚窒，惕中吉，刚来而得中也。终凶，讼不可成也。利见大人，尚中正也。不利涉大川，入于渊也。

【注释】上刚下险：上卦为乾，乾为刚；下卦为坎，坎为险。利见大人，尚中正：在争讼之时，利于见到中正的"大人物"，遵从其公平公正的判决。"尚"，尊崇，重视。

【译文】彖辞说：讼卦（的卦象是）上刚下险。心怀险恶，性格刚强，导致争讼。争讼若是因为心有诚信而未通达，警惧持中可以获吉，（因为九二、九五）刚爻来而得居中位。官司打到底有凶险，（因此）不可让争讼之事成功。宜于见到大人，听从中正（的判决）。不宜采取冒险行动，否则会陷入险境，坠入深渊。

象曰：天与水违行，讼。君子以作事谋始。

【注释】天与水违行："违"，违背、反向；"天与水违行"，上天与下水反向而行，天向西转，水向东流，二者背道而行。作事谋始："作事"，即做事；"谋始"即做事之初就要深谋远虑。这是避免争讼的根本方法。

【译文】象辞说：天与水反向而行，是讼卦的卦象。君子观此卦象，在做事之初就深谋远虑。

初六，不永所事，小有言，终吉。
象曰：不永所事，讼不可长也。虽小有言，其辩明也。

【注释】不永所事："永"即长久；"事"为讼事；"不永所事"，不把讼事长久地进行下去。
【译文】初六，不长久纠缠于争讼之事，虽有言语争执，最终还是吉祥的。
象辞说：不长久纠缠于争讼之事，官司不宜久拖。虽有言语争执，略辩即明。
【爻辞释义】从卦象而言，初六阴柔居下，与九四相应。九四阳刚，首先非理来犯初六，初六不得已而应讼，但不长久纠缠于争执之事，虽有言语争执，但最终是吉祥的，所以说"不永所事，小有言，终吉"。初六"不永所事"是很明智的做法，不长久纠缠于争讼，断然了结，可获吉祥。

九二，不克讼，归而逋，其邑人三百户，无眚。
象曰：不克讼，归逋窜也。自下讼上，患至掇也。

【注释】克：胜。逋（bū）：逃亡。逋窜：逃窜。邑：采邑，是帝王封赏给臣属的土地。拥有三百户人家的邑是最小的邑。眚（shěng）：灾难；过错。掇（duō）：拾取。

【译文】九二，争讼失败，逃回居住地，其管辖三百户人家，没有灾难。

象辞说：争讼失败，逃窜回家。居下位者与居上位者争讼，祸患的到来如同俯首拾物。

【爻辞释义】九二与九五为敌应关系，两刚相敌造成争讼。九二地位居下，且以阳爻处于阴位，不当位，又在坎险之中，处境极为不利；九五以阳爻居君位，势不可敌，九二完全不是其对手。九二与九五争讼，根本就无法胜讼，于是快速避开争端，退出争讼。"不克讼，归而逋"，即打不赢官司，逃回居住地。九二的属地只有三百户人家，在古代属于小地方，势力不大，对于九五不构成威胁，因而不会有灾难，所以说"其邑人三百户，无眚"。象辞说"自下讼上，患至掇也"，意思是：地位低的人与地位高的人打官司，招来祸患如俯首拾物。

六三，食旧德，贞厉，终吉，或从王事，无成。
象曰：食旧德，从上吉也。

【注释】食旧德："旧德"，祖业，即已得到的东西；"食旧德"，即守住过去的所得。厉：危险。

【译文】六三，安享祖业，守持正道，处境危厉，终获吉祥。或可辅助君王的事业，不要居功自傲。

象辞说：安享祖业，顺从上九而获吉祥。

【爻辞释义】六三阴爻与上九阳爻相应，顺从上九，不会受到上九的侵夺，可保全自己已有的东西。"食旧德"，即安享其祖业，可享受祖上的德禄。

六三以阴爻居阳位，其位不正，且处于九二、九四两刚爻之间，是危厉之地，须贞正而防备危厉，即"贞厉"。六三安分守己，与人无争，与上九相应，保住旧禄不失，终获吉祥，故称"终吉"。六三或可辅助上九的王事，小心谨慎，不敢顶撞，不要抢功，所以说"或从王事，无成"。此爻讲述了争未必得、不争未必失、以柔弱对刚强的道理。

九四，不克讼，复即命，渝安贞，吉。
象曰：复即命，渝安贞，不失也。

【注释】复即命："复"，返回，恢复；"即"，到，到达；"命"，生活，命运；"复即命"，返回原来的生活状态。渝：改变，转变。

【译文】九四，未获胜讼，返归常态，改变态度，安贞守正，吉祥。

象辞说：返归常态，改变态度，安贞守正，未失正道。

【爻辞释义】九四阳爻居阴位，失位且不居中，过于争强好胜。九四非理侵犯初六，初六能辩明道理，故九四讼不能胜，即"不克讼"。九四明白自己的过错之后，回心转意而归向正理，改变了以前争讼的态度，安守正道，获得吉祥，即"复即命，渝安贞，吉"。象辞说的"不失也"，意思是：返归生活常态，改变态度，安贞守正，未失正道。

九五，讼元吉。
象曰：讼元吉，以中正也。

【注释】元吉：大吉。

【译文】九五，讼事大吉。

象辞说：讼事大吉，是因为以中正之德（断案）。

【爻辞释义】九五阳爻居阳位，得位，象征大人得位，以公正严明的态度处理诉讼，所以官司会得到公正的判决。"讼元吉"，即讼事大吉。九五就是卦辞所说的"利见大人"中的大人，能明断曲直，令诉讼者心悦诚服。象辞说的"讼元吉，以中正也"，意思是：讼事大吉，是因为大人中正的缘故。中则不差，正则不邪，以中正之德断案，才会"元吉"。

上九，或锡之以鞶带，终朝三褫之。

象曰：以讼受服，亦不足敬也。

【注释】或锡之以鞶带："或"，可能，或许；"锡"，通"赐"，赐予、赐给；"鞶（pán）带"，官服上的文饰品，佩带，表示官职的高低，与象辞中的"服"一样，比喻爵禄；"或锡之以鞶带"，或许会赐予他佩带。终朝三褫之："朝"，早晨；"终朝"，即一个早上；"褫（chǐ）"，剥夺，取消；"终朝三褫之"，一个早上接连三次取消所赐的官服。

【译文】上九，或许会得到赏赐的佩带，但在一天之内被多次剥夺。

象辞说：通过争讼而得到赏赐官服，也并不值得尊敬。

【爻辞释义】上九阳爻居讼卦的终极之位，象征恃强霸道、争讼到底的人。上九通过争讼而获得高官厚禄，但这种强讼不止的人不会有好下场，所以爻辞在"锡之以鞶带"之前用了"或"字，表示偶然性，而且最后仍落得身败名裂的下场。"或锡之以鞶带，终朝三褫之"，上九所得到的赏赐，在一天之内被多次剥夺。这也印证了卦辞中的"终凶"的告诫。

第七卦　师卦

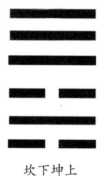

坎下坤上

师：贞，丈人吉，无咎。

【注释】师：军旅，兵众，军队。贞：正道，贞正。丈人：此处"丈人"为统帅的尊严之称。

【译文】师卦：守持正道，威严庄重的统帅吉祥，没有灾祸。

【卦辞释义】当人们因利益冲突而引起争议时，会导致诉讼。如果法律裁决仍无法解决问题，特别是在社会群体之间，就有可能兴师动众，以战争手段来解决问题，因此讼卦之后为师卦。师为兵众、军队的意思。"贞"为正道，打仗要师出有名，兴正义之师，所以师卦首先强调的是"贞"。丈人是尊严的称谓，意为统帅。统帅的正确指挥，对于胜负具有决定性意义，统帅吉祥，军队才能免于兵败涂地的灾难，因此卦辞说"丈人吉，无咎"。师卦阐述了军纪、择将、进退等用兵之道。

彖曰：师，众也。贞，正也。能以众正，可以王矣。刚中而应，行险而顺，以此毒天下，而民从之，吉又何咎矣！

【注释】刚中而应："刚中"指九二，与六五正应。行险而顺："险"指下卦坎，"顺"指上卦坤。毒天下，而民从之："毒"，荼毒、残害。此句意为：兴师讨逆虽有害于天下，但民众愿意服从。

【译文】彖辞说：师，是兵众的意思。贞，是守正的意思。能使众多的军队守持正道，就可以成就王业了。刚健居中而有正应，行于险中而能柔顺，凭借这些（兴师讨逆），虽有害于天下，但民众愿意服从，吉祥，哪里还会有灾祸呢？

象曰：地中有水，师。君子以容民畜众。

【注释】地中有水：地能容水，水量巨大，为容民畜众之象。畜：通"蓄"，蓄养。

【译文】象辞说：地中有水，是师卦的卦象。君子观此卦象，包容百姓，蓄养民众。

初六，师出以律，否臧凶。
象曰：师出以律，失律凶也。

【注释】律：指军律，纪律。否臧凶："否"（pǐ），坏，恶；"臧"（zāng），好，善；"否臧凶"，无论怎样都会有凶险。

【译文】初六，出师征战须有（严明的）纪律，（否则）无论如何必有凶险。

象辞说：出师征战须有（严明的）纪律，丧失了纪律就有凶险。

【爻辞释义】初六为师卦之始，是军队整装待发的时候。初六阴爻居阳位，又处于下卦坎中，象征士兵。对于士兵，必须严明军纪，严加管束，否则军队就没有战斗力，所以爻辞说"师出以律"。纪律涣散的军队出征，无论如何都是凶险的。"否"为坏，"臧"为好，"否臧凶"的意思是：无论好坏，都是凶险。

九二，在师中吉，无咎，王三锡命。
象曰：在师中吉，承天宠也。王三锡命，怀万邦也。

【注释】王三锡命："王"，君王；"锡"，通赐；"王三锡命"，君王多次颁命嘉奖。《周礼》

说："一命受职，再命受服，三命受位。"

【译文】九二，统率军队守持中道而获吉祥，无灾祸，君王多次颁命嘉奖。

象辞说：统率军队守持中道而获吉祥，受到天子的恩宠。君王多次颁命嘉奖，说明其怀有平定天下的志向。

【爻辞释义】九二是卦中唯一的阳爻，居下卦中位，象征军中刚毅、中正的统帅，任重责大。九二与六五正应，六五为君位，对九二全力支持，有利于在军中树立权威，所以九二吉祥，不会有灾祸，即"在师中吉，无咎"。为树立统帅的威信，表彰其功绩，君王对其大加褒奖，三度给与厚赐重赏，即"王三锡命"。象辞说"王三锡命，怀万邦也"，意思是：君王之所以给予厚赐重赏，是为了平定天下。

六三，师或舆尸，凶。
象曰：师或舆尸，大无功也。

【注释】师或舆尸："师"，出师；"舆"（yú）：车，车载；"尸"，尸体；"师或舆尸"，军队出征，可能会载尸而归，形容兵败的惨状。大：太，非常。

【译文】六三，军队出征，可能会载尸而归，凶险。

象辞说：军队出征，可能会载尸而归，太没有功劳了。

【爻辞释义】六三阴爻居阳位，不中不正，上无正应，下无亲比，凌乘阳刚。六三处于下卦坎的上端，坎卦象征险难，其处境极端危险。六三凌乘于九二之上，象征不听主帅的安排，违抗军令，所以必然大败而归。六三上无正应，所以进无援应；下无亲比，则退不可守；如此用兵，必然大败，损失惨重，所以说"师或舆尸，凶"。像这种志大才疏的人，绝非将帅之才，任用这种人统帅军队，必有凶险。

六四，师左次，无咎。
象曰：左次无咎，未失常也。

【注释】左：在古代的军队中崇尚右，右是前进，左为撤退。次：指驻扎两天以上。《左传》："凡师，一宿为舍，再宿为信，过信为次。"

【译文】六四，军队撤退驻守，没有灾祸。

象辞说：撤退驻守，没有灾祸，未失（用兵的）常法。

【爻辞释义】六四阴爻居阴位，居位得正，但上下无应。六四处在上、下卦之交的"多惧之地"，阴爻居阴位，有退避之象。在前后无应的情况下，不宜冒进，而应退守，所以六四率军暂时撤退，以免遭受损失，即"师左次"。形势不利时应该退守，这样才能"无咎"，即避免灾祸。象辞说这种做法"未失常也"，意思是并未违反用兵的常法。

六五，田有禽，利执言，无咎。长子帅师，弟子舆尸，贞凶。
象曰：长子帅师，以中行也。弟子舆尸，使不当也。

【注释】田有禽，利执言："田"，田地；"禽"，禽兽；"执"，捕获，抓；"言"，为语气词，虚词无实义；"田有禽，利执言"，田地里有禽兽，应该捕捉。弟子：长子以下的诸子。贞凶：即使贞正，也有凶险。

【译文】六五，田地里有禽兽，应该捕捉，没有过错。刚正长者可以率兵出征，任用平庸小子必将载尸败归，即使正义，亦必凶险。

象辞说：刚正长者可以率兵出征，是因为以中道行事。平庸小子必将载尸败归，是因为任用不当。

【爻辞释义】六五阴爻居君位，居中不正。阴爻在君位，缺乏阳刚之气，具有阴柔之德，不会主动侵犯他人。"田有禽，利执言，无咎"，说的是田里有禽兽破坏庄稼，应该捕捉，没有过错。这个比喻的意思是：有敌人来犯，应该予以击退，因为是正义的战争。六五阴柔，无刚武之质，不能为帅，不会亲征，因此会委派其子率军出征。如果任用长子，则可以帅师；如果任用次子，则必兵败，载尸而归，即使贞正，也有凶险。所以，爻辞说"长子帅师，弟子舆尸，贞凶"，这里说的"长子"指的是九二，"弟子"就是六三。该爻讲的是，在战争时君王一要师出有名，二要正确地选任统帅军队的将领。

上六，大君有命，开国承家，小人勿用。
象曰：大君有命，以正功也。小人勿用，必乱邦也。

【注释】大君：君王，天子。开国：把有大功的人封为诸侯，其领地为诸侯国。承家：

把功臣封为大夫，"家"是大夫的封邑，可以传承。正功："正"，判定，决定，确定；"正功"，评定功勋。

【译文】上六，君王颁发命令（封赏功臣），或封为开国诸侯，或任命为可传承家业的大夫，小人则不可重用。

象辞说：君王颁发命令，是为了评定功勋。小人不可重用，（否则）必然使国家发生动乱。

【爻辞释义】上六是师卦的终极，征战结束，班师回朝，论功行赏。"大君有命"，就是君王颁布命令，论功封赏。"开国承家"，就是在论功行赏时，若功勋卓著，则封为开国诸侯；若功劳次之，则封为可传承家业的卿大夫。爻中特别告诫"小人勿用"，小人即使作战有功，也不可重用，不能使其拥有政治权力，因为重用小人必然危害国家，即"必乱邦也"。

第八卦 比卦

坤下坎上

比：吉。原筮，元永贞，无咎。不宁方来，后夫凶。

【注释】比：比邻，亲比，亲附。筮（shì）：占卜。原筮：推原，溯原，即从源头或本原上进行推断。元永贞："元"，头，首，始，大，此处指君长之德；"永"，久，永久；"贞"，正，无邪；"元永贞"，选择亲比对象时，要考察其是否有尊长之德，可否长久不变，能否守持正道。不宁：不安宁，不安定。方来：才来，且来。后夫凶：后来者有凶。夫为语气词，无实意。

【译文】比卦：吉祥。要经过考察研究作出决定,(如果亲比者)有尊长之德，可保长久不变，能够守持正道，就不会有灾祸。不安宁的(诸侯)来朝(求助)，迟迟不来者有凶险。

【卦辞释义】比卦，上卦为坎，为水；下卦为坤，为地。地因水而柔，水因地而流，地上布满水，水与地亲密无间，卦形象征亲比相辅。比卦讲的是怎样处理人际关系，阐述了彼此之间相亲相比的道理。爻辞一开始的"吉"，意思是若能与人亲比为善，就会吉祥。在决定要和一个人亲密交往时，需要作出判断，就是"原筮"。原筮的本义是通过占卜进行判断，从源头上进行推究，这里的意思是判断是否可与某人相亲比。"元永贞"中，"元"是有君长之德，"永"是可以保持长久，"贞"为正道。和具有"元永贞"品德的人亲密交往，互相辅助，是不会有灾祸的，即"无咎"。在做出决断后，与人亲比，宜早不宜迟，在先者吉，在后者或被疏远，甚至有凶，即"后夫凶"。本卦的主爻是九五，阳爻居阳位，至尊刚健，诸阴爻追随，相亲相辅。对于九五君王，国家不安宁的诸侯纷纷前来朝见求助，迟迟不来者必有凶险，这就是"不宁方来，后夫凶"的意思。在比卦中，九五独尊，下有四阴相从，唯有上六相背，所以这句话是针对上六而言的。

彖曰：比，吉也，比，辅也，下顺从也。原筮，元永贞，无咎，以刚中也。不宁方来，上下应也。后夫凶，其道穷也。

【注释】不宁方来，上下应也：九五独处尊位，其余五爻均为阴爻，象征上下无人与其争夺民众，莫不归顺，即"上下应也"。不得安宁的人之所以来求助，即"不宁方来"，是因为上下皆顺应九五。

【译文】彖辞说：比卦吉祥，比是亲比、辅佐之意，在下者顺从（于上）。要经过考察研究做决定，（所亲比者）有尊长之德，可以长久不变，能够守持正道，就不会有灾祸，（九五）刚而居中（正是亲比的对象）。不安宁（的诸侯）来朝，是因为上下顺应（九五）。迟迟不来者会有凶险，因为其（比辅之）道已经穷尽。

象曰：地上有水，比。先王以建万国，亲诸侯。

【注释】建万国，亲诸侯："建万国"指分土地，封建诸侯国。"亲诸侯"是封赏恩泽，亲待诸侯。

【译文】象辞说：地上有水，是比卦的卦象。先王观此卦象，分封建国，亲抚诸侯。

初六，有孚比之，无咎，有孚盈缶，终来有它吉。

象曰：比之初六，有它吉也。

【注释】有孚比之："孚"，诚信；"比"，亲比，亲近；"有孚比之"，心怀诚信与人亲比。有孚盈缶："盈"，充满；"缶"（fǒu），用来盛酒的瓦器，为不加纹饰的陶器、瓦罐；"有孚盈缶"，心怀诚信，如同美酒盈满于质素的瓦罐。终：终归，终究。

【译文】初六，心怀诚信与人亲比，没有灾祸。充满诚信，（质朴无华，如同美酒）盈满于质素的瓦罐，将会有意外的吉祥。

象辞说：初六与人亲比，会有意外的吉祥。

【爻辞释义】初六处下卦之初，阴爻居阳位，失位，而且上无所应。初六没有相应者，意味着心无牵挂，对人没有偏向，对周围的人都很友好，与人交往心怀诚信，因此不会有灾祸，即"有孚比之，无咎"。初六内心满怀诚信，就像美酒装满了瓦罐。瓦罐是没有上釉着色的，比喻初六诚心诚意，质朴无华，所以说"有孚盈缶"。初六待人有这样的诚信态度，与其亲比者一定不少，可与他人亲比而获吉祥，故说"终来有它吉"。这一爻是说，相亲相辅应以诚信开始，心怀诚信的亲附才能最终获得吉祥。

六二，比之自内，贞吉。

象曰：比之自内，不自失也。

【注释】比之自内："比"，亲近，亲比；"之"，亲比的对象，指九五；"自内"，由自己；"比之自内"，从卦象上看是处于内卦中位的六二，亲比处于外卦中位的九五，"自内"的寓意是：六二与九五亲比是发自内心的，是自发的。

【译文】六二，自发地前去亲附，守持正道而获吉祥。

象辞说：自发地前去亲附，不会自失正道。

【爻辞释义】六二阴爻处下卦中位，居中得正，与九五相应，一心亲附于九五之尊的君王。居内卦中位的六二与居外卦中位的九五亲比，故称之为"比之自内"，即从内卦而来的亲比。"贞吉"说的是守持正道，可获吉祥。象辞说的"比之自内，不自失也""自内"就是由己，自己主动地去亲比，才能不会自我丧失与九五之间的正应关系，即应上的中正之道。

六三，比之匪人。

象曰：比之匪人，不亦伤乎？

【注释】匪：非，无。匪人：无人。

【译文】六三，无人可亲比。

象辞说：无人可亲比，岂不是可悲的事？

【爻辞释义】六三与上卦无正应关系，与六四逆比，即近无所亲，远无所应，无人可以亲附，因此称其为"比之匪人"。象辞惋惜六三无人亲比，无依无靠，感叹道："不亦伤乎？"

六四，外比之，贞吉。

象曰：外比于贤，以从上也。

【注释】外比于贤，以从上也：下卦为内，上卦为外，六四亲比九五，方向朝外，故称"外比"。九五居中得位，故称"贤"。九五在六四之上，六四与其亲比，为"从上"。

【译文】六四，向外（与九五）亲比，守持正道而获吉祥。

象辞说：向外与贤人亲比，顺而从上。

【爻辞释义】六四阴爻居阴位，得位，与九五亲比。六四居得其位，上承刚健中正的九五，外比九五，不失贞正之道，所以说"外比之，贞吉"。

九五，显比，王用三驱，失前禽，邑人不诫，吉。

象曰：显比之吉，位正中也。舍逆取顺，失前禽也。邑人不诫，上使中也。

【注释】显：显示，彰显。显比：彰显亲比之道，光明正大的亲比之道。王用三驱：《礼记·王制》中有"天子不合围"之说。天子狩猎，只由三面驱赶禽兽，称作"三驱"。邑人不诫："邑人"，封邑中的人；"邑人不诫"，九五爻为有中正之德的君王，所讨伐的为叛逆者，而不是自邑的人，故邑人不戒惧。

【译文】九五，光明正大的亲比。君王打猎三面驱围，舍弃前面逆向而来的禽兽。属地的人们不会恐惧戒慎，吉祥。

象辞说：由光明正大的亲比而获吉祥，是因为（九五）处位中正。舍弃违逆者，接纳顺从者，听任前面逆向而来的禽兽逃掉。属地的人们不会恐惧戒慎，因为君上奉行的是中道。

【爻辞释义】九五阳爻居阳位，居于中正尊位，表明君王能持中守正。初、二、三、四爻已经自愿归附九五，对于不愿归附的上六爻，则顺其自然，并不勉强，所以称其为"显比"，即光明正大的亲比。"王用三驱，失前禽"说的是，古代王室狩猎，猎物多用来祭祀或献给君王享用，所以不能损伤猎物的面孔与外观，因此由三面驱赶禽兽，称为"三驱"，舍弃逆向而来的，只捕杀顺向奔跑的，所以说"失前禽"。这个比喻的意思就是象辞所说的"舍逆取顺"，即舍弃背逆者，接纳顺从者，不强求亲比。九五采取这种待人的态度和方式，其属下就不必戒惧，不会因"亲我者昌，逆我者亡"而人人自危，因而吉祥，故称"邑人不诫，吉"。

上六，比之无首，凶。
象曰：比之无首，无所终也。

【注释】比之无首："无"，不；"首"，先；"无首"，不居先，落在后面；"比之无首"，与人亲比，不能为首，落在后面。

【译文】上六，比附于人却落在后面，有凶险。

象辞说：比附于人却落在后面，终将无所归附。

【爻辞释义】上六阴爻居阴位，虽然得位，但以阴爻凌驾于九五阳爻之上，以阴凌阳。其他阴爻都归顺了九五，唯独上六落在后面，被人所弃，必遭凶险，所以说"比之无首，凶"。象辞说的"无所终也"，即无所归附，不得所终。

第九卦　小畜卦

乾下巽上

小畜：亨。密云不雨，自我西郊。

【注释】密云不雨：浓云密布而不降雨。自：从，由。西郊：即城西方向。

【译文】小畜卦：亨通。从西郊方向飘来浓密的云层，但还未降雨。

【卦辞释义】小畜卦的上卦为巽，为风；下卦为乾，为天。全卦只有六四一个阴爻，呈一阴畜五阳之象。"畜"字通蓄，为蓄聚之意，"小畜"是指阴柔者小有蓄聚。六四只能蓄止九三一个阳爻，不能蓄止初九和九二，阳气依然可以上行，所以"亨"。如果阳气上升，阴气能够蓄止，两气交合则可降雨。因为六四一阴畜五阳，力所不及，仅可蓄止九三，就只能形成密云，而不能降雨，所以卦辞说"密云不雨"。西郊指城西方向，西方属阴，"自我西郊"说的是密云来自西方，由阴气所聚集。小畜卦阐述了事物发展过程中的"小蓄大""阴蓄阳"的道理。

象曰：小畜，柔得位而上下应之，曰小畜。健而巽，刚中而志行，乃亨。密云不雨，尚往也。自我西郊，施未行也。

【注释】柔得位而上下应之：六四以柔爻居柔位，故称"柔得位"。此卦只有一阴爻，上下诸阳爻皆来应合，即"上下应之"。健而巽：下卦为乾，刚健；上卦为巽，谦逊；故称"健而巽"。刚中而志行：九二、九五刚爻居中，其志必行。尚往也："尚"，通"上"。《周易正义》："不能畜止诸阳，初九、九二，犹得上进，阴阳气通，所以不雨，释'密云不雨'也。"

【译文】象辞说：小畜卦，（六四）柔爻居位得正，上下皆与其应和，故称小畜。刚健而谦逊，刚爻居中，其志必行，因而亨通顺利。浓云密布而不降雨，（因为阳气）已经上升。从西郊上空飘来密云，但雨水尚未施降。

象曰：风行天上，小畜。君子以懿文德。

【注释】懿（yì）：美，美好；此处作动词，意为修美，修善。文德：君子的才德包括大至治国的经纶之道、小至文章才艺，文德指的是文章才艺方面的修养。《周易正义》："'君子以懿文德'者，懿，美也。以于其时施未得行，喻君子之人但修美文德，待时而发。"

【译文】象辞说：风行天上，是小畜卦的卦象。君子观此卦象，修美其文德。

初九，复自道，何其咎，吉。
象曰：复自道，其义吉也。

【注释】复自道：乾为天，本来居上，阳爻以上升为正道，初九上升而行，就是回归乾阳本来的正道。

【译文】初九，复归自己原本的道路，哪有什么灾祸？吉祥。

象辞说：复归自己原本的道路，理应吉祥。

【爻辞释义】初九阳爻居阳位，得位，且与六四相应。初九居下卦乾之始，志在前进上升。初九以阳居下，升进而行，回归自己的正道，作为与其相应的六四必然会顺而不阻，没有灾祸，故说"复自道，何其咎，吉"。象辞说"其义吉也"，因为阳爻以上升为正道，初九上升而行，按道理应该是吉祥的。

九二，牵复，吉。
象曰：牵复在中，亦不自失也。

【注释】牵复："牵"，牵连；"复"，复归；"牵复"，互相牵连而复归正道。此处说的是，九二与九五志向相同，牵连而复。

【译文】九二，牵手返回，吉祥。

象辞说：牵手返回，居位中正，也就不会自我迷失。

【爻辞释义】九二居下卦中位，与九五虽非正应，但皆为阳刚，志向相同，都要上升前行。二人同患相忧，互相携手而复归。二阳并进，阴不能胜，故可以回到原来乾的位置，吉祥，所以说"牵复，吉"。象辞说的"牵复在中，亦不自失也"，意思是与志同道合者携手并进，不偏离中正之道，就不会自我迷失。

九三，舆说辐，夫妻反目。
象曰：夫妻反目，不能正室也。

【注释】舆说辐："舆"，古代的木车；"说"，通脱；"辐"，轮辐；"舆说辐"，车子的轮辐脱落。反目：翻脸，不和。

【译文】九三，车子的轮辐脱落了，夫妻反目失和。

象辞说：夫妻反目失和，是因为（丈夫）无力整治家室。

【爻辞释义】九三想要升进，但与上九相敌应，而且还被六四凌乘，所以九三被蓄止而不能进。九三被上九固而止之，行动不得，就像车子的轮辐脱落，即"舆说辐"。六四蓄止九三，使不能前进，刚受制于柔，如同夫妻失和，反目成仇。象辞说"夫妻反目，不能正室也"，意思是：夫妻之所以反目，是因为刚受制于柔，丈夫无力整治家室。

六四，有孚，血去惕出，无咎。
象曰：有孚惕出，上合志也。

【注释】有孚，血去惕出："孚"，诚信；"血"，流血，喻指争斗、伤害；"惕"，忧惧；"有孚，血去惕出"，有诚信，避免了伤害，摆脱了忧惧。

【译文】六四，心怀诚信，避免了流血伤害，摆脱了惊恐畏惧，没有灾难。

象辞说：心怀诚信，摆脱了惊恐畏惧，是因为与上九志向相合。

【爻辞释义】六四是本卦唯一的阴爻，居九三之上，凌乘九三，九三欲进，受其固蓄。六四惧怕九三伤害自己，故称有"血"；害怕九三侵犯，故有"惕"惧。但六四"有孚"，即对上九心怀诚信，以诚信取得了上九的支持。上九与九三为敌应关系，与六四共同抵御九三，所以六四不会受到九三的伤害，没有灾祸，即"血去惕出，无咎"。六四靠一己之力无法阻止九三，之所以"血去惕出"，是因为取得了上九的信任，上下"合志"，精诚合作，"小畜"才得以实现。

九五，有孚挛如，富以其邻。
象曰：有孚挛如，不独富也。

【注释】孚：诚信。挛如："挛"，牵系，牵连；"如"，"……的样子"；"挛如"，牵连的样子。富：富有。以：用于，与之。

【译文】九五，心怀诚信，亲密牵挽，自己富有，使邻友也富有。

象辞说：心怀诚信，亲密牵挽，而不是独自富有。

【爻辞释义】九五阳爻居君位，持中守正。九五居于尊位，心怀诚信，对于上进的九二，信而不疑，来而不拒，牵挽相迎，故称"有孚挛如"。九五居尊位，富有钱财，乐善好施，毫不吝啬，能用自己的财富使友邻也富起来，即"富以其邻"。这里的"邻"指的是九二，九二的"牵复"就是受益于九五。

上九，既雨既处，尚德载，妇贞厉。月几望，君子征凶。
象曰：既雨既处，德积载也。君子征凶，有所疑也。

【注释】既：为尽、完之意，此处表示"已经"。处：此处为"止"的意思。尚德载："载"，充满，积累；"尚德载"，高尚的功德积载已经圆满。妇贞厉："贞"，节操，贞正；"厉"，危厉；"妇贞厉"，妇人坚守贞正之道，仍有危险。月几望："几"，快要，即将；"望"，满月；"月几望"，月亮几近圆满，比喻阴气极盛。君子征凶："征"，前进，前往；"君子征凶"，君子继续前进，将有灾祸。《周易注》："满而又进，必失其道，阴疑于阳，必见战伐，虽复君子，以征必凶，故曰'君子征凶'。"

【译文】上九，密云已经成雨，降雨已经停止（阳气已被蓄积），功德积载已经圆满，妇人虽然贞正，也很危险。月亮即将盈满，君子继续前进，将有灾祸。

象辞说：密云已经成雨，降雨已经停止，功德积载已经圆满。君子继续前进，将有灾祸，因为（阳对阴）已经有所怀疑。

【爻辞释义】上九为全卦之终，小畜之道已经发展到了终极阶段。"既雨既处"说的是阳气已经蓄积，阴阳和合而降雨，以阴蓄阳已经功德圆满。"尚德载"，说的是六四蓄止刚健，功德积载，业已成功。六四蓄止九三，以阴蓄阳，就如同妇人压制其丈夫一样，即使贞正，也很危厉，故称"妇贞厉"。月亮代表阴，妇人压制其丈夫，阴气之盛就像快要盈满的月亮，即"月几望"。以阴蓄阳已经发展到盛极必危、蓄极必反的程度了，如果此时还要前进，则会阴阳互疑、相见必战，所以说"君子征凶"。

第十卦　履卦

兑下乾上

履：履虎尾，不咥人，亨。

【注释】履：踩，走，践履。咥（dié）：咬。

【译文】履卦：行走在虎尾之后，（猛虎）不咬人，亨通。

【卦辞释义】履卦的六三为主爻，六三以阴柔践履九二阳刚，是非常危险的，像是踩着老虎的尾巴一样，有"履虎尾"之象。因为六三在下卦兑中，兑以其和悦顺应乾刚，虽然危险，但未受到伤害，所以卦辞说"履虎尾，不咥人，亨"。以上下卦而言，上卦为乾，象征刚强；下卦为兑，象征和悦；兑在乾下，象征在下者以礼承事于在上者。本卦告诫人们谨慎行事，循礼以履，则吉；狂妄自大，越礼而行，则凶。唯有善处其身，行不违礼，才能履危获安。

象曰：履，柔履刚也。说而应乎乾，是以履虎尾，不咥人，亨。刚中正，履帝位而不疚，光明也。

【注释】柔履刚：六三阴爻在九二阳爻之上，故称"柔履刚"。说而应乎乾："说"，通悦；六三在下卦兑，兑为悦；上九在上卦乾，乾为刚；六三与上九正应，所以是"说而应乎乾"。不疚："疚"，愧疚；"不疚"，无愧。

【译文】象辞说：履，是阴柔者践履阳刚者。（下卦）悦而应合（上卦）乾，所以行走于虎尾之后，老虎却不咬人，亨通。（九五）阳刚居中守正，践履帝位而当之无愧，正大光明。

象曰：上天下泽，履。君子以辩上下，安民志。

【注释】辩：通辨。君子以辩上下，安民志：天尊在上，泽卑在下，所以君子效法此卦象，以分辨上下尊卑，使尊卑有序，让民众安定其志、安居其位。

【译文】象辞说：上天下泽，是履卦的卦象。君子观此卦象，明辨上下尊卑，使民众安其位、定其志。

初九，素履往，无咎。
象曰：素履之往，独行愿也。

【注释】素：白色，本色，质朴，不加修饰的。

【译文】初九，以质朴坦城的态度处世，不会有灾祸。

象辞说：以质朴坦诚的态度处世，独自践行其志愿。

【爻辞释义】初九阳爻居于阳位，在最下位。"素"为质朴无华、秉持本性；"素"为事物的本色，不加掩饰。初九处履之初，相当于一个人初涉世事，起步践履，刚踏上人生旅途。"素履往，无咎"，是说初九率其本性而行，行为清正纯洁，不会有灾祸。象辞说"素履之往，独行愿也"，说的是初九的"素履"之道，特立独行，不随世俗，独行其所愿。

九二，履道坦坦，幽人贞吉。

象曰：幽人贞吉，中不自乱也。

【注释】履道坦坦："坦坦"，平坦易行；九二以阳处阴，能够谦退，所以"履道坦坦"，平易而无险难。幽人：隐居者。贞：正，中正，贞正。

【译文】九二，行走于平坦的大路上，安静恬淡的人固守正道而获吉祥。

象辞说：安静恬淡的人固守正道而获吉祥，是因为其执中守正，不（因世事纷扰而）自乱。

【爻辞释义】九二阳爻居阴位，处下卦中位，象征居内履中，刚而能柔，能够谦退。九二执中行谦，以这样的品质行事，行走的是人生坦途，所以说"履道坦坦"。九二与九五不相正应，所以得不到九五的援助，难以大有作为。九二爻以阳居阴，故称其为"幽人"，如同幽隐之人。因其行谦守正，人不加害，仍可获吉，即"贞吉"。象辞说的"幽人贞吉，中不自乱也"，意思是：九二能谦退幽居而获吉祥，是因为心怀坦荡，固守贞正，不因世事纷扰而自乱。

六三，眇能视，跛能履，履虎尾，咥人凶。武人为于大君。

象曰：眇能视，不足以有明也。跛能履，不足以与行也。咥人之凶，位不当也。武人为于大君，志刚也。

【注释】眇（miǎo）：一目失明。武人为于大君："武人"，以武凌人；"为于"，为了；"大君"，国王，君王；"武人为于大君"，以武凌人，为的是君王之位。

【译文】六三，瞎一只眼也能看，跛一条腿也能行，行走踩着虎尾，有被虎咬的凶险。以武凌人，为的是高居君王之位。

象辞说：瞎一只眼也能看，却不足以明辨事物。跛一条腿也能行，却不足以与人同行。有被老虎咬的凶险，是因为居位不当。以武凌人，想居君王之位，其志意过于刚猛。

【爻辞释义】六三阴爻居阳位，失位且不居中，并且以柔爻凌乘于两个刚爻之上。"眇能视，跛能履"，说的是瞎了一只眼也能看，跛了一条腿也能行，言外之意是视而不明，行而不远。六三阴柔无才却居阳位，又凌乘二刚，故以"眇目""跛足"为喻。"履虎尾，咥人凶"，说的是六三凌驾于二刚爻之上，如同踩着老虎的尾巴，有被老虎咬的凶险。"武人为于大君"，意思是：六三自不量力，以武凌人，妄图坐上君王的位子。

九四，履虎尾，愬愬，终吉。
象曰：愬愬终吉，志行也。

【注释】履虎尾：九四逼近九五至尊，以阳承阳，处多惧之地，故称"履虎尾"。愬（shuò）：惊惧。

【译文】九四，踩在老虎尾巴后面行走，非常恐惧谨慎，最终获得吉祥。

象辞说：恐惧谨慎，终获吉祥，志愿得以实现。

【爻辞释义】九四以阳爻居阴位，不当位，紧挨着九五君位。伴君如伴虎，九四也有"履虎尾"之象。九四以阳承阳，逼近至尊九五，处多惧之地，故称"愬愬"，即非常惊惧。九四有踩虎尾的危险，但表现极为谨慎，能够以惕惧之心对待，小心翼翼地走在虎后，虽然危厉，终获吉祥，即"终吉"。内怀刚志，外示柔软，履危知惧，实现其志，所以象辞说"愬愬终吉，志行也"。

九五，夬履，贞厉。
象曰：夬履贞厉，位正当也。

【注释】夬（guài）：果决，果断。贞：正。厉：危险，危厉。

【译文】九五，果断践履，虽然正当，也很危厉。

象辞说：行事果断强硬，虽正犹危，这正是其所处的君位决定的。

【爻辞释义】九五阳爻居阳位，居中守正，处君王之位。由于得位处尊，所以九五处事果断强硬，故称"夬履"。九五爻没有正应，下方的九四与其逆比，如同高高在上的君王，拒人于千里之外，虽然行事中正，也十分凶险，所以说"贞厉"。象辞说"夬履贞厉，位正当也"，这句话的意思是：九五行事果断强硬，持中守正也很危险，这是由其所处的位置决定的。处在君王之位，处事不得不果断，"贞厉"是不可避免的。

上九，视履考祥，其旋元吉。

象曰：元吉在上，大有庆也。

【注释】视履考祥："视"，审视，视察；"考"，考察，检查；"祥"，此处指有关吉凶的征兆；"视履考祥"，上九处履卦之极，道路已经走完，回头考察人生的所作所为、善恶得失和祸福征兆。旋：有两种解读：①圆圈，意指圆满，没有瑕疵。②旋反，即回还、回归之意。

【译文】上九，回顾践履的历程，考察祸福的征兆，圆满大吉。

象辞说：践履至终而获大吉，是大有福庆的事。

【爻辞释义】上九阳爻居阴位，谦虚柔顺，德才兼备。上九处于履卦的最上端，象征人生履途已经走完，此时审视反省自己的经历，回头看看走过的路，考察一下履途中的祸福征兆，此即"视履考祥"的意思。上九居于极位，下有六三相应，高而不危，履道圆满，业已大成，故称"其旋元吉"。

第十一卦　泰卦

乾下坤上

泰：小往大来，吉，亨。

【注释】小往大来："小"指坤阴；"大"指乾阳；"往"为远离下卦；"来"为来到下卦。

【译文】泰卦：坤阴离去，乾阳到来，吉祥，亨通。

【卦辞释义】泰卦由下乾上坤组成，上卦坤为地，下卦乾为天。泰卦的卦象表示，天因轻而上升，地因重而下沉，于是形成天地交合，阴阳沟通和畅的局面。阴小阳大，地小天大，坤前往外卦，故称"小往"；乾来到内卦，故称"大来"。天在地的下面，犹如天地、阴阳、上下交通融合，喻示通泰的景象，所以"吉，亨"。全卦阐述了上下交应、阴阳交融导致事物通泰昌盛的规律。

彖曰：泰，小往大来，吉，亨，则是天地交而万物通也，上下交而其志同也。内阳而外阴，内健而外顺，内君子而外小人。君子道长，小人道消也。

【注释】上下交而其志同：上为君，下为臣，君臣交好，志意和同。内阳而外阴，内健而外顺：就内、外卦而言，内卦乾为阳，为健；外卦坤为阴，为顺。君子：阳代表君子。小人：阴代表小人。

【译文】彖辞说：泰卦，阴去阳来，吉祥，亨通，因而天地交合，万物畅通，上下交融，志意和同。内卦为阳，外卦为阴；内秉刚健之德，而外呈柔顺之态；君子在内，小人在外。君子之道盛长，小人之道消退。

象曰：天地交，泰。后以财成天地之道，辅相天地之宜，以左右民。

【注释】后：古代称君主、帝王为后。君主的妻子也称后。财：通"裁"，裁度，制定。此处"财成"为裁度、推测断定之意。辅相：辅助。左右：帮助，袒护，保护。《伊川易传》："财成，谓体天地交泰之道，而财制成其施为之方也。辅相天地之宜，天地通泰则万物茂遂。人君体之而为法制，使民用天时，因地利，辅助化育之功，成其丰美之利也。"《周易正义》："'以左右民'者，左右，助也，以助养其人也。"

【译文】象辞说：天地交通融合，是泰卦的卦象。君王观此卦象，体察天地运行的规律，以及天地合宜的道理（制定施政方略），以助养民众。

初九，拔茅茹，以其汇，征吉。
象曰：拔茅征吉，志在外也。

【注释】茹：相牵连的样子。茅茹：茅根相互牵连的样子，比喻同类事物相互牵连。以：与，和，跟。汇：类，类聚，汇聚，此处指下卦三阳爻汇聚。

【译文】初九，拔起茅草，牵连其同类，前进可获吉祥。

象辞说：拔起茅草，前进可获吉祥，其志向在于向外进取。

【爻辞释义】初九阳爻居阳位，在最下位，是乾阳开始升进的象征。下卦的三个阳爻为志同道合的同志，初九升进，九二和九三必然会随之而动，就像拔茅草时，其根部牵连在一起会同时拔起，所以说"拔茅茹，以其汇"。上卦坤的特性是顺从，下卦乾的升进一定会被接纳，因此初九升进前途吉祥，故说"征吉"。此爻象征三阳爻相互团结，向外求发展，无往而不利。

九二，包荒，用冯河，不遐遗，朋亡，得尚于中行。
象曰：包荒，得尚于中行，以光大也。

【注释】包荒："包"为包含、容纳；"荒"为荒秽。"包荒"即容纳荒秽，亦即有宏大的度量。用冯河："冯河"为徒步涉水，无舟渡河；此处喻指九二果断、刚毅。不遐遗："遐"为远；"遗"为遗弃。"不遐遗"是"不遗遐"的倒装句。遐，这里指遐远的贤人。朋亡："朋"，朋党；"亡"，无；"朋亡"，不结朋党。尚：辅佐，相助，配。中行：行为合乎中庸之道的人，这里指六五，居中行正。

【译文】九二，有包容荒秽的胸襟，有涉越大河的勇气，不遗失偏远的贤士，不结朋党，配得上辅佐君王。

象辞说：有包容荒秽的胸襟，配得上辅佐君王，因其德行光明正大。

【爻辞释义】九二阳爻居阴位，失位但居中，象征刚柔兼济，中正不偏。九二与六五相应，为辅佐君王的得力大臣。爻辞中列举了九二的许多优良品德，首先是有宏大的度量，能包容各种类型的人。爻辞中用"包荒"来形容其度量，包荒就是能容纳荒秽。"用冯河"的意思是徒步涉水渡河，说的是九二具有果敢的气魄。"不遐遗"说的是任用贤才，即使是远方的贤才也不遗漏。"朋亡"就是没有朋党，即执中不偏，不拉帮结派，不结党营私。具有这么多优良品德，完全配得上辅佐中正的君王，所以说"得尚于中行"，其中"尚"为"配"的意思；"中行"指的是六五。象辞中说的"以光大也"，意思是：九二无私无偏，光明正大。

九三，无平不陂，无往不复，艰贞无咎。勿恤其孚，于食有福。
象曰：无往不复，天地际也。

【注释】陂：不平坦。艰贞：艰危而能持正。恤：忧虑，怜悯。天地际："际"，交界或靠边的地方；"天地际"，九三处在上下卦交际的位置，即乾卦和坤卦交际处。古人认为，天和地都是有边际的。

【译文】九三，没有全是平地而不存在起伏的地方，没有总是前往而不返回的情况（没有永久的安泰），艰贞守正，就不会有灾难。不必忧虑其诚信，饮食俸禄自有福庆。

象辞说：没有总是前往而不返回的情况，因为天地是有边际的。

【爻辞释义】九三阳爻居阳位，得位，处于上下卦交接之处，即乾卦与坤卦相交、天与地相交的地方。九三处在天地交际的位置，也正是事物变化的临界点，意味着泰向否的转变。乾下坤上为泰卦，乾上坤下为否卦。泰为安，否为险；平则安，陂则险。爻辞说"无平不陂，无往不复"，意思是：没有平坦而无起伏的地方，也没有只往而不返的情形，安泰到达极盛，必然时变世革，走向反面。处在变革之时，应有危机感，艰贞守正，才能避免灾祸，所以说"艰贞无咎"。九三居位得正，上有正应，是讲信义的人，所以不担心其诚信，有食禄之福，即"勿恤其孚，于食有福"。

六四，翩翩，不富以其邻，不戒以孚。
象曰：翩翩不富，皆失实也。不戒以孚，中心愿也。

【注释】不富以其邻："富"，富有，富实；"以"，与；"邻"，邻近，邻居；"不富以其邻"，不富有而能与邻居同行。《伊川易传》："六四翩翩，就下与其邻同也。邻，其类也，……三阴皆在下之物，居上乃失其实，其志皆欲下行，故不富而相从，不待戒告而诚意相合也。"

【译文】六四，象鸟儿一样翩翩飞舞，不富实而能与邻居同行，有诚信而不用戒备。

象辞说：象鸟儿一样翩翩飞舞，不富有，（这是因为各阴爻）都虚而不实。心怀诚信，无需互相戒备，因为正合自己的心愿。

【爻辞释义】六四所处的位置已经超过泰卦的一半，上升已到极限，开始回落。六四在上坤卦之始，意欲向下复归本位，看见时机已到，就开始下行。"翩翩"，是形容六四像鸟儿一样翩翩而下。六四的邻居指的是六五和上六，众阴爻都想跟随六四下行，所以不待富有便与六四同行，故称"不富以其邻"。"不戒以孚"，说的是：三个阴爻有共同的心愿下行，都有诚信而不需戒备。"不富"在《易经》中常用于阴爻，因为阴爻代表空虚，象征不富有。

六五，帝乙归妹，以祉元吉。

象曰：以祉元吉，中以行愿也。

【注释】帝乙，姓子，名羡，史称帝乙。帝乙继位后，商朝的国势已经趋于没落，而且与周边国家的关系不和。为了修好商周之间的关系，帝乙将胞妹嫁与周文王姬昌，采用和亲的办法缓和商周矛盾。这次联姻，使得商朝暂时少了一个敌人，也使得周朝获益。帝乙去世后商纣王继位。归：古时称女子出嫁为"归"。祉：福；用作动词，为"福佑"。

【译文】六五，帝乙嫁出胞妹，以得福佑，大吉。

象辞说：得福佑而大吉，因为（六五）行中道，以实现其（下应阳刚的）心愿。

【爻辞释义】六五阴爻居上卦之中，与九二爻相应，柔顺相从。六五以阴爻居上卦的君位，位尊而性柔，能够屈己之尊与下卦的阳爻九二相应，以促成阴阳交泰的实现。这里，以商王帝乙将自己的妹妹下嫁于周文王为例，即"帝乙归妹"，来说明六五居中履顺、下应九二。六五行中正之道，得行其愿，以获福佑，所以大吉，即"以祉元吉"。

上六，城复于隍，勿用师。自邑告命，贞吝。

象曰：城复于隍，其命乱也。

【注释】城复于隍："城"为城墙；"复"为倒覆；"隍"为城外无水的壕沟；"城复于隍"，城墙倒覆于壕沟。邑（yì）：城，城邑；古时指诸侯国。告命：发布命令、文告。

【译文】上六，城墙倾覆到干涸的壕沟里，（此时）不可兴师动武。可在属地发布文告（引咎自责），即使守持正道，也难免遗憾。

象辞说：城墙倾覆到干涸的壕沟里，说明其命运已经转为错乱了。

【爻辞释义】上六已处于泰卦之极，盛久必衰，泰久转否，通泰将走向其反面，即否塞。上六所面临的局面，爻辞中用"城复于隍"作比喻。古代的城墙下面有壕沟，这种城下壕沟在无水时称为"隍"，有水时称为"池"，城墙通常是用挖掘隍土修成的。"泰"即将结束，就像城墙倒塌，城墙的土又返回到隍处，故称"城复于隍"。"勿用师"为告诫语，意思是泰道已尽，兴师动武也无法挽回。泰达到转否的时候，众心已变，难以扭转，唯一可做的事情，就是在自己的属地发布文告，表示引咎自责，即"自邑告命"。通泰的大势已去，想守持正道，已为时太晚，无济于事了，结果只能是倍感遗憾和羞辱，所以爻辞说"贞吝"。象辞说的"城复于隍，其命乱也"，意思是其命运已经向错乱不利的方面转化。

第十二卦　否卦

坤下乾上

否：否之匪人，不利君子贞，大往小来。

【注释】否之匪人："否"（pǐ），否塞，否闭，闭塞不通；"之"，则，就；"匪"，无；"人"，人道；"否之匪人"，闭塞不是人间正道。《伊川易传》："天地不交则不生万物，是无人道，故曰匪人，谓非人道也。"

【译文】否卦：闭塞不是人间正道，不利于君子守持正道，（这是因为）阳去阴来，（阴阳不交）。

【卦辞释义】泰，为畅通；否，为闭塞；泰卦与否卦的意思正好相反。世间有泰必有否，泰极必反，否极泰来。否卦阐述的是事物对立面之间不相应和，即上下不交、阴阳不合的道理。卦辞中的"否之匪人"，说的是否塞之时没有人道，是小人势长、君子势消的黑暗时期。这种反常的情况，对于持中守正的正人君子十分不利，所以说"不利君子贞"。之所以出现这种闭塞的状况，是因为阳气走了，阴气来了，故称"大往小来"。《易经》中，认为阳主生息，故称其为"大"；阴主消耗，故称其为"小"。在卦象中，自下而上为往，自上而下为来。否卦是乾在上，坤在下，所以是"大往小来"。

彖曰：否之匪人，不利君子贞。大往小来，则是天地不交而万物不通也，上下不交而天下无邦也。内阴而外阳，内柔而外刚，内小人而外君子，小人道长，君子道消也。

【注释】内柔而外刚：坤柔顺，在内卦；乾刚健，在外卦。此句解释否塞之义，因为内柔弱、外刚强，所以否闭不通。内小人而外君子：阴为小人，阳为君子，坤阴在内卦，乾阳在外卦，故称"内小人而外君子"。

【译文】彖辞说：闭塞不是人间正道，不利于君子守持贞正。阳气往上升，阴气向下降，则天地不能相交，万物不能通达，君臣上下不相交融，以致天下不成其为邦国。阴在内，阳在外；柔顺者在内，刚健者在外；小人在内，君子在外；小人的邪道滋长，君子的正道消衰。

象曰：天地不交，否。君子以俭德辟难，不可荣以禄。

【注释】辟：通"避"。

【译文】象辞说：天地不能交合，是否卦的卦象。君子观此卦象，以节俭为德，避免危难，而不可以利禄为荣。

初六，拔茅茹，以其汇，贞吉，亨。
象曰：拔茅贞吉，志在君也。

【注释】茹：相牵连的样子。茅茹：茅根相互牵连的样子，喻同类事物相互牵连。以：与，和，跟。汇：类聚，汇聚，指下卦三阴爻汇聚。

【译文】初六，拔起茅草，牵连其同类，守持贞正，可获吉祥，亨通。

象辞说：拔茅牵连同类，守正而获吉祥，志在为君王（建功立业）。

【爻辞释义】初六阴爻居阳位，居位不正，但与九四有应。否卦初六的爻辞与泰卦初九的爻辞很相似，前半句都是"拔茅茹，以其汇"。这是因为否卦的下卦三爻皆阴，属于同类，也像拔茅草牵连其根系一样，初六若不升进，其余二爻同样不会升进。"贞吉，亨"，说的是在闭塞不通之时，不可盲动，固守贞正，才能吉祥亨通。象辞中的"志在君也"，说的是初六心志在于为君王效力，建功立业。

六二，包承。小人吉，大人否，亨。
象曰：大人否亨，不乱群也。

【注释】包承："包"，包揽，包涵，引申义为屈己；"承"，顺承，顺从于上位者；"包承"，屈己从上。小人吉，大人否，亨：否塞之时，六二屈己从上，小人路通。"大人"否塞小人之道，大人之道则通。《周易注》："居'否'之世，而得其位，用其至顺，包承于上，小人路通，内柔外刚，大人'否'之，其道乃'亨'。"

【译文】六二，屈己从上。小人得吉；大德之人否塞（小人之道），亨通。

象辞说：大德之人否塞（小人之道而得）亨通，（小人）不敢乱群。

【爻辞释义】六二以阴爻居阴位，处于下卦之中，有至顺之象。在否塞之时，六二与九五君王阴阳相应，有"包承"之象，即屈己从上。本爻象征小人处下，极尽阿谀奉迎的伎俩，巴结奉承上司，这对于小人来说是有利的，故说"小人吉"。此时君子应否闭小人，即堵塞小人之道，才能得以亨通，所以说"大人否，亨"。君子阻止了小人得道，小人虽然强盛，却不敢随意乱群，因此"大人否亨，不乱群也"。

六三，包羞。
象曰：包羞，位不当也。

【注释】包羞："包"，包承，即屈己从上；"羞"，羞耻；"包羞"，屈己从上而不知羞耻。

【译文】六三，谄媚从上，羞耻至极。

象辞说：谄媚从上，羞耻至极，这是因为居位不当。

【爻辞释义】六三以阴爻居阳位，失位，又不处中。六三不中不正，而又贴近于上，极尽小人之能事，媚上欺下，胡作非为，不知廉耻，所以说"包羞"。象辞说"包羞，位不当也"，意思是：六三招致羞耻，是因为其所处的位置不当。

九四，有命无咎，畴离祉。
象曰：有命无咎，志行也。

【注释】畴离祉："畴"（chóu），古通俦（chóu），同类，同辈，同等；"离"，古通"丽"，附丽，依附；"祉"，福，福祉；"畴离祉"，同类相附丽而得福。九四爻以阳刚居高位，下三阴居其下，顺而从之，皆获其福荫。

【译文】九四，领受君命（行动）无灾祸。（下卦）三阴顺从依附，可获福祉。

象辞说：领受君命（行动）无灾祸，其志向得以实现。

【爻辞释义】九四阳爻居阴位，失正不中，以阳刚体健居于近君之位。九四具备排除否塞的才能，且居于高位，足以辅助九五君王救济否世，但是要出动救世，需要听从君命，才可避免灾祸，即"有命无咎"。九四爻以阳刚居高位而能救济否世，下卦三阴居其下，若能顺而从之，皆可承其福荫，故称"畴离祉"。

九五，休否，大人吉。其亡其亡，系于苞桑。
象曰：大人之吉，位正当也。

【注释】休否："休"，停止，结束；"休否"，休止否塞。其亡：将要灭亡。苞桑：丛生的桑树。系于苞桑，比喻像系结于丛生的桑树一样安稳牢固。

【译文】九五，闭塞不通的局面将要结束，大人可获吉祥。（时常告诫自己）将要灭亡啊，将要灭亡啊，就可以像系结于丛生的桑树一样安稳牢固。

象辞说：大人获得吉祥，因为其居位中正得当。

【爻辞释义】九五阳爻居阳位，居中得正，处至尊君位。九五阳刚中正，可以终止闭塞的局面，重新恢复通泰。这只有像九五这样的大能大德之人才能做到，十分吉祥，所以说"休否，大人吉"。居于尊位而要遏制小人，必然面临危险，必须自我戒惧，警惕危亡。"其亡其亡"，就是对自己说"将要灭亡啊，将要灭亡啊"，经常告诫自己。国君身处逆境，念念不忘危亡，只有这样才能像苞桑那样安固，故称"系于苞桑"。

上九，倾否，先否后喜。

象曰：否终则倾，何可长也。

【注释】倾否："倾"，倾覆；"倾否"，倾覆否塞，结束否塞的局面。

【译文】上九，倾覆否塞的局面。有先前的否塞，才有后来（通泰）的喜悦。

象辞说：否塞至于终极，则必将倾覆，（否塞）怎么能长久呢？

【爻辞释义】上九处否卦之极，否塞之道终结，即将倾覆。上九为阳刚之才，可以将否道倾毁，故说"倾否"。否道未倾之前是否塞局面，否道倾毁之后，则万事通泰，皆大欢喜，所以说"先否后喜"。至此，闭塞不通的局面已经到了尽头，物极必反，否塞必然转为通泰，即否极泰来。象辞说"否终则倾，何可长也"，意思是：闭塞到了极点必然要发生倾覆，闭塞的局面不会永久不变地存在下去。爻辞讲的是"倾否"，而不是"否倾"，强调了人（上九）在倾覆否道中的重要作用，并非否塞局面发展到极点，就会自然地倾覆。

第十三卦　同人卦

离下乾上

同人：同人于野，亨。利涉大川，利君子贞。

【注释】同：会同，和同。野：野外，郊外，引申为广远，指范围大、关系广。

【译文】同人卦：与普天下的人和同，亨通。利于涉越大江大河，利于君子守持正道。

【卦辞释义】同人卦的卦象是乾上离下；乾为天，为日；离为明，为火；火性炎上，与天亲和，同人卦的卦象象征"和同于人"。"和同"是和睦同心的意思。与人和同必须广泛，用心无偏无私，这样才能顺利亨通，所以说"同人于野，亨"。其中，"野"指的是范围广大。与人同心协力，有利于涉险克难，故称"利涉大川"，在此"大川"比喻艰难险阻。与人和同，宜于持中守正，远离邪道，即"利君子贞"。

彖曰：同人，柔得位得中，而应乎乾，曰同人。同人曰，同人于野，亨。利涉大川，乾行也。文明以健，中正而应，君子正也。惟君子为能通天下之志。

【注释】柔得位得中，而应乎乾：六二居位中正，即"得位得中"；上应九五，是"应乎乾"。利涉大川：在《易经》多处出现"利涉大川"，涉大川喻指从事艰难、危险的事情。利涉大川就是利于去完成艰难危险的事情。文明以健，中正而应：下卦离为明，上卦乾为健，故称"文明以健"。六二、九五皆居中得正，且又相应，为"中正而应"。

【译文】彖辞说：同人卦，柔顺者（六二）得位居中，与刚健者（九五）相应，故称和同于人。同人卦说，与普天下的人和同，亨通。利于涉越大江大河，是因为乾阳刚健而行。禀性文明而又刚健，居位中正而又互相配合，这是君子的正道。只有君子才能（以正道）通达天下之志。

象曰：天与火，同人。君子以类族辨物。

【注释】天与火，同人：乾，天在上；离，火性炎上；两者性质类同，象征同人。类族辨物："类"，同类；"族"，聚；"类族辨物"，事物以类相聚，使之得以分辨。

【译文】象辞说：上天下火，是同人卦的卦象。君子效法此卦象，以品类来分辨事物。

初九，同人于门，无咎。
象曰：出门同人，又谁咎也。

【注释】同人于门："同人"，与人和同；"于门"，出门，在门口；"同人于门"，在门口与人和同。

【译文】初九，在门口就与人和同，无灾祸。

象辞说：在门口就与人和同，又有谁会施加灾祸呢。

【爻辞释义】初九为同人卦的初爻，阳爻居阳位，当位，与九四不相应。上无正应，象征初九心无牵系，有无私而和同于人之象。"同人于门"，意思是在门口就可以和同于人、与志同道合者相聚。"同人于门"，虽然没有达到卦辞中的"同人于野"那样的大同程度，但已超越了一门之内的狭隘近亲关系。

像这样走出去广泛交往，当然不会有过失和灾祸，即"无咎"。

六二，同人于宗，吝。
象曰：同人于宗，吝道也。

【注释】宗：宗族，宗派。同人于宗：六二与九五相应，象征和同于人限于宗族，范围不广阔。

【译文】六二，只与宗族的人和同，会有憾惜之事。

象辞说：只与宗族的人和同，是导致憾惜之道。

【爻辞释义】六二是阴爻居阴位，得位中正，与九五阴阳相应。这样的卦象通常是吉象，但是在同人卦中，相应则代表有牵系，有私情。同人卦弘扬天下大同的理想世界，倡导公正、无私的交往。六二与九五相应，心中只有九五，就像只是在宗族内交往一样，所以称其为"同人于宗"。这种宗族和同的态度，虽然不能说错，但和同范围过于偏狭，行事必然艰难，会有憾惜之事，故称"吝"。

九三，伏戎于莽，升其高陵，三岁不兴。
象曰：伏戎于莽，敌刚也。三岁不兴，安行也。

【注释】伏戎于莽："伏"，潜伏；"戎"（róng），兵戎，军队；"莽"，草莽，草丛；"伏戎于莽"，潜伏兵戎在草莽中。升：上升，登高。陵：山陵，丘陵，山顶。岁：年。兴：兴起，开始。安：疑问词，"怎么，岂，何"的意思。

【译文】九三，潜伏兵戎在草莽间，登高山瞭望，三年都不敢兴兵。

象辞说：潜伏兵戎在草莽间，遭遇到强敌。三年都不敢兴兵，怎么能行呢？

【爻辞释义】同人卦只有六二一个阴爻，其他的阳爻，都想与其和同。九三阳爻居阳位，但不居中，性情刚强，想与比邻的六二和同，据六二为己有。可是，六二与九五相应，关系密切，九五必会加以干涉。由于九五强大，九三力不能敌，于是在草丛中布下伏兵，不敢轻举妄动，只能上山瞭望敌人，三年都不敢兴兵发起进攻，所以爻辞说"伏戎于莽，升其高陵，三岁不兴"。

九四，乘其墉，弗克攻，吉。

象曰：乘其墉，义弗克也，其吉，则困而反则也。

【注释】墉（yōng）：高墙，城墙。弗：不，没。反则：返归法则，返归正理。

【译文】九四，登上城墙，但不能攻克，（困而知返），吉祥。

象辞说：虽然登上城墙，但从道理上讲是不能成功的。其所以获得吉祥，是由于在陷入困境时能返回正道。

【爻辞释义】九四想与六二阴爻亲近和同，其间却有九三相隔，不能与六二接近。九四位于九三之上，就像是站在城墙上居高临下，即"乘其墉"，想以武力夺取六二。九三欲求六二，已经违反了同人应遵循的原则；九四又想效仿九三的行为，实属违义伤理，虽然有居高临下的优势，但不能攻克九三，即"弗克攻"。九四质刚，故能进攻；因居阴位，则能用柔。在"弗克攻"，陷于困境时，能够反躬自省，认识到自己行为的错误，困而知返，回到了"同人"的正道。所以，爻辞的断语为"吉"，即结果仍然是吉祥的。

九五，同人，先号咷而后笑，大师克相遇。

象曰：同人之先，以中直也。大师相遇，言相克也。

【注释】号咷（táo）：同号啕。先号咷而后笑：九五与六二正应，九三、九四，从中作梗，加以阻挠，起初九五未能与六二相见，故"先号咷"。九五处得尊位，战必克胜，二人得以相遇，故而"后笑"。同人之先，以中直也：这是解释"先号咷"之意，因为九五中正刚直，起初受到阻挠而未能实现与六二和同的心愿，故"先号咷"。

【译文】九五，和同于人，起先号啕大哭，后来喜笑颜开，大军出战告捷，（与六二得以）相遇。

象辞说：与人和同之初（号啕大哭），说明其中正刚直。大军（与志同道合者）相遇，说的是其克服了阻碍。

【爻辞释义】九五阳刚中正，与六二同心相应，但由于九三、九四阻挡其间，使九五不能与六二相遇，所以开始时痛哭不已。但是，九五刚健有力，出动大军战胜了九三和九四，冲破了阻隔而与六二相遇。"先号咷而后笑，大师克相遇"，说的就是：开始时号啕大哭，后来又喜笑颜开，大军出战告捷，二人得以相遇。

上九，同人于郊，无悔。
象曰：同人于郊，志未得也。

【注释】同人于郊：处同人卦之极，虽想和同于人，但郊外人烟稀少，和同于人而无所获，愿望未能实现。

【译文】上九，在郊外与人和同，没有悔恨。

象辞说：在郊外与人和同，志愿未能实现。

【爻辞释义】上九已处于同人卦的最外面，下无应者，无人与其和同，如同在郊外寻求与人和同，故称"同人于郊"。郊外人烟稀少，没有可和同的人，未能实现其愿望。虽然如此，上九身处于外，与人无争，远离了内斗，所以也没有悔吝的事情，故称其"无悔"。

第十四卦　大有卦

乾下离上

大有：元亨。

【注释】大有：大富有，古时丰年称"有"，大丰年为"大有"。元亨："元"，大；"元亨"，大亨，非常亨通。

【译文】大有卦：（盛大富有），至为亨通。

【卦辞释义】大有，意为极其富有。大有卦的上卦为离，为火；下卦为乾，为天。上卦离象征光明，卦象是光明在上，普照天下，象征大获所有。全卦唯一的阴爻六五居至尊之位，其余皆为阳爻，一阴拥有五阳，故名"大有"。既能"大有"，则必然大得亨通，故称"元亨"。

象曰：大有，柔得尊位大中，而上下应之，曰大有。其德刚健而文明，应乎天而时行，是以元亨。

【注释】大中：六五处大且中。处尊位，为"大"；居上卦之内，为"中"。其德刚健而文明：卦象为下乾上离，乾为"刚健"；离为"文明"。

【译文】彖辞说：大有卦，柔爻（六五）居于大中尊位，上下（阳爻）皆与之应合，故称为大有。其德行刚健而文明，顺应天道，依时行事，所以至为亨通。

象曰：火在天上，大有。君子以遏恶扬善，顺天休命。

【注释】顺天休命："休"，休美，美善；"顺天休命"，顺奉天的休美之命。

【译文】象辞说：火在天上，是大有卦的卦象。君子观此卦象，遏止邪恶，弘扬善行，以顺奉上天的休美之命。

初九，无交害，匪咎，艰则无咎。
象曰：大有初九，无交害也。

【注释】无交害：有两种解读：一是没有与人交往而产生的害处；二是无近期的灾害，即无近忧。按爻位的分析和象辞的说法，第一种解读更合理。艰：慎重。

【译文】初九，无涉及交往的危害，没有过错，谨慎戒惧则可免除灾祸。

象辞说：大有卦初九爻，无涉及交往的危害。

【爻辞释义】大有卦只有六五一个阴爻，其余皆为阳爻，除了初九以外，其他阳爻都与六五有一定的关系。九二与六五相应；九三居上下卦的交际处，与六五有一定的关系；九四处于六五之下，有阴阳相比的关系；上九处于六五之上，与六五比邻。初九与主爻六五相距最远，而且与九四也没有正应关系，所以无比无应，处于孤立地位。初九爻与六五爻没有任何交往，不能获益，但也不会受到交往所产生的害处，即"无交害"。初九无法与六五交往，这不是他的过失，即"匪咎"。然而，不可因"匪咎"而掉以轻心，必须艰难戒惧，谨慎前行，才能避免灾祸，即"艰则无咎"。

九二，大车以载，有攸往，无咎。
象曰：大车以载，积中不败也。

【注释】大车以载：九二刚健，且又居中，被委以重任，堪当其任，就像大车载物一般。有攸往：有所往。

【译文】九二，如大车载物，有所前往，没有灾祸。

象辞说：大车载物（堪负重任），（道德）蕴积于中，不会失败。

【爻辞释义】九二以阳居阴，虽不当位，但居乾中，刚而能柔。九二上应六五，被委以重任，犹如大车载物，故称"大车以载"。九二刚健，堪负其任，行稳致远，无往不利，没有灾祸，所以说"有攸往，无咎"。之所以九二能够"大车以载"，堪负重任，是因为其居位得中、刚而能柔、道德蕴积于中的缘故，所以象辞说："大车以载，积中不败也。"

九三，公用亨于天子，小人弗克。
象曰：公用亨于天子，小人害也。

【注释】公：公侯。亨：通享，即奉献，朝献，进献。小人：品行不端之人。弗克：做不到。

【译文】九三，公侯向天子献礼致敬，小人则不能。

象辞说：公侯向天子献礼致敬，小人如此，必致祸害。

【爻辞释义】九三阳爻居阳位，刚健得正，居下卦之上，象征地位之高已达公侯的位置。全卦的主爻是六五，居于君位，权势很大的公侯可以谒见君王，奉献贡品给天子表达敬意，因此说"公用亨于天子"。九三是阳刚君子，可以接受君王这样的礼遇，小人却不能有这样的礼遇，即"小人弗克"。如果小人享有这样的礼遇，就会骄盈傲物，放肆妄为，为害四方，所以象辞说"公用亨于天子，小人害也"。

九四，匪其彭，无咎。
象曰：匪其彭，无咎，明辩晰也。

【注释】匪：非，不。匪其彭："彭"字有二义：一为多，盛大；二为旁，近旁。因此，"匪其彭"有两种解读：一是自我抑制，不要过于盛多。二是专心伺奉君王六五，不要亲近旁边的九三。

【译文】九四，（富有而）不过盛，没有灾祸。

象辞说：（富有而）不过盛，无灾祸，（说明其）明辨事理。

【爻辞释义】九四阳爻居于阴位，失位，已经处在上卦，象征富有过盛。九四不仅权势大，而且贴近六五君位，处在多惧招嫌的位置，极具危险性。但是，九四以阳爻居阴位，内刚而外柔，能够谦逊自处，不以富有骄人，自觉地减损其盛大，得以避免了灾祸，这就是"匪其彭，无咎"的含义。象辞说"匪其彭，无咎，明辨晰也"，意思是：富有而不过盛，没有灾祸，说明其能明辨事理，明白盛极得咎的道理。

六五，厥孚交如，威如，吉。
象曰：厥孚交如，信以发志也。威如之吉，易而无备也。

【注释】厥孚交如："厥"（jué），其，他的；"孚"，诚信；"厥孚"，其诚实；"厥孚交如"，以其诚信与人交往的情景。威如：展现威严的样子。易而无备：行为平易近人，无需提防戒备。

【译文】六五，以其诚信与人交往，威严庄重，吉祥。

象辞说：以其诚信与人交往，以诚信激发其忠信之志。威严庄重的吉祥，就是行为平易自然，无需提防戒备。

【爻辞释义】六五为一卦之主，阴爻处于君位，柔而居中。六五因其诚信待人，上下皆与其交往，即"厥孚交如"。既有诚信，又以身作则，人皆敬畏，故称"威如"。以诚信之道与人交往，五个阳爻尽皆信服归向，故得"吉"。象辞说"厥孚交如，信以发志也"，意思是：由于其具有诚信之德，上下皆与之交往，以诚信激发其忠信之志。"威如之吉，易而无备也"的意思是：只有以诚信待人，才能使人心服口服。这种威信不是勉强的做作，而是平易而行，自然流露，无需猜疑防备。

上九，自天佑之，吉无不利。
象曰：大有上吉，自天佑也。

【注释】自天佑之，吉无不利：《周易注》："处大有之上而不累于位，志尚乎贤者也。余爻皆乘刚，而己独乘柔顺也。五为信德，而己履焉，履信之谓也。虽不能体柔，而以刚乘柔，思顺之义也。居丰有之世，而不以物累其心，高尚其志，尚贤者也。"

【译文】上九，得到来自上天的保佑，吉祥，无所不利。

象辞说：大有卦上九爻吉祥，是由于来自上天的保佑。

【爻辞释义】上九居大有卦之终，虽然以刚乘柔，但能够以阳从阴，以刚顺柔，谦逊地对待六五，结成阴阳亲比的关系。上九虽居高位，但富而不骄，慎终如始，就会受到上天的保祐，可长保富有，因此爻辞说"自天佑之，吉无不利"。在大有之时，更要谦虚谨慎，卦中其他各爻皆乘刚，唯独上九刚乘柔，上九以刚顺柔、诚信尚贤的品德正符合了这一要求。

第十五卦 谦卦

艮下坤上

谦：亨，君子有终。

【注释】亨，君子有终：《周易正义》："'谦'者，屈躬下物，先人后己，以此待物，则所在皆通，故曰'亨'也。小人行谦则不能长久，唯'君子有终'也。"

【译文】谦卦：亨通，君子能够保持谦虚至终。

【卦辞释义】谦卦的下卦为艮，象征山，性止；上卦为坤，象征地，性顺。本来是山高地低，在谦卦的卦象中，山却将自己埋在地的下面，象征卑下中包含着高贵，这就是谦虚的品质，所以卦形象征谦虚。谦虚的人虚怀若谷，恭敬礼让，先人后己，如此处世，行必顺达，故称"亨"。小人行谦，非出本心，多有伪装，故不能长久坚持；君子行谦，真心实意，修养已成，始终不会改变。"君子有终"，说的是君子的谦虚品行不会改变，而会保持至终。谦卦盛赞谦虚的美德，论述了处谦之道和因谦虚而获吉的道理。

彖曰：谦，亨。天道下济而光明，地道卑而上行。天道亏盈而益谦，地道变盈而流谦，鬼神害盈而福谦，人道恶盈而好谦。谦，尊而光，卑而不可逾，君子之终也。

【注释】害：祸害。福：福佑。人道：人情，人性。恶：厌恶。好：喜好。逾：逾越。

【译文】彖辞说：谦卑，则亨通。天的法则是下济万物，（使世界充满）光明，地的法则是性情卑顺，进而上行。天行之道使骄盈者减损，而使谦卑者增益；地行之道改变盈满者，流向谦下处；鬼神惩罚骄盈者，而福佑谦恭者；人们厌恶骄盈者，而喜爱谦逊者。谦恭就会受到尊崇，其德行愈显光大，谦卑而不可逾越，是君子终身之所为。

象曰：地中有山，谦。君子以裒多益寡，称物平施。

【注释】裒（póu）：聚集；减少，取出。称：秤，衡量。裒多益寡：由于"裒"有"聚集"和"减少"两种含意，导致了对"君子以裒多益寡，称物平施"的两种相反的理解。第一种，如《伊川易传》："君子以裒多益寡，称物平施，君子观谦之象，山而在地下，是高者下之，卑者上之，见抑高举下、损过益不及之义；以施于事，则裒取多者，增益寡者，称物之多寡以均其施与，使得其平也。"第二种，如《周易正义》："'裒多'者，君子若能用此谦道，则裒益其多，言多者得谦，物更裒聚，弥益多也。故云'裒多'，即谦尊而光也，是尊者得谦而光大也。'益寡'者，谓寡者得谦而更进益，即卑而不可逾也。是卑者得谦而更增益，不可逾越也。"

【译文】象辞说：地中有山，是谦卦的卦象。君子效法此象，取出多余的，补益欠缺的，衡量多寡而公平施与。

初六，谦谦君子，用涉大川，吉。
象曰：谦谦君子，卑以自牧也。

【注释】谦谦君子：谦而又谦的君子。用：凭，凭借。卑以自牧："卑"，谦卑，身份低微；"牧"，修养；"自牧"，自我约束、自我修养；"卑以自牧"，自我陶冶谦卑之德。

【译文】初六，谦而又谦的君子，凭（这样的美德）涉越大江大河，吉祥。
象辞说：谦而又谦的君子，自我陶冶谦卑之德。

【爻辞释义】初六阴柔处卦之初，位低且居于阴位之下。初六为谦卦的开始，象征甘心于下，态度非常谦虚，可谓谦而又谦的君子，故称"谦谦君子"。有这样的谦虚美德，就可以涉越江河，渡过艰难险阻，前途顺利吉祥，所以说"用涉大川，吉"。之所以能成为谦谦君子，是因为以谦卑之道自我修养的结果，也就是象辞所说的"卑以自牧也"。

六二，鸣谦，贞吉。
象曰：鸣谦贞吉，中心得也。

【注释】鸣：声闻，指有名声。鸣谦：谦名远闻。《周易注》："鸣者，声名闻之谓也。得位居中，谦而正焉。"

【译文】六二，谦虚的声名远扬，守持正道而获吉祥。

象辞说：谦虚的声名远扬，守持正道而获吉祥，中和在心而得其所。

【爻辞释义】六二阴爻居阴位，居中得正，柔顺中和是其美德。六二的谦逊之道表里如一，谦逊的美名远扬，获得众人的一致称赞，即"鸣谦"。有这样守中持正的美德，前途当然吉祥，故"贞吉"。六二谦虚的美名远扬，贞正而获吉祥，是因其以中和为心，应得其所，所以象辞说"鸣谦贞吉，中心得也"。

九三，劳谦，君子有终，吉。
象曰：劳谦君子，万民服也。

【注释】劳谦：有功劳而行谦。君子有终：君子终身行谦。

【译文】九三，有功劳且能谦虚，君子保持谦德至终，吉祥。

象辞说：有功劳且能谦虚的君子，万民敬服。

【爻辞释义】九三是谦卦唯一的阳爻，居得正位。处于下卦的最上位，是这一卦的主爻。"劳谦"，是说有功劳还能很谦虚。终身践行谦虚美德，必然吉祥，所以爻辞说"君子有终，吉"。九三这样的"劳谦君子"，有功而不居功，众望所归，深得民众敬服，故象辞说"万民服也"。

六四，无不利，㧑谦。

象曰：无不利，㧑谦，不违则也。

【注释】㧑（huī）：离，裂，分，分别。㧑谦："㧑"意为分别；"㧑谦"意为皆谦，即对上对下都谦逊。

【译文】六四，无所不利（之时），（仍能）对上对下都谦逊。

象辞说：无所不利（之时），（仍能）对上对下都谦逊，并不违反法则。

【爻辞释义】六四阴爻居阴位，柔顺得正。六四位居六五君王之下、九三重臣之上，居位无所不利，但仍能够做到谦虚谨慎，对上对下均能保持谦虚的美德，故爻辞说"无不利，㧑谦"。处在九三之上而能谦虚，是居高位者礼贤下士；对六五谦顺，则是行尊上之道。所以，"㧑谦"并不违反法则，合情合理，故象辞说"㧑谦，不违则也"。

六五，不富以其邻，利用侵伐，无不利。

象曰：利用侵伐，征不服也。

【注释】不富以其邻："以"，有"可以、拿到、可用"的意思；一般人需要将财物或好处给与邻里，才能加以利用，六五居于尊位，为人谦顺，受邻里敬重，所以不富也能利用其邻里的帮助。侵伐：征伐。

【译文】六五，不富有，却能利用其邻居，出征讨伐，无所不利。

象辞说：利用出征讨伐，是为了征讨那些不服从的人。

【爻辞释义】六五阴爻居至尊之位，德行谦顺。阴居阳位，象征不富有，但六五以德服人，可与人和睦相处。通常情况下，邻里得到好处才会帮忙，但是像六五这样德行高尚的人，即使没有给人好处，别人也乐意相助。所以爻辞说"不富以其邻，利用侵伐，无不利"，就是说能在不富有的情况下，也可以利用邻里的帮助。如果有违逆者，利用众人的支持去征伐，无所不利。六五居谦履顺，绝不会滥罚无罪者，所征讨的是那些不服从的人，即"利用侵伐，征不服也"。

上六，鸣谦，利用行师征邑国。

象曰：鸣谦，志未得也。可用行师，征邑国也。

【注释】邑国：古代国君分给诸侯、卿大夫的封地，也称为封邑、采邑，可以世袭传承。

【译文】上六，谦虚的声名远扬，宜用于出师征伐其他的邑国（以建树功劳）。

象辞说：谦虚的声名远扬，其志向却没有实现。可用于出师，征伐其他邑国（建树功劳）。

【爻辞释义】上六是谦卦的最上爻，已经处于谦卦的极点。上六居最高位，象征其身处于外，没有参与朝政，未曾干出一番实事，但有谦虚的名声在外，故称"鸣谦"。六二和上六皆为"鸣谦"，但含义绝然不同。六二是居正得中，行谦广远，名副其实；上六则是名声在外，未建功业，徒有其名。既然不能在内立功，唯有利用出师征伐其他邑国，才有可能建树功劳，故说"利用行师征邑国"。

第十六卦　豫卦

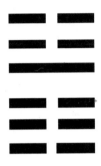

坤下震上

豫：利建侯行师。

【注释】豫：欢娱，快乐。建侯：授爵封侯，指君王分封诸侯，以安定天下。行师：兴兵，指出师兴兵，用武力安定天下。

【译文】豫卦：利于封建诸侯、出师征战。

【卦辞释义】"豫"，是欢娱、快乐的意思。豫卦的上卦为震，为雷，属阳卦；下卦为坤，为地，属阴卦；雷在地上爆发，产生雷鸣，使大地振奋，为阴阳和乐之象，所以称作"豫"。豫卦象征世道富足和谐，此时的君主会得到众多的支持，所以有利于封侯建国，有利于出师征伐，故说"利建侯行师"。豫卦的卦辞没有元亨利贞的断语，因为娱乐之事不可经常进行，故无"元亨"；古人认为娱乐不是贞正之道，所以也不说"利贞"。

彖曰：豫，刚应而志行，顺以动，豫。豫顺以动，故天地如之，而况建侯行师乎？天地以顺动，故日月不过，而四时不忒。圣人以顺动，则刑罚清而民服。豫之时义大矣哉！

【注释】刚应而志行，顺以动："刚"指九四；"应"指与初六相应；刚柔相应，所以"志行"；"顺以动"，坤在下，为顺，震在上，为动；以顺而动，所以得到和乐，即"豫"。忒（tè）：差错。清：清楚、明白。

【译文】彖辞说：豫卦，刚（柔）相应而实现其志，顺应而动，因而和乐。豫是顺应而动，所以天地运行如此，更何况封建诸侯、出师征战呢？天地顺应而动，故日月运行不过误，四时交替无差错。圣人顺理而动，则刑罚明而万民服。豫卦所包含的时机意义真大啊！

象曰：雷出地奋，豫。先王以作乐崇德，殷荐之上帝，以配祖考。

【注释】作乐崇德："崇"，崇敬，崇拜；"作乐崇德"，制作音乐，用来崇拜、赞美功德。殷荐之上帝，以配祖考："殷"，殷盛，盛大；"荐"，进献；"配"，配享，合祭，古时祭天，以先祖配祭；"祖考"，已故的祖父，这里指已故的祖先；"殷荐之上帝，以配祖考"，以盛大的典礼奉献给天帝，并配祭祖先。

【译文】象辞说：雷声发出，大地振奋，是豫卦的卦象。先王观此卦象，制作音乐，用以赞美功德，以盛大的典礼奉献给天帝，并配祭祖先。

初六，鸣豫，凶。
象曰：初六鸣豫，志穷凶也。

【注释】鸣豫："鸣"，声扬，宣扬；"鸣豫"，寻欢作乐，自鸣得意。

【译文】初六，寻欢作乐，自鸣得意，有凶险。

象辞说：初六寻欢作乐，自鸣得意，志气已丧尽，有凶险。

【爻辞释义】初六爻阴居阳位，居位不正。初六位于豫卦的最底端，不当位，说明德行修养不够。因为与九四相应，得到卦中唯一刚爻的援应，自鸣得意，沉溺于欢娱之中，会导致凶险，所以爻辞说"鸣豫，凶"。小人得志，沾沾自喜，自鸣得意，故象辞说"初六鸣豫，志穷凶也"。

六二，介于石，不终日，贞吉。
象曰：不终日，贞吉，以中正也。

【注释】介于石，不终日："介"，耿介；"于"，如；"介于石"，耿介如石。不少人将"不终日"解读为"不整天享乐"。古代周易学者对"不终日"的释义，多取下述译文中的解读。《周易正义》："介于石者，得位履中，安夫贞正，不苟求逸豫，上交不谄，下交不渎，知几事之初始，明祸福之所生，不苟求逸豫，守志耿介似于石。然见几之速，不待终竟一日，去恶修善，相守正得吉也。"《伊川易传》："人之于豫乐，心悦之，故迟迟遂至于耽恋不能已也。二以中正自守，其介如石，其去之速，不俟终日，故贞正而吉也。"

【译文】六二，耿介之志坚如磐石，不用一日（便可悟知欢娱有度的道理），贞正而获吉。

象辞说：不用一日（便可悟知欢娱有度的道理），贞正而获吉，是因为居中守正的缘故。

【爻辞释义】在豫卦中只有六二居中得正，象征着上下各爻都沉溺在欢乐中，只有六二能保持清醒头脑，坚持中正之道。六二不苟求欢娱，慎思明辨，守志耿介如石，故称"介于石"。因为能明察事理，见微知著，去恶修善，六二不用一日，便可悟知欢乐应该适中的道理，因而可守正得吉，所以说"不终日，贞吉"。

六三，盱豫，悔，迟有悔。
象曰：盱豫有悔，位不当也。

【注释】盱（xū）：张目仰视的样子，引申为献媚讨好，以求安乐。迟有悔：悔改迟了，则更后悔，会生新"悔"。《周易本义》："当速悔，若悔之迟则必有悔也。"

【译文】六三，献媚讨好以求安乐，会有懊悔；迟迟不悔改，会更加后悔。

象辞说：献媚讨好以求安乐，会有懊悔，是因为其居位不当。

【爻辞释义】六三阴爻居阳位，居位不正，象征小人不中不正。六三张目仰视，企图巴结九四，献媚讨好，以求安乐，因其居位不当，所以无法如愿，结果只能懊恼悔恨。如果迟迟不悔改，则会生新"悔"，将更加后悔。所以，爻辞说"盱豫，悔，迟有悔"。

九四，由豫，大有得，勿疑，朋盍簪。

象曰：由豫大有得，志大行也。

【注释】由豫：由他而得豫，故称。朋盍簪："盍"（hé），通合；"簪"（zān），用来别住头发的一种饰物，此处训"疾"，即快速的意思；"朋盍簪"，群朋快速前来合聚。

【译文】九四，人们由于他而得到喜乐，大有所获，毋庸置疑，群朋会快速前来合聚的。

象辞说：人们由于他而得到喜乐，大有所获，志向得以完全实现。

【爻辞释义】九四爻是卦中唯一的阳爻，得到了众阴爻的应和，皆由九四而得到喜乐，大有收获，所以说"由豫，大有得"。九四所居为臣位，六五则是居于君位，九四强臣上承弱君六五，可否担当治理天下的大任，是个值得怀疑的问题。爻辞中给出了肯定的答案，毫无疑问，群朋会快速前来合聚的，即"勿疑，朋盍簪"。

六五，贞疾，恒不死。

象曰：六五贞疾，乘刚也。恒不死，中未亡也。

【注释】贞疾："贞"，正，长久；"贞疾"，长期患病。

【译文】六五，长期罹患疾病，却经久不死。

象辞说：六五长期罹患疾病，是因为凌乘于阳刚之上。经久不死，因为还没有失去中道。

【爻辞释义】六五阴柔而居于君位，沉溺于安乐之中。其下方的九四则十分强悍，象征强臣专权，众人皆归附于九四，六五柔弱之君受制于专权之臣。六五居君位正当，却要受制于下臣，心有疾苦，所以说"贞疾"。六五居尊位，大权虽然旁落，但其位置尚存，故称"恒不死"，就像是常年患病还没有死亡一样。象辞说六五的"贞疾"，是因为以阴柔之质居于至尊之位，又凌乘于九四阳刚之上。"恒不死"，是因为六五居于中正尊位，尚未达到灭亡的地步。

上六，冥豫成，有渝无咎。

象曰：冥豫在上，何可长也？

【注释】冥豫："冥"（míng），糊涂，愚昧，昏冥；"冥豫"，冥昧之豫，昏冥纵乐。渝：改变。

【译文】上六，形成了昏冥纵乐的局面，（必须）改变才能免除灾咎。

象辞说：昏冥纵乐而居上位，怎么能长久呢？

【爻辞释义】上六阴爻象征着昏聩、糊涂，终日沉溺于豫乐，已达到无以复加的地步，故称"冥豫成"。上六若能及时醒悟，改弦易辙，不再沉溺在安乐中，方可避免祸害，即"有渝无咎"。

第十七卦　随卦

震下兑上

随：元亨利贞，无咎。

【注释】元亨利贞：《周易正义》："'元亨'者，于相随之世，必大得亨通。若其不大亨通，则无以相随，逆于时也。'利贞'者，相随之体，须利在得正，随而不正，则邪僻之道，必须利贞也。"

【译文】随卦：相随相从，至为亨通，宜于守正，没有灾咎。

【卦辞释义】随卦，由下震上兑组成，上卦兑为泽，下卦震为雷，泽中有雷，泽随雷动，卦形象征"随从"。"元亨利贞"是随卦之德，"元亨"是极为亨通，惟有极为亨通，才会有人相随。"利贞"是宜于守正，随从而不贞正，则必行邪道。相随则会涉及朋党，具有元亨利贞之德，才能免除灾祸，即"无咎"。本卦阐述了相随的原则，即无论何种情况下，均应遵循"从善""从正"的基本原则。追随他人的动机必须纯正，必须始终坚持正道。

彖曰：随，刚来而下柔，动而说，随。大亨贞，无咎，而天下随时，随时之义大矣哉！

【注释】刚来而下柔：震卦为阳卦，兑卦为阴卦，震为刚，兑为柔。震处兑下，是"刚来而下柔"。动而说："说"，悦；震为动，兑为悦，故称"动而说"。大亨贞：大亨、贞正。

【译文】彖辞说：随卦，是阳刚者前来而居于阴柔者之下，震动而喜悦，故而相随。大亨贞正，没有灾祸，天下万物都是随时（而变的），随"时"的意义很大啊！

象曰：泽中有雷，随。君子以向晦入宴息。

【注释】君子以向晦入宴息："向"，将近，接近；"晦"，晦暗，黑夜；"宴"，安，安寝；"君子以向晦入宴息"，（因有人相随，自己无需劳顿，）君子到了夜晚便可安寝休息。《周易注》："物皆说随，可以无为，不劳明鉴，故君子'向晦入宴息'也。"

【译文】象辞说：泽中有雷，是随卦的卦象。（因有人相随，自己无需劳顿，）君子到了夜间便可安寝休息。

初九，官有渝，贞吉，出门交有功。
象曰：官有渝，从正吉也。出门交有功，不失也。

【注释】官有渝，贞吉：不同解读：①官指人心，渝为改变。《周易注》和《周易正义》认为：初九无所应系，无所偏向，可随则随，有能力改变。唯正是从，故"贞吉"。②官指的是主持、主守。《伊川易传》认为："（初）九居随时而震体且动之主，有所随者也。官，主守也。既有所随，是其所主守有变易也，故曰官有渝，贞吉，所随得正则吉也。有渝而不得正，乃过动也。"③官为首领、头领，指的是九五。《东坡易传》认为："物有正主之谓官。""九五者，六二之正主也。二以远五而苟随于初九，以其随初而疑之，则官有变矣，官有变，初可以有获也，而非其正，故官虽有变，而以从正不取为吉也。"

【译文】初九，官场情况有变，谨守正道，可获吉祥，出外交往会有成效。

象辞说：官场情况有变，唯正是从，可获吉祥。出门交往而有所成，是因为不失（正道）。

【爻辞释义】初九阳爻居阳位，居位得正，但与九四不相正应。初九上无援应，说明其心中无所偏系，当随则随，唯正是从，而非偏向于一人。即使官场情况有变化，只要无偏私而坚守正道，就会吉祥。所随不为私欲所驱使，秉持贞正，见善而随，持这种态度出门在外，交往必有成效。所以，爻辞说"官有渝，贞吉，出门交有功"，其中"官有渝"的意思是官场有变化；"贞吉"，是守持贞正而获吉祥；"出门交有功"，是出门在外，见善而从，交往必有所成。

六二，系小子，失丈夫。
象曰：系小子，弗兼与也。

【注释】系：联结，关联。小子：年轻人，意指初九。丈夫：成年的男人，指九五。

【译文】六二，依从于小子（初九），失去了丈夫（九五）。

象辞说：依从于小子，（就失去了丈夫，）不可能两者兼得。

【爻辞释义】六二爻与九五阳爻相应，九五居于尊位，故称"丈夫"。六二却因初九与其邻近，而与初九发生牵连关系，"小子"指的是初九。六二因与小子相牵连，而失去了大丈夫。象辞说，这是一种不可兼得的情况，脚踏两只船是不可能的。这一爻虽然没有说凶险，但六二与小子发生关系，则会失丈夫，弄到最后会左右为难。

六三，系丈夫，失小子，随有求得，利居贞。
象曰：系丈夫，志舍下也。

【注释】系丈夫，失小子：六三阴柔，上承九四，为"系丈夫"。初九被六二所系，六三不可能与其相随，是"失小子"。

【译文】六三，依附于丈夫（九四），失去了小子（初九）。随从于人，求有所得，宜于安居守正。

象辞说：依附于丈夫（九四），意在舍弃下面的（小子初九）。

【爻辞释义】六三为阴爻，九四阳爻就在其上，有系于"丈夫"之象。九四阳刚，且地位在六三之上，故称"丈夫"。初九既已被六二所系，六三不可能再去追随他，故转而依附于丈夫九四，而舍弃小子初九。卦中九四也无正应，六三前来追随，九四自然不会拒绝，于是六三便会求有所得。虽然"随有求得"，但是六三和九四皆居位不正，所以宜于安居守正，不可妄动，即"利居贞"。从男女之情而言，六三就像是追随一个可靠的成年男人；六二则不同，是追求自己心仪的青年人。

九四，随有获，贞凶，有孚在道以明，何咎？
象曰：随有获，其义凶也。有孚在道，明功也。

【注释】随有获，贞凶：九四下有阴爻相随，不拒而获，故称"随有获"。九四在九五之下，居于臣位，擅自占有君王的子民，有失为臣之道，故"贞凶"。

【译文】九四，因人随从而有所获，有失（为臣的）正道，会有凶祸。（九四）忠诚，守持正道，光明正大，有什么过错呢？

象辞说：因人随从而有所获，从道理上讲是有凶险的。心怀诚信，守持正道，其功业显而易见。

【爻辞释义】九四由于六三相随而有收获，即"随有获"。九四居于九五之下的臣位，据有六三就是占有了君王的子民。九四刚健，深得民心，但因为民众相随、功高盖主，虽然贞正，也可能会有凶祸，即"贞凶"。九四做事有违常规，有失为臣之道，但胸怀诚信，守持贞正，功业自在人心，何错之有？所以，爻辞说："有孚在道以明，何咎？"象辞说的"随有获，其义凶也"，意思是：九四因众人追随而有收获，但其居位不当，按理说是有凶祸的。但九四如心怀诚信，坚守正道，则其功业显而易见，即"有孚在道，明功也"。

九五，孚于嘉，吉。
象曰：孚于嘉，吉，位正中也。

【注释】孚于嘉："孚"，信用，信服；"嘉"，赞美，称道；"孚于嘉"，其诚信受到赞美。

【译文】九五，深孚众望，广受赞美，吉祥。

象辞说：深孚众望，广受赞美，吉祥，是因为居位中正的缘故。

【爻辞释义】九五阳刚中正，高居尊位，有阳刚诚信之象，犹如居尊者能以诚信待人，以诚信感召于人，众人心悦诚服，故获吉祥。"孚于嘉"，就是其诚信受到赞美。象辞说，诚信广受赞美，吉祥，这是因为其居位中正的缘故。

上六，拘系之乃从，维之，王用亨于西山。

象曰：拘系之，上穷也。

【注释】拘：拘禁，限制，强迫。维：维系，捆绑。亨：同"享"，祭祀。西山：指的是在周都西方的岐山。

【译文】上六，将其拘押，才能使之服从，在维系其顺从的情况下，君王才能（安心）去西山祭祀。

象辞说：将（上六）拘禁起来，是因为其居上而穷极的缘故。

【爻辞释义】上六处于上卦之极，不肯随从于人，需要通过强迫、约束等手段，才能够令其随从，即"拘系之乃从"。上六邻近九五，近于君王竟然不从，故须"拘系之"。"维之，王用亨于西山"，意思是：只有拘系上六，君王才能安心去西山祭祀。象辞说，用拘禁方式来维系上六，是因为已经穷途末路了。上六阴爻已处极限，再向上已没有办法找到出路了。

第十八卦　蛊卦

巽下艮上

蛊：元亨，利涉大川。先甲三日，后甲三日。

【注释】蛊（gǔ）：惑，乱，腐败，蛊惑。先甲三日，后甲三日："甲"，为天干之始，代表事情的开始；"先甲三日"，甲的前面三天，即癸、壬、辛这三天；"后甲三日"，甲的后面三天，即乙、丙、丁这三天。甲的另一种解释为：甲为"创制之令"，创始之令为其后诸令之首，故将创始之令称为甲。汉朝时称重大法令为"甲令"。

【译文】蛊卦：至为亨通，利于涉越大江大河。在事情开始前三天（周密计划），在事情开始后三天（补救善后）。

【卦辞释义】蛊卦，由上艮下巽组成，上艮能够制止，下巽可以服从，卦形象征"拯弊治乱"。蛊是"惑、乱"之意，蛊乱必有事，朱熹将其释为"坏极而有事"，故此卦要义为"拯弊治乱"。事物遭受毁坏，等待治理，此卦喻示贤者能人将拯弊治乱，治蛊必致畅顺亨通，即"元亨"。衰败之时正是有才德的贤者克险解难、大有作为的时候，即"利涉大川"。革除弊乱的过程中有很大的风险，因此每一举措都要事先周密部署，并且要估计到事后可能的结局，即"先甲三日，后甲三日"。其中，"甲"为首，即事情的开始，意思是：在事情开始的前三天要周密计划，在事情开始的后三天要补救善后，这样革除弊乱才能成功。全卦揭示了事物出现弊乱时，如何审慎拯救、拨乱反正的道理。

彖曰：蛊，刚上而柔下，巽而止，蛊。蛊，元亨，而天下治也。利涉大川，往有事也。先甲三日，后甲三日，终则有始，天行也。

【注释】刚上而柔下：艮为刚，为上卦；巽为柔，为下卦。巽而止：巽为顺，艮为止，顺从而止，即"巽而止"。

【译文】彖辞说：蛊卦，刚居上而柔居下，顺从而止，这是蛊卦的卦象。因蛊（而除弊治乱），至为亨通，从而天下大治。利于涉越大江大河，前往有（拯救危难之）事。在事情开始前三天（周密计划），在事情开始后三天（补救善后）。旧的终结就是新的开始，这是大自然的运行规律。

象曰：山下有风，蛊。君子以振民育德。

【注释】振民育德："振民"，取象"山下有风"；"育德"，取象山在上方。

【译文】象辞说：山下有风，是蛊卦的卦象。君子观此卦象，振奋民众精神，培育道德风尚。

初六，干父之蛊，有子，考无咎。厉，终吉。
象曰：干父之蛊，意承考也。

【注释】干：做，匡正，整治。考：父亲，父辈。厉：艰难，危险。

【译文】初六，整治父辈的弊乱，有这样（堪负重任）的儿子，父辈就可以免除过错了。（虽然整治过程）有危险，最终还是吉祥的。

象辞说：整治父辈的弊乱，意在继承父辈的事业。

【爻辞释义】初六阴爻居蛊卦之初，象征在蛊乱之时初六继承父业，堪当其任，整治父辈的蛊事，故说"干父之蛊，有子"，即由儿子来挽救父辈的事业。"考"原意为老，在这里指父辈。"考无咎"，意思是：有这样的儿子，父辈就可以免除过错了。"厉"是指整治败坏的事业困难重重，需付出很大的努力，最终才能把事情办好，即"终吉"。

蛊害的产生不是一朝一夕的事，而是积久而成，要经过一段时间才能充分暴露出来。上一代人造成的弊乱，往往要到下一代人才能得到纠正。蛊卦各爻，整治的对象均为前人败坏的事业，因此六爻都有父辈的身影。

九二，干母之蛊，不可贞。
象曰：干母之蛊，得中道也。

【注释】不可贞：整治家务事，不可过于执着、追求全正。

【译文】九二，匡正母辈的弊乱，不可追求全正。

象辞说：匡正母辈的弊乱，奉行的是刚柔适中的原则。

【爻辞释义】九二为阳爻居阴位，居位中正，刚居柔位，象征着既能坚持原则，又能灵活处事。九二与六五相应，六五比拟为母亲，母辈造成的弊乱需要匡正，即"干母之蛊"。但是，在整治母辈造成的弊乱时，不可太偏执，既要进行整治，又要采取温和的办法，既整之又顺之。按古代人的看法，妇人之性难可全正，所以子辈在整治母辈造成的弊乱时，不可太执着和坚持，即"不可贞"。正所谓"清官难断家务事"，有些事情需要"和稀泥"时，就不能"小葱拌豆腐，一清二白"。在古代社会，女子不干政，所以"母之蛊"多属家庭问题，"父之蛊"则多为社会问题。对于家庭问题，例如偏心、溺爱等，在整治时就不能过于坚持。象辞说"干母之蛊，得中道也"，是说九二能采取中正和顺之道来整治母辈的弊乱。

九三，干父之蛊，小有悔，无大咎。
象曰：干父之蛊，终无咎也。

【译文】九三，匡正父辈的弊乱，（虽然会）小有悔恨，但不会有大的过错。

象辞说：匡正父辈的弊乱，终究不会有过错的。

【爻辞释义】九三阳爻居阳位，但不居中，且上无援应，过于刚猛急躁。

因此，在纠正父辈造成的弊乱时，方法刚硬，操之过急，必有不当之处，会遇到一些挫折，又得不到援助，于是有些后悔的事，故说"干父之蛊，小有悔"。但是，九三阳爻居阳位，履得其位，纠正父过的动机是纯正的，所以终究不会有什么大的过失，即"无大咎"。

六四，裕父之蛊，往见吝。
象曰：裕父之蛊，往未得也。

【注释】裕父之蛊："裕"，宽容，宽绰；"裕父之蛊"，宽容姑息父辈的弊病。往未得：长此以往，匡正父辈的弊乱而无所得，没有结果，就丧失治弊之道了。

【译文】六四，姑息宽容父辈的弊乱，长此以往就会出现憾事。

象辞说：姑息宽容父辈的弊乱，长此以往将会使整治弊乱无效果。

【爻辞释义】六四爻是阴爻居阴位，体质柔弱，且无援应，因此对父辈造成的弊乱采取的是姑息和宽容的态度，即"裕父之蛊"。若是对弊乱采取宽容态度，长此以往就会造成不可收拾的局面，就会有悔吝，即"往见吝"。

六五，干父之蛊，用誉。
象曰：干父用誉，承以德也。

【注释】用誉："用"，享用，享受；"誉"，赞誉，美誉；"用誉"，受到赞誉。

【译文】六五，匡正父辈的弊乱，备受赞誉。

象辞说：匡正父辈的弊乱而备受赞誉，是因为以中和之德继承（前辈的事业）。

【爻辞释义】六五阴爻柔顺，阴居阳位，刚柔并济，且在上卦位居至尊中位，具有干蛊之才。六五为阴柔之质，具有承顺之德，以德治弊，取得成效而备受赞誉，即"干父之蛊，用誉"。九三方法强硬；六四过于柔弱；六五采取中正之道，因此成效斐然，既解决了蛊的问题，又得到了好的声誉。

上九，不事王侯，高尚其事。

象曰：不事王侯，志可则也。

【注释】高尚：以……为高尚。则：效法，规范，榜样。

【译文】上九，不谋求承事王侯，保持其高尚的情志。

象辞说：不谋求承事王侯，其志向值得效法学习。

【爻辞释义】上九阳爻志意刚强，有自己的志向，有自己的原则。上九不愿意从事王侯的事业，保持其高尚的情志，做自己本分的事，即"不事王侯，高尚其事"。象辞说，不想从事王侯的事业，说明他有高尚的情志，这种志向是值得学习和效法的，即"志可则也"。上九爻辞没有讲治蛊，这是因为上九在蛊卦之终，下无系应，处于蛊乱之外，是贤人君子不遇其时，无用武之地，而高洁自守。

第十九卦　临卦

兑下坤上

临：元亨，利贞。至于八月有凶。

【注释】八月：临为建丑之月，建丑月是夏历十二月，过八月为建申月，是夏历七月，此时阴长阳消。夏历的"十二月建"，详见乾卦初九爻注释。至于八月有凶：从夏历建丑月经过八个月到建申月之时阴长阳消，小人道长，君子道消，故"至于八月有凶"。

【译文】临卦：极为亨通，利于守持正道。经过一段时间后会有凶险。

【卦辞释义】临卦的卦象是兑（泽）在下，坤（地）在上，地高于泽，泽容于地，取其高下相临之义。地居泽上，以高临下，临卦的卦象象征居高临下、监临管理。临的本意是从上往下看，以此借喻君主亲临天下，治国安邦，或是上司对属下的监管。

临卦的两阳爻在下，稳步上升，阳气充沛，象征着蒸蒸日上的时世。阳刚上升，又以刚居中，有应于外卦，大得亨通而利于贞正，故称"元亨，利贞"。在这种时候，卦中提到"至于八月有凶"，是告诫要经常怀有忧惧之心，居安思危。

象曰：临，刚浸而长，说而顺，刚中而应，大亨以正，天之道也。至于八月有凶，消不久也。

【注释】浸：逐渐。说：同悦。说而顺，刚中而应：下卦为兑，为悦；上卦为坤，为顺；下兑上坤，即"说而顺"。九二刚爻居下卦中位，六五柔爻居上卦中位，二者互相应合，故称"刚中而应"。至于八月有凶：《周易注》："八月阳衰而阴长，小人道长，君子道消也，故曰'有凶'。"

【译文】彖辞说：临卦，阳气渐渐生长，和悦而温顺，（九二）刚爻居中而与（六五）相应，因中正而大为亨通，这是上天运行的规律。"至于八月有凶"，不久将是阳消（而阴长）。

象曰：泽上有地，临。君子以教思无穷，容保民无疆。

【注释】教思无穷，容保民无疆："临"，为居上临下之义。君王莅临，在下的民众喜悦和顺，在上者施教化无比用心，即"教思无穷"。"容"为容受、容纳；"保"为保安、保护；"容保民无疆"，即保容万民，功德无疆。

【译文】象辞说：水泽上有高地，是临卦的卦象。君子观此卦象，教化民众，思念无穷，保容万民，功德无疆。

初九，咸临，贞吉。
象曰：咸临贞吉，志行正也。

【注释】咸临："咸"，为感，感应；"咸临"，初九有应于六四，即有感于监临者。
【译文】初九，感应而临，守持正道而获吉祥。
象辞说：感应而临，守持正道而获吉祥，有志于行中正之道。
【爻辞释义】初九处最下位，阳爻得位，与其上的六四有正应关系。六四为居上位的监临者，因与初九正应，即有相互感应的关系，故称"咸临""咸"为"感"的意思。也就是说，初九处于被六四"咸临"的地位。初九居位得正，且与六四正应，故而居正获吉，即"贞吉"。象辞说"志行正也"，是说初九阳刚得正，守持正道，志行中正。

九二，咸临，吉，无不利。
象曰：咸临，吉无不利，未顺命也。

【注释】未顺命：九二与六五虽然相应，但如果纯用刚性，则六五不从；如果纯用柔性，则又会损伤九二的阳刚；因此不能完全顺从，故有从有否。"未顺命"，即未能完全顺命。初九对应的是六四，因为六四不居尊位，所以这个问题不突出。

【译文】九二，感应而临，吉祥，无所不利。

象辞说：感应而临，吉祥而无所不利，（有从有否，）未能完全顺命。

【爻辞释义】九二阳爻居阴位，虽不当位，但居位在中，象征能以中正之道行事。九二爻上应六五，与初九类似，也处于"咸临"的位置。六五是阴爻居君位，虽然失位，但是九二与六五阴阳相应，是以刚中应柔中，并不违反规则，所以"吉，无不利"。九二爻与初九爻有相似之处，都是发自内心诚恳地对待所面临的人，行事中正，这样自然会"吉无不利"。

六三，甘临，无攸利。既忧之，无咎。
象曰：甘临，位不当也。既忧之，咎不长也。

【注释】甘临："甘"，甘美；"甘临"，用甜言蜜语欺骗和统御民众。

【译文】六三，靠花言巧语统御民众，没有什么好处。如果能忧虑（而改正），则可以免除灾祸。

象辞说：靠花言巧语统御民众，是因为居位不当的缘故。如果能忧虑其危，（那么就是发生了）灾祸，也不会长久。

【爻辞释义】六三在下卦的最上方，以阴爻居阳位，失位。六三已经处于较高的地位了，由于其不中不正，外强而中虚，对待民众的方式是"甘临"。"甘临"就是靠花言巧语统御民众，骗取民众的支持。最终必然会丧失威信，招来怨恨，百无一利，所以说"甘临，无攸利"。如果六三能知危而忧，改弦易辙，还是可以挽回局面的，故爻辞说："既忧之，无咎。"六三上无正应，且凌乘二阳，所以象辞说"位不当也"。

六四，至临，无咎。

象曰：至临无咎，位当也。

【注释】至临：六四居得其位，谦卑柔顺，以其至善监临治理，故称"至临"。

【译文】六四，亲切谦和地监临治理，没有灾祸。

象辞说：亲切谦和地监临治理，没有灾祸，是因为居位正当。

【爻辞释义】六四居于上卦，切近下卦，是"地"与"泽"的交接之处，故能亲近于民众。六四以阴爻居阴位，得正，具有谦卑柔顺的品质，象征能和蔼亲切地接近民众。"至临"的意思就是能够接近民众、体察民情。六四紧邻六五，又与初九相应，象征六四作为近君大臣，能忠于职守，又能接纳底层的贤才初九。六四具有这些品质，是因为其"位当"的缘故。

六五，知临，大君之宜，吉。

象曰：大君之宜，行中之谓也。

【注释】知临："知"，智；"知临"，睿智的统御之术。宜：（名词）适宜的事情或办法。

【译文】六五，以明智之道治理，是君王最恰当的治理之道，吉祥。

象辞说：君王最恰当的治理之道，说的是奉行中正之道。

【爻辞释义】六五处于中正尊位，与九二相应，象征能纳刚以礼，不忌讳阳刚升进，而能委以重任。所以，六五是智慧的君主，知人善任，通晓为临之道，即"知临"。睿智的君主，其统御之术是"知临"，这是最好的为君之道，即"大君之宜"。"知临"的君王会选贤任能，授之以权，集众智为己智，以临天下。

上六，敦临，吉，无咎。

象曰：敦临之吉，志在内也。

【注释】敦：敦厚，厚道。志在内：其志意在于阳刚贤者，即内卦的二阳爻。

【译文】上六，以敦厚之道治理，吉祥，无灾祸。

象辞说：以敦厚之道治理而获吉祥，其志意在于下面的阳刚贤者。

【爻辞释义】上六处坤之上，天高地厚，具有君子敦厚之象。上六阴爻柔顺，对下方升进而来的二个刚爻，能够以敦厚柔顺的态度相待。上六敦厚仁慈，志在助贤，以敦厚之德监临天下，故称"敦临"。下卦的二刚爻代表阳刚贤者和才智能人，有上升之势，因上六志行敦厚，不会遭遇其害，对于上六和二刚爻都很吉祥而不会有灾祸，故称"吉，无咎"。"敦临"与"甘临"绝然不同，"甘临"是口头上虚伪的花言巧语；"敦临"是内心真诚的敦厚仁慈。上六意在内卦的二阳爻，愿意帮助阳刚贤者，所以象辞称其"志在内也"。

第二十卦　观卦

坤下巽上

观：盥而不荐，有孚颙若。

【注释】盥（guàn）：洗（手、脸）。荐：献；祭。颙（yóng）：仰望；肃敬、仰慕的样子。若：用在形容词或副词后，表示事物的状态，意为"……的样子"。

【译文】观卦：（观看祭祀前盛大的）洗手自洁之礼，而不必（观看）奉献祭品，（观此盛况，）心存诚信，表现出肃敬的态度。

【卦辞释义】观卦由下卦坤和上卦巽组成。坤为地，为顺；巽为风，为入。风行于地上，遍触万物，有到处观看之义。卦象整体像一个高耸的宫门，上有二梁，表示以下观上的敬慎态度。

居于上位的人，在临观民众的同时，也被民众所观看，所以必须以自己的高尚品德感化他人，才能获得别人由衷的敬仰。卦辞以古代祭祀为喻，说明"观"的道理。"盥而不荐"，说的是观看祭祀前盛大的洗手自洁之礼，而不必观看奉献祭品的礼仪，因为民众可以由此看到祭祀者的虔诚态度。"有孚颙若"，意思是民众观此盛况后，都受到教化，也心存诚信，表现出肃敬的样子。

象曰：大观在上，顺而巽，中正以观天下，观。盥而不荐，有孚颙若，下观而化也。观天之神道，而四时不忒。圣人以神道设教，而天下服矣。

【注释】大：大君，君主；指九五。顺而巽：下卦坤为顺，上卦为巽，故称"顺而巽"。忒（tè）：差错。

【译文】彖辞说：大君在上观察，（人心）归顺服从，居中得正以观天下，这就是观。（观看祭祀前盛大的）洗手自洁之礼，而不必（观看）奉献祭品，（观此盛况，）心存诚信，表现出肃敬的态度，在下者通过观瞻而受到教化。观察上天神奇之道，四时交替而无差错。（所以）圣人借用这种神奇之道施行教化，而使天下人信服。

象曰：风行地上，观。先王以省方观民设教。

【注释】省方：检查，视察四方。

【译文】象辞说：风行地上，是观卦的卦象。先王观此卦象，巡视各地，观察民情，教化民众。

初六，童观，小人无咎，君子吝。
象曰：童观，小人道也。

【注释】童：幼稚，见识短浅者。小人：这里指地位低下的庶民。

【译文】初六，像儿童一样的观察，对于平民百姓来说，没有什么过错；对于君子，则是令人遗憾的事。

象辞说：像儿童一样的观察，这是平民百姓的观察方法。

【爻辞释义】"观"，为观看、观察之意。初六阴爻柔弱，在最下位，象征才识不够、见识短浅，其看法似儿童的幼稚观点，即"童观"。"小人无咎"，其中"小人"是指庶民、地位卑下的人，其无知情有可原，所以说没有过失。

君子则不同，他们肩负重任，理应高瞻远瞩，如果也局限于短视浅见，即"童观"，则是耻辱和遗憾的事，故说"君子吝"。同样是"童观"，对于平民百姓来说无咎，对于君子来说可吝。

六二，窥观，利女贞。
象曰：窥观女贞，亦可丑也。

【注释】窥观：窥视；比喻见识短浅、看法偏狭。

【译文】六二，窥视，宜于女子守持贞正。

象辞说：窥视利于女子守持贞正，（孤陋寡闻、见识短浅）也是可羞可悲的。

【爻辞释义】"窥观"为窥视的意思，如同从门缝中偷看。六二居于下卦之中，以阴爻居阴位，得正，象征静居闺中、自守贞洁的柔弱女子。虽与上卦的九五相应，但是阴柔软弱，见识不广，不能见到大观的情境。在古代，妇女足不出户，尤其是未成年女子，不宜抛头露面，窥观是正常的，利于女子守持贞正之道，所以说"利女贞"。六二居中得位，上应九五，但不能大观广鉴，只是窥观，见识偏狭，故象辞说，"亦可丑也"，即可羞可悲。"童观"是说观察的幼稚性，"窥规"则是说观察的狭隘性。

六三，观我生，进退。
象曰：观我生，进退，未失道也。

【注释】观我生："我生"，自身的行为；"观我生"，观察自身的行为。

【译文】六三，观察自身的行为，（以决定）进退取舍。

象辞说：观察自身的行为，（以决定）进退取舍，并没有失去（观察的）正确方法。

【爻辞释义】六三居坤卦上位，与上九相应，处于阴消阳长的转化之际。六三处于下卦之上、上卦之下，在上下之间，为可进可退之地。处于六三的位置，便于观察自身的处境，遇到良机，就抓住机会；机遇不好，则可退守等待；所以称"观我生，进退"。"我生"指的是自己的行为，"进退"取舍，可相机而行。

六四，观国之光，利用宾于王。
象曰：观国之光，尚宾也。

【注释】国之光："光"，情况，民俗风情；"国之光"，国家的状况、风情民意。宾：客，宾客；春秋战国时期，君王邀请贤士作为宾客，请他们为自己效力。

【译文】六四，清楚地了解国情民意，利于成为君王的宾客。

象辞说：清楚地了解国情民意，为的是成为君王的宾客。

【爻辞释义】六四阴爻居得正位，上承九五，象征接近君王的人士，地位较高，视野开阔，目光远大，清楚地了解国家的状况，即"观国之光"。六四上承九五君王，又能守持正道，是能人贤士，有利于君王以礼宾相待，加以重用，故说"利用宾于王"。"尚宾"，即向往成为君王的宾客。

九五，观我生，君子无咎。
象曰：观我生，观民也。

【译文】九五，观察审视自己的行为，若君子（之风盛行），就没有过错。

象辞说：观察审视自己的行为，通过观察民风民情了解。

【爻辞释义】九五阳爻居至尊之位，德行中正，下临四个阴爻，象征有德行的君王受到敬仰。通过观己可以察民，通过观民可以察己。"观我生"是说九五作为君王自省其身，通过考察社会风气、体察民情，进而反思自己的行为。"君子无咎"，意思是：如果君子之风盛行，则君王教化有方，没有过错。象辞说"观我生，观民也"，"民"指的是下面四个阴爻，通过观察民风民情和人心向背，就可以看出为君之道是否正确，即观民以察己。

上九，观其生，君子无咎。
象曰：观其生，志未平也。

【注释】观其生：民众观察其行为，即其人被民众所观察。志未平：《伊川易传》："不可以不在于位故，安然放意无所事也。"《周易本义》："言虽不得位，未可忘戒惧也。"

【译文】上九，（民众）观察其行为，有君子之德，才能没有过咎。

象辞说：（民众）观察其行为，（其修养道德的）心志没有松懈。

【爻辞释义】上九处上卦之极，虽居高位，但其居位不正，有虚高之象。上九的地位相当于不在官位、名声在外的贤士，知名度和关注度很高，"观其生"就是为天下人所观察。本爻说的是，即使不当其位，也不能放松自身的修养，因为众人仍在关注其行为，所以必须不断修养自身的"君子"之德，才能免于过咎，即"君子无咎"。象辞说的"志未平"，意思是：上九虽不任事，但仍然修养德行，未安逸其志，不放松自我修养。

第二十一卦　噬嗑卦

震下离上

噬嗑：亨。利用狱。

【注释】噬嗑（shì hé）：啮合，咬合。

【译文】噬嗑：亨通，利于刑狱执法。

【卦辞释义】噬嗑卦为下震上离，卦形象征口齿咬合食物，为"啮合""咬合"之象。下震为雷鸣，上离为电火，雷鸣电闪。电闪明于上，则无所不察；雷震威于下，则无人不惧；卦象象征明察罪过，施行惩罚。此卦用"噬嗑"比喻刑法，凡有人作恶、妨碍正常秩序，当用刑法除之，才能得以亨通，故称"亨"。刑狱是消除犯罪的重要手段，故"利用狱"。

彖曰：颐中有物曰噬嗑。噬嗑而亨，刚柔分，动而明，雷电合而章。柔得中而上行，虽不当位，利用狱也。

【注释】颐中有物："颐"，颊，腮；"颐中有物"，此卦上下为二阳而中间空虚，像口的形状，中间九四一阳爻，像口中的东西。刚柔分：下卦震为刚，上卦离为柔，卦象为刚柔分离，刚柔分明。

【译文】彖辞说：口中含物称为噬嗑。噬嗑而得亨通，（是因为）刚柔分离，雷动电明，雷电交加而成华章。（六五）柔爻处中而居上卦，虽不当位（但无大碍），仍利于刑狱执法。

象曰：雷电，噬嗑。先王以明罚敕法。

【注释】敕法："敕"（chì），帝王的诏书、命令；"敕法"，帝王颁布的法典、法规。

【译文】象辞说：雷电交加，是噬嗑卦的卦象。先王观此卦象，明察刑罚，颁布法律。

初九，屦校灭趾，无咎。
象曰：屦校灭趾，不行也。

【注释】屦（jù）：（名词）古时用麻、葛等做成的鞋；（动词）脚上穿着。校（jiào）：古代的刑具，为枷械的统称；其中，加于颈的称为枷；加于手的称为梏；加于足的称为桎。本爻中的校，指的是加于足的桎。灭：没（mò），即遮住。

【译文】初九，脚上套着刑具而遮住了脚趾，没有灾咎。

象辞说：脚上套着刑具而遮住了脚趾，（小惩大诫）就不至于再犯罪了。

【爻辞释义】初九是第一爻，象征初次触犯刑法，过错尚轻，因此不必严惩。但是，初九是以阳爻居阳位，刚暴好动，所以又必须加以惩罚。对于初犯的罪人，罪过不是很大，所以用刑也轻，仅仅用桎加于脚上，即"屦校灭趾"。这样做，虽然是惩治，实际上是挽救，用较轻的足刑，以示警诫。通过小的惩罚，能使初犯的人悔改而不再犯罪，由此避免了更大的灾祸，所以说"无咎"。《象辞》所说的"不行也"，就是不再犯罪的意思。

六二，噬肤灭鼻，无咎。

象曰：噬肤灭鼻，乘刚也。

【注释】噬肤灭鼻："噬"，咬；"肤"，指切成块的无骨嫩肉；"噬肤灭鼻"，捧着肉合口而咬，鼻子被肉淹没了，比喻六二执法力度稍过。

【译文】六二，（执法力度稍过，就像）咬松软的嫩肉，连鼻子都淹没进去了，没有灾咎。

象辞说：（执法力度稍过，就像）咬松软的嫩肉，连鼻子都淹没进去了，这是因为其凌乘阳刚。

【爻辞释义】六二阴爻居阴位，得正，且居下卦中位。六二就像咬嫩肉那样毫不费力地执法，执法坚决果断，虽然力度稍过，但无灾咎，因此爻辞说"噬肤灭鼻，无咎"。对罪犯一味地用柔是不行的，必须压住其气焰，才能制服罪犯。六二断案强劲有力，这是因为六二乘于初九阳刚之上，所以象辞说"乘刚也"。

六三，噬腊肉，遇毒，小吝，无咎。

象曰：遇毒，位不当也。

【注释】腊肉：是经过风干的肉，坚硬难咬。毒：在这里是指变质变味的腊肉，比喻犯罪者又臭又硬。

【译文】六三，（执法碰到麻烦，如同）吃腊肉遇毒，虽有小的遗憾，但无灾咎。

象辞说：遇毒，是因为位置不当的缘故。

【爻辞释义】六三是阴爻居阳位，不中不正，象征以柔弱之质，居于执法者的刚强之位，断案不能顺利进行。罪犯又臭又硬，抗拒不服，执法遇到一些麻烦，就好像咬坚硬的腊肉，噬之不易，爻辞称其为"噬腊肉，遇毒"。不过六三上承九四，得到上司的支持，虽然"遇毒"，小有不适，但无大碍，终究会将这块硬肉啃下来，故爻辞说"小吝，无咎"。象辞说"位不当也"，是指六三以阴爻居阳位，位置不当。

九四，噬干肺，得金矢，利艰贞，吉。

象曰：利艰贞吉，未光也。

【注释】肺（zǐ）：干肉，特指连骨的干肉，肺比腊肉更坚硬。金矢："金"为刚；"矢"为直；"金矢"，意为刚直。未光也：指九四因居位不当，尚未达到亨通光大的境界。

【译文】九四，（处理棘手的案件，如同）啃咬带骨头的干肉，性情刚直，宜于艰贞守正，吉祥。

象辞曰：宜于艰贞守正而获吉祥，还未达到亨通光大的境界。

【爻辞释义】九四是阳爻居阴位，以刚居柔，而且是处在上卦，喻意所要处理的案件越来越大，也越来越不容易断理。虽然断案行刑不顺利，但也显示了九四刚直的特性，故称"噬干肺，得金矢"。其中，金，为刚；矢，为直；金矢意为刚直。此时，需要不懈努力，只要以贞正的品德去应对艰难困苦，就会获得吉祥，即"利艰贞，吉"。象辞说"未光也"，是说九四还未达到亨通光大的境界。

六五，噬干肉，得黄金，贞厉，无咎。

象曰：贞厉无咎，得当也。

【注释】黄金：战国之前称黄铜为黄金。

【译文】六五，（处理案件得当，如同）咬干肉，得中而胜。虽然守持正道，身处危险之中，但没有灾咎。

象辞说：守持贞正，处于危险境地，但没有灾咎，是因为量刑处罚得当。

【爻辞释义】干肉比腊肉和干肺柔软，较容易咬。六五阴爻柔顺，位于上卦至尊的中位，是以君权施刑罚，处理适中，自然容易使人服从，所以用"噬干肉"比拟。"噬干肉，得黄金"，意思是吃干肉时，咬出一粒黄铜，比喻六五居中而行刚，从而得胜。黄色是五色之中的中央之色，寓意六五居于中位，弘扬中道。铜为坚硬之物，意指六五柔而能刚。但是，刑罚毕竟是不得已的手段，在施刑的过程中仍会受到反抗，所以必须坚守正道，谨慎用刑，才不会发生过错。爻辞的"贞厉，无咎"，说的是六五守持贞正，身处危险之中，但无灾咎。

上九，何校灭耳，凶。

象曰：何校灭耳，聪不明也。

【注释】何校灭耳："何"，负荷；"校"，刑具，枷械；"何校灭耳"，肩杠枷锁，伤及耳朵。
聪不明：通常说"耳不聪"，这里的意思是听到了规劝，但"不明"事理，不知悔改，故称"聪不明"。

【译文】上九，肩扛枷锁，伤及耳朵，凶险。

象辞说：肩扛枷锁，伤及耳朵，（其人）不听劝告，不明事理。

【爻辞释义】这是噬嗑卦最后一爻，罪犯肩扛枷锁，受到了严重的刑罚，以至于伤害了其耳朵，即"何校灭耳"。这么严重的刑罚，是对罪大恶极的犯人所施行的惩罚。这一爻象征刑罚的极点，是对屡犯不改的重犯所施的刑罚，也预示其死刑正在降临。"聪不明"是指听不进忠言，不能思悔改过，所以最终犯了大罪，面临凶险。

第二十二卦　贲卦

离下艮上

贲：亨，小利有攸往。

【注释】贲（bì）：文饰，修饰，装饰。攸：所。亨，小利有攸往：因上卦柔爻文饰下卦刚爻，且居中位，所以亨通，即"亨"；因下卦刚爻文饰上卦柔爻，但不居中位，故所往仅有小利，即"小利有攸往"。

【译文】贲卦：亨通，所往仅有小利。

【卦辞释义】贲卦下离上艮，象征文饰、修饰。上卦艮为山，下卦离为火，犹如山下燃烧着火焰，山形光彩相映，这是贲卦的卦象。全卦阐发了刚柔相互文饰的道理，主张恰如其分的装饰，崇尚朴素自然之美。根据本卦象辞所述，贲卦的卦象是由上坤下乾变化而来，坤卦的上六来到下卦，以阴柔文饰阳刚，并居得中位，故而亨通，即"亨"。下卦乾的九二分出来，向上去文饰坤的上六，阳刚向上去文饰阴柔，但不居中位，因此所往仅有小利，即"小利有攸往"。

彖曰：贲，亨。柔来而文刚，故亨。分刚上而文柔，故小利有攸往。刚柔交错，天文也。文明以止，人文也。观乎天文以察时变，观乎人文以化成天下。

【注释】文：文饰。柔来而文刚：贲卦可视为坤卦的上六来到下卦，变乾卦的九二为六二，故称"柔来而文刚"。分刚上而文柔：贲卦可视为将乾卦的九二分给上卦坤，变坤卦的上六为上九，故称"分刚上而文柔"。文明：文治教化。止：停留，专注，引申为仪态举止的行为规范，礼仪的规矩。《大学》：为人君，止于仁；为人臣，止于敬；为人父，止于慈；与国人交，止于信。文明以止：上艮为止，下离为明，呈"文明以止"之象。

【译文】彖辞说：贲卦，亨通。阴柔来文饰阳刚，故而亨通。分阳刚向上去文饰阴柔，故所往仅有小利。刚柔交错（日月交替），这是天文。文明而止，这是人文。观察天文可以察觉天时的变化，观察人文可以教化天下之人。

象曰：山下有火，贲。君子以明庶政，无敢折狱。

【注释】庶政：国家的一切政务。无敢折狱："折"，断，断定；"无敢折狱"，因为以文明治理，所以不敢轻易断案，滥用刑罚。

【译文】象辞说：山下有火，是贲卦的卦象。君子观此卦象，从而明察各项政事，不敢轻易断案。

初九，贲其趾，舍车而徒。
象曰：舍车而徒，义弗乘也。

【注释】趾（zhǐ）：脚趾头。弗：不。

【译文】初九，修饰其脚趾，弃车而徒步行走。

象辞说：弃车而徒步行走（是因为志向高洁），义不肯乘。

【爻辞释义】初九阳爻居得正位，但处于最下位，地位低下。但是，初九是一位刚正秉直的君子，行为不苟，严格要求自己。众人以为没有面子的事情，君子却以为是美德。初九修美自身从小事做起，从脚下的事情做起，宁可不乘车而徒步行走，所以说"贲其趾，舍车而徒"。初九这么做，是因为其志向高洁，是因为"义"而不肯乘车，故象辞说"义弗乘"。

六二，贲其须。
象曰：贲其须，与上兴也。

【注释】须：胡须。该爻将六二比作九三的胡须。与上兴："上"，指九三；"兴"，起，动；"与上兴"，六二随九三而动。

【译文】六二，修饰他的胡须。

象辞说：修饰他的胡须，（六二）随上面的（九三）而动。

【爻辞释义】六二阴爻居下卦中位，居位中正。六二与九三两爻，各得其位，六二以阴爻居阴位，九三以阳爻居阳位，但二者皆无应爻，即六二与六五不应，九三和上九不应。所以，六二和九三形成了亲比依附关系，爻辞中将六二和九三的关系比作胡须和脸面的关系，"贲其须"就是修饰九三的胡须。胡须依附于脸，随脸而动，所以《象辞》说六二"与上兴也"，即随其上的九三而动。这一爻讲的是文饰要依附于本体，文饰不可能脱离本体而存在。

九三，贲如濡如，永贞吉。
象曰：永贞之吉，终莫之陵也。

【注释】贲如：修饰华丽的样子。濡如："濡"，湿润，润泽；"濡如"，润泽的样子。终莫之陵："陵"，同凌，即侵犯、侵凌；"终莫之陵"，倒装句，即终莫凌之。

【译文】九三，修饰得华丽而润泽，永守正道可获吉祥。

象辞说：永守正道而获吉祥，（阳刚之质）最终未被（华饰所）侵害。

【爻辞释义】九三处于下卦"离"的最上位，而且是一阳爻处于二阴爻之间，下比于六二，上比于六四。一个阳爻同时受到两个阴爻的文饰，被装饰得极为华丽，所以称其为"贲如濡如"。适当的文饰是必要的，过分了则会适得其反，结果是"文胜灭质"。九三处在这种情况下，应固守正道，而不应过分地追求外表的华饰，最终才能得到吉祥，即"永贞吉"。象辞说"终莫之陵也"，是说九三明白自己文饰过度，可能会侵凌其阳刚的本质，因而能够坚守阳刚之质，最终未被阴柔的装饰所侵凌。这一爻是说文饰过分了就会流于形式，形式重于内容，就喧宾夺主了，所以文饰必须有一定的限度。

六四，贲如皤如，白马翰如，匪寇，婚媾。

象曰：六四，当位疑也。匪寇婚媾，终无尤也。

【注释】皤（pó）：白色。翰如：翰，鸟高飞的样子，此处指白马飞驰。匪：非。尤：忧，怨恨。

【译文】六四，装饰洁白素雅，骑着雪白的马奔驰，不是强寇，结成佳偶。

象辞说：六四因其居位而生疑虑。不是强寇，结成佳偶，最终无所怨忧。

【爻辞释义】六四阴爻居阴位，当位，下应初九。六四骑"白马"，尚素；初九"舍车"，弃华；二者结合，堪称完美。六四以素色装扮自己，骑着白马奔驰，去与初九相会，即"贲如皤如，白马翰如"。六四处于上下两卦相交的疑惧之地，有应于初九，但又心存疑虑，怕强悍的九三从中作梗，犹豫不决。经过观察了解，九三并非强寇，六四终于与初九结合，所以说"匪寇，婚媾"。象辞说，六四疑虑过多，是因为处于疑惧之地，即"当位疑也"。最后六四与初九联姻，"终无尤也"，即无怨忧了。

六五，贲于丘园，束帛戋戋，吝，终吉。

象曰：六五之吉，有喜也。

【注释】丘园：家园；乡村。束帛：是五匹为一束的绢。戋戋（jiān jiān）：细微，少；例如，戋戋微物，为数戋戋。吝：吝惜，引申义为俭约。

【译文】六五，装饰家园只用了少量的丝帛，（虽然显得）吝啬，最终获得吉祥。

象辞说：六五吉祥，必有喜庆。

【爻辞释义】六五阴爻居于尊位，为贲卦的主爻，象征仁厚之君。六五注重实质，而不在乎外在的修饰。他不兴建华丽的宫殿，而是只用戋戋之数的束帛，装饰一下山丘中的庭园，即"贲于丘园，束帛戋戋"。这种态度看起来吝啬，但是这种简朴无华的做法最终将是吉祥的，故说"吝，终吉"。对国家来说，君王能够如此，无疑是吉祥喜庆的事情，所以象辞说："有喜也。"

上九，白贲，无咎。

象曰：白贲无咎，上得志也。

【注释】白贲：处贲之终，饰终则返素，注重质素，返璞归真。

【译文】上九，以纯白为文饰，没有过错。

象辞说：以纯白为文饰，没有过错，上九实现了其（崇本尚质的）心志。

【爻辞释义】上九已经是贲卦的极点，处于上卦艮的最上位，艮为止，文饰达到极盛，必然反归于质，恢复事物的本来面目。文饰至极，反归于素，由追求文饰转为崇尚实质。"白贲"是以白为饰，以质素为贲。贲至于极点，没有装饰就是最好的装饰。以白为饰，以无色为美，返璞归真，达到美的最高境界。提倡"白贲"就是务本尚实，摒弃华靡之风，当然没有过错，所以爻辞说"白贲，无咎"。象辞说"上得志也"，是说文饰最终返归于质，上九居上位实现了其志向。

第二十三卦　剥卦

坤下艮上

剥：不利有攸往。

【译文】剥卦：不利于有所前往。

【卦辞释义】剥卦下坤上艮，象征剥落、剥蚀。全卦五阴爻居内，一阳爻居外，一阳爻剥落后则全为阴爻，如同果壳、树皮剥落之象。在卦形的排列结构上，显示了五个阴爻共剥一个阳爻的状态。卦形象征阴长阳消，小人道长，君子道消。此时，君子如有所进，便会被小人所害，故不利于前进，即"不利有攸往"。全卦说明了阳被阴所剥、正面因素为反面因素所摧残的情况，阐述了"剥"极必"复"的道理。

彖曰：剥，剥也，柔变刚也。不利有攸往，小人长也。顺而止之，观象也。君子尚消息盈虚，天行也。

【注释】顺而止之："之"，去，往；下卦坤为顺，上卦艮为止，故此卦象为"顺而止之"，即顺势而停止所往。尚：崇尚，尊崇。消息："消"，消灭、消退；"息"，滋生繁殖；"消息"，为消退和生长的意思，即消长。

【译文】彖辞说：剥，为剥蚀之意，是阴柔侵蚀、改变阳刚。不利于有所前往，（是因为）小人势力增长。顺势而停止所往，这是观察此卦象（感悟的道理）。君子尊崇消长盈亏之道，这是自然运行的规律。

象曰：山附于地，剥。上以厚下安宅。

【注释】上以厚下安宅：卦象表明，剥是由下而上进行的，由此得到启发，居上位的人应当宽厚善待居下位的人，才能保其宅居平安。

【译文】象辞说：山附于地，是剥卦的卦象。居上位者观此卦象，宽厚地对待居下位者，以保其宅居平安。

初六，剥床以足，蔑贞，凶。
象曰：剥床以足，以灭下也。

【注释】蔑：削。以：在"剥床以足"中，"以"表示方向；在"以灭下也"中，"以"表示目的。

【译文】初六，剥蚀卧床从床脚开始，侵削其贞正，凶险。

象辞说：剥蚀卧床从床脚开始，从而损害其下（的基础）。

【爻辞释义】剥卦的卦形像一张床，所以爻辞取床为象。剥卦的下卦为坤，坤为地，性阴。阴剥阳首先从下面开始，如同潮湿的阴气对床的剥蚀，首先从床脚开始，故称之为"剥床以足"。阴气侵削贞正，所以凶险，即"蔑贞，凶"。阴对阳的剥蚀是渐进的，首先从下面的基础开始，故象辞说"以灭下也"。

六二，剥床以辨，蔑贞，凶。
象曰：剥床以辨，未有与也。

【注释】辨：区分，区别；这里"辨"是指床足与床身的区分之处，即床足与床身的连接处。与：交往，援助。

【译文】六二，剥蚀到了床身，贞正之道遭受侵削（更为严重），凶险。

象辞说：剥蚀到了床身，因为（六二）没有援应。

【爻辞释义】阳消阴长，剥蚀的过程继续发展，剥蚀逐渐向上，已经剥蚀到床身了。正道遭到的削弱更加厉害，情况愈加凶险，所以说"剥床以辨，蔑贞，凶"。阴阳相应则可相助，为"有与"；六二与六五都是阴爻，互不相应，没有援助，故称"未有与"。由于六二阴柔中正，如果上有阳刚正应相助，还不至于陷入险境，但其情况是被剥而又无助，故有凶险。

六三，剥之，无咎。
象曰：剥之无咎，失上下也。

【注释】失上下也：六三上下各有二阴爻，上下群阴皆剥蚀阳刚，唯独六三与上九阳刚相应，脱离了上下同类。

【译文】六三，（处于）剥蚀之中，没有过错。

象辞说：（处于）剥蚀之中，没有过错，（因为六三）脱离了上下（同类）。

【爻辞释义】六三以阴爻居阳位，不当位，但与上九阳爻正应，这意味着六三仍然存在"含阳待复"的因素和"转剥复阳"的可能。一旦时机成熟，就可以阴退阳回，阳气复生，故而"无咎"。处"剥"之时，虽得上九阳刚之助，也仅能免除咎过而已，无吉可言。六三处在本卦的五个阴爻中间，上下各有二阴，唯独它与上九阳刚相应而"无咎"，脱离了上下同类，所以象辞说"失上下也"。

六四，剥床以肤，凶。
象曰：剥床以肤，切近灾也。

【注释】以：同已，已经，太，甚；又及，连及。

【译文】六四，剥蚀已经到了床面，凶险。

象辞说：剥蚀已经到了床面，接近灾难了。

【爻辞释义】六四已处上卦，剥蚀程度更甚。剥蚀已从床脚至于床面，床已剥尽，达到人体，情况十分危险，所以爻辞说"剥床以肤，凶"，象辞说"切近灾也"。"凶"，是对阳刚正道而言的，阴势盛长，正道凶险。"剥床以肤"，可以说剥到极点了，然而正当剥落至极、大祸临头之时，转机可能也会随之而来。

六五，贯鱼，以宫人宠，无不利。
象曰：以宫人宠，终无尤也。

【注释】贯鱼：首尾相接而来的鱼。以：（连词）去，目的在于。宫人：指宫中嫔妃。尤：过失，罪过；怨恨。

【译文】六五，鱼贯而来，带领宫女们求宠（于上九），无所不利。

象辞说：带领宫女们求宠，终究没有过失。

【爻辞释义】六五以阴爻居尊位，为众阴之首、剥卦之主。当剥极将复之时，六五与上九亲比，以阴承阳，带领众阴一起顺承上九，就像王妃带领一群宫女向天子邀宠一样，听命于上九，即"贯鱼，以宫人宠"。爻辞中用"贯鱼"，即一众首尾相接的鱼，来比喻初六、六二、六三、六四、六五等五个阴爻，群阴鱼贯而入，归顺于孤阳上九。这是"阳剥为阴"的终极，预示着"阴复为阳"的时机已经出现，当然是"无不利"。六五与上九亲比，依附于上九，这样上九就得以存续，并将开始"阴复为阳"的转化，所以象辞说"以宫人宠，终无尤也"。

上九，硕果不食，君子得舆，小人剥庐。
象曰：君子得舆，民所载也。小人剥庐，终不可用也。

【注释】舆（yú）：车。庐：房屋。

【译文】上九，硕大的果实未被吃掉。君子（居此位），得到大车；小人（居此位），房屋遭剥（致破家之灾）。

象辞说：君子得到大车，说明万民拥戴。小人房屋遭剥，说明终究不可作（为君王）。

【爻辞释义】剥卦至此，已是剥蚀的极点，仅存上九一个阳爻，成为整个卦象中仅存的"硕果"。"硕果不食"的意思是，尚有一个硕大的果实未被吃掉。在剥蚀至极的时刻，事物的发展具有两种可能性，一是阴复为阳，重现生机；

二是继续阴长阳消，彻底毁灭。"君子得舆，小人剥庐"说的就是事情发展的两种结果。在混乱已极之时，如果有德有能的君子得时，出现在上位，那么代表民众的五个阴爻，就会热烈拥戴追随，就像得到可以乘坐的大车。此时，如果是阴险小人出现在上位，就会走向彻底的剥蚀，就像房屋被剥蚀倒塌一样，仅存的"硕果"也将不复存在。

第二十四卦　复卦

震下坤上

复：亨。出入无疾，朋来无咎。反复其道，七日来复。利有攸往。

【注释】出入无疾："疾"，疾病，毛病，引申为问题；"出入无疾"，出为阳长，入为阳返，没有问题。反复其道，七日来复：返复其道，不可拖拉；"七日来复"意指宜速不宜迟。

【译文】复卦：亨通。（阳气）出入都没有问题，（众阳返复）朋聚而来，没有灾咎。返复其正道，七日归来。宜于有所前往。

【卦辞释义】此卦的上卦坤，为地，为顺；下卦震，为雷，为动。地中有雷，雷声震响，大地松动，万物萌生。复，为返回、回归、复归之意。剥卦的上九剥落后，就成为纯阴的坤卦，而复卦的阳爻又在下方出现，阴去而阳返，由剥而复，重新开始。复卦中，阳气返复，闭塞变为畅通，故称"复，亨"。"出入无疾"的意思是：出是阳刚生长，入是阳刚返回，出入都没有问题。"朋来无咎"中的"朋"指的是阳刚，意思是：众阳复归，齐聚而来，没有灾咎。"反复其道，七日来复"说的是，阳爻返复其正道，宜速不宜迟，可在七日内返回。

七日指的是在不太长的时间内。复卦是阳气生长而变为乾，小人道消，君子道长，所以"利有攸往"。

复卦阐述了去而复返、失而复得的哲理，告诫人们复归正道，宜速不宜迟，复而不速，将至迷凶。若是执迷不悟，在歧途上走到底，必然招致灾祸。

彖曰：复，亨。刚反动，而以顺行，是以出入无疾，朋来无咎。反复其道，七日来复，天行也。利有攸往，刚长也。复，其见天地之心乎？

【注释】刚反动，而以顺行：刚爻从剥卦的上艮返回入坤，反向而动，成为复卦的下卦震，故称"刚反动"。上卦为坤，顺而行之，即"顺行"。七日来复，天行也：《周易正义》："天之阳气绝灭之后，不过七日，阳气复生，此乃天之自然之理，故曰'天行'也。"

【译文】彖辞说：（阳气）返复，亨通。刚爻反向而动，（上坤）顺而行之，所以出入没有问题，（众阳返复）朋聚而来，没有灾咎。返复其正道，七日归来，这是天行之理。利于有所前往，是因为阳刚长进。返复回归，看到天地的心愿了吗？

象曰：雷在地中，复。先王以至日闭关，商旅不行，后不省方。

【注释】先王以至日闭关，商旅不行，后不省方："先王"，古代帝王，一般特指历史上尧舜禹汤文武几个有名的帝王；"至日"，冬至和夏至的日子；"后"，君主；"方"，事，事务。此卦象是大地掩闭雷震，先王观此卦象，在冬至和夏至这两个寒暑变动的日子，闭塞关口，商旅禁行，君主也不视察境内的事务。

【译文】象辞说：雷在地中，是复卦的卦象。先王观此卦象，在冬至和夏至的日子，闭塞关口，商旅禁行，君主不视察境内的事务。

初九，不远复，无祇悔，元吉。
象曰：不远之复，以修身也。

【注释】祇（qí）：大。

【译文】初九，偏离不远就回复正道，无大的悔恨，非常吉祥。

象辞说：偏离不远就回复正道，是因为能（及时反省），修正其身。

【爻辞释义】初九处于复卦之初，是复卦唯一的阳爻，首先回复于阳。初九虽有一些过失，但偏离正道不远，很快就返回来了，还不至于达到很后悔的程度，所以说"不远复，无祗悔"。初九与六四阴爻相呼应，又是阳气回复的元始之象，所以说"元吉"。阳刚君子，知过能改，重要的是善于自省、修正自己的失误，所以象辞说"不远之复，以修身也"。

六二，休复，吉。
象曰：休复之吉，以下仁也。

【注释】休复："休"，吉庆，美善；"休复"，吉祥、美好的复归。

【译文】六二，美好的回复，吉祥。

象辞说：美好的回复，吉祥，因为（六二）亲仁下贤。

【爻辞释义】六二阴爻居下卦中位，象征有柔顺中正之德，与初九相邻成比。面对阳爻初九的升进，六二明智地顺时而退，以附顺初九。六二虽处于初九之上，却能亲仁下贤；处于中正之位，而能亲仁善邻。六二亲仁下贤，心悦诚服地顺从阳刚回复，因而得到"休复之吉"，所以象辞说其原因是"以下仁也"。

六三，频复，厉，无咎。
象曰：频复之厉，义无咎也。

【注释】频：通颦，皱眉头。厉：危险。

【译文】六三，愁眉苦脸地勉强回复，虽有危险，但无灾咎。

象辞说：勉强的回复虽有危险，从道理上讲不会有灾咎。

【爻辞释义】六三是阴爻居阳位，居下卦震的上位，不中不正，无比无应。由于其所处的位置，对于回复于阳并无需求，只是处于阳气回复之时，迫于情势的裹挟，不得不勉强地回复于正道。"频复，厉，无咎"，意思是：不心甘情愿地回复，虽有危险，但无灾咎。"频复"，即勉强的回复，只能是无过而已，与六二的"休复之吉"不可同日而语。

六四，中行独复。

象曰：中行独复，以从道也。

【注释】中行独复：六四处于上卦之下，上下各有二阴爻，居在众阴之中，故称"中行"。独自应合初九，顺从地回复，故为"独复"。

【译文】六四，居众阴之中而独自回复。

象辞说：居众阴之中而独自回复，是因为遵从正道。

【爻辞释义】六四处于上卦之下，居于五个阴爻的中间，上下各有二阴，居众阴之中，所以说是"中行"。六四是复卦中唯一与阳爻初九相应的阴爻，单独与初九相应，顺从地回复，所以说是"独复"。象辞说"以从道也"，意思是六四遵从阳刚正道而回复。六四处在群阴之中而能独复，但毕竟是以阴居阴，且初九正处在阳气甚微的时候，不足以给它有力的援应，所以爻辞中没有吉凶的断语。

六五，敦复，无悔。

象曰：敦复无悔，中以自考也。

【注释】敦：敦厚。考：考察。

【译文】六五，敦厚地回复正道，没有悔恨。

象辞说：敦厚地回复正道，没有悔恨，能以中庸之道反省考察自身。

【爻辞释义】"敦"，为敦厚。六五阴爻居尊位，持中不偏，处于上卦坤之中，而坤则是敦厚、忠实的象征。"敦复"就是敦厚的回复。由于六五与初九阳爻无正应关系，处于阳气回复之时，本应有悔，但六五态度敦厚诚恳，笃守原则，以中道调整自己的行为，回复于阳。这样，就变有悔为"无悔"了。因此，象辞说"中以自考也"，即六五能以中庸的原则，审视考察自身，固持正道，择善而从。

上六，迷复，凶，有灾眚。用行师，终有大败；以其国君，凶，至于十年不克征。

象曰：迷复之凶，反君道也。

【注释】眚（shěng）：过错，灾祸。灾眚：灾祸，灾殃，祸患。以：用，为。不克征："克"，克服、胜任；"不克征"，不能胜任出征讨伐的使命。

【译文】上六，迷失了回复的道路，凶险，有灾祸。如果出师作战，最终将会大败；为君治国也会遭凶险;（师败国凶，）以至于十年都不能再出征打仗。

象辞说：迷失回复之道的凶险，是由于违反了为君之道。

【爻辞释义】上六以阴爻居复卦之终，象征到最后还不能迷途知返，在歧途上一直走到底，必然凶险，即"迷复，凶，有灾眚"。灾是天灾，眚是人祸，天灾人祸相继而来。迷而不复，无论做什么都不会成功。这时，如果有军事行动，必将以大败告终；用于治国，则君主必凶，故称"用行师，终有大败；以其国君，凶"。"十年不克征"，是说由于师败国凶，一直拖到十年之久，都还不能再去讨伐敌人。君王治理国家，本当守持正道，然而上六却迷而不复，这就违反了为君之道，所以象辞说"迷复之凶，反君道也"。

第二十五卦　无妄卦

震下乾上

无妄：元亨，利贞。其匪正有眚，不利有攸往。

【注释】无妄：无妄念，无妄行，亦即不胡思乱想，不胡作非为。其匪正有眚："匪"，非，不；"眚"（shěng）：祸患；"其匪正有眚"，其人不正，则有祸患。

【译文】无妄卦：至为亨通，利于守持正道。不守正道就有祸患，不利于有所前往。

【卦辞释义】"无妄"，就是不胡思乱想、不胡作非为。无妄卦的上卦为乾，为天；下卦为震，为动；为雷行天下之象。雷行天下，万物惊惧，自然就不敢妄为，万事皆通，所以卦辞断语为"元亨，利贞"。"元亨"是至为亨通；"利贞"，是要坚守正道才会有利。反之，如果不守正道，就不会有利，反而有祸，所以卦辞从反面告诫："其匪正有眚，不利有攸往。"

本卦六爻的行为虽然各不相同，但基本精神是一致的，即"无妄"要遵循两条基本原则：一是守正，二是审时。守正就是卦辞所说的"利贞""匪正有眚"，即坚持正道不能变。审时就是要审察时机，以决定进退行止，要不断地自我调整，保证行为的"无妄"。

象曰：无妄，刚自外来，而为主于内。动而健，刚中而应。大亨以正，天之命也。其匪正有眚，不利有攸往。无妄之往何之矣？天命不佑，行矣哉？

【注释】刚自外来，而为主于内：内卦震的刚爻来自外卦乾，为内卦震的主爻。动而健：无妄卦的卦象为下震上乾，震为动，乾为健，故称"动而健"。刚中而应：上卦的九五刚爻与下卦的六二柔爻居中而应。无妄之往何之矣：这是对上一句"其匪正有眚，不利有攸往"的进一步说明。意思是其人不正，却要前往，则无路可走。《周易正义》："上'之'是语辞，下'之'是适也。身既非正，在'无妄'之世，欲有所往，何所之适矣？故云'无妄之往何之矣'。"矣哉：矣和哉两个语气词连用，用于反问和感叹，相当于"啊""呀""吗"。

【译文】象辞说：无妄卦，刚爻来自外卦乾，而为内卦震之主。（卦象为）动而健，刚爻居中而有正应。由于守正而大为亨通，这是天命。不守正道，就有祸患，不利于有所往。无妄之时却要前往，哪里有路可走呢？天命不护佑，能行得通吗？

象曰：天下雷行，物与无妄。先王以茂对时，育万物。

【注释】与：皆，和，跟。茂：古同"懋"，勉，勉励，劝勉。对时："对"，配合，顺应；"时"，时机；"对时"，配合时机，顺应天时。

【译文】象辞说：雷行于天下，万物皆不敢妄为。先王观此卦象，勉励自己，顺应天时，养育万物。

初九，无妄往，吉。
象曰：无妄之往，得志也。

【注释】无妄往："无妄"，无妄念，无妄行；"无妄往"，即无妄念的前往。
【译文】初九，无妄的前往，吉祥。
象辞说：无妄的前往，可得遂其志。

【爻辞释义】初九以阳爻居阳位，实而不妄。初九没有妄想妄行，无往而不利，能够得遂其进取的心愿，所以说"无妄往，吉"。初九象征事情开始的第一步，起步不妄，就有了一个好的开端，预示着吉祥的前途。

六二，不耕获，不菑畲，则利有攸往。
象曰：不耕获，未富也。

【注释】菑畲："菑"（zī），初耕的田地，开荒；"畲"（shē），火耕，焚烧田地里的草木；"菑畲"，开荒，耕种，耕耘。

【译文】六二，不耕种而去收获，不开荒而去种地，则利有所往。

象辞说：不耕种而去收获，富不了。

【爻辞释义】六二阴爻处中得位，谨守顺从之道，虽然无妄，但所做的事情都是保持现状。六二的所作所为，就像是农民不去耕耘，只是跟着收获，即"不耕获"；不敢去开垦新田，只敢耕作已有的熟地，即"不菑畲"。凡事不敢为人先，而只是随人后，即所谓的"为臣之道"，自己不发起大事，而只是代行代办君王的事情。为人臣如此行事，"则利有攸往"；若不如此，则往而无利。既然只做事情的后半截，而缺失事情的前半截，就算不上完美，故象辞说"未富也"。

六三，无妄之灾，或系之牛，行人之得，邑人之灾。
象曰：行人得牛，邑人灾也。

【注释】或：也许，有时，表示不定的词；某人，有的人。

【译文】六三，无妄之灾，某人系牛，被路人牵走，当地的人却遭灾。

象辞说：路人得牛，当地人遭灾。

【爻辞释义】六三爻辞说的故事是，有人把牛拴在路边，被过路人牵走了，住在附近的人（邑人）却被怀疑偷了他的牛。人在家中坐，祸自天上来，真是"无妄之灾"。无缘无故而受灾，这看起来是个偶然事件，但其实并非完全偶然。

六三阴爻居阳位，不当位，不中不正。六三处于上下卦的交接处，处在危惧之地，是很容易招惹麻烦的地方，所以容易被无端怀疑而致祸。虽然六三本人在偷牛这件事上是"无妄"的，但他却处在有妄的人和事之中，拴牛人的粗心大意和妄告无辜、路人的顺手牵牛，这些都是"妄"。六三与他人的妄念和妄为相牵连，就难脱干系了。而且，六三本身也存在问题，那就是阴居阳位，失其正位，有失谦顺。如果六三本身道德高尚，口碑一贯很好，也是很难被怀疑为偷牛贼的。所以，六三很难说是真正的"无妄"。

九四，可贞，无咎。
象曰：可贞无咎，固有之也。

【注释】固有之：解释"可贞无咎"，因为九四固守贞正，才有"无咎"的结果。

【译文】九四，可守持正道，没有灾咎。

象辞说：可守持正道，没有灾咎，这是固守贞正才有的结果。

【爻辞释义】九四爻是阳爻居阴位，以刚乘柔，比近至尊九五。九四阳爻居阴位，象征着刚而能柔，可守持正道而不妄为，没有灾咎，即"可贞，无咎"。六三虽然"无妄"，却也遭灾；九四坚守正道，仅能免除灾咎，而未获吉。这是因为三、四这两个爻位是危惧之地，处于这种情况下必须始终如一地固守贞正，才能长保无害，这正是象辞中所说的"固有之也"的含义。

九五，无妄之疾，勿药有喜。
象曰：无妄之药，不可试也。

【注释】无妄之疾，勿药有喜：无妄之"病"，不治自愈，所以称勿药有喜。

【译文】九五，不妄为而患了病，不必服药，会有（自愈之）喜。

象辞说：用于治疗"无妄"的药，是不可以试服的。

【爻辞释义】九五阳爻在上卦乾的中央，居至尊之位，是无妄卦的主爻，德行刚健中正，且与在下的六二相应。九五"无妄"的境界很高，患了小病，不用吃药，自己就会好，即"无妄之疾，勿药有喜"。这里的"无妄之疾"是比喻可能遇到料想不到的麻烦，由于九五素质良好，又可得到六二的援助，麻烦就可以自然消除，即"勿药有喜"。有病而无需用药，这是因为没有妄想和妄行，行为合乎正道，由于外界因素而出现了小问题，无需"用药"而能自愈。这就是以"勿药"为药，以不治为治。药是给病人吃的，无病服药反而不好，所以象辞说："无妄之药，不可试也。"

上九，无妄行，有眚，无攸利。
象曰：无妄之行，穷之灾也。

【译文】上九，（虽然）无妄而行，（仍）会有祸患，无有利益。

象辞说：（虽然）无妄而行，（但）会遭到穷极之灾。

【爻辞释义】任何事物发展到穷极都是不好的，物极必反，无妄也将转为有妄。"无妄之行"本来是好的，但是因为上九位处穷极，行动的时机不对，仍会遭遇灾祸。上九处于全卦之终，为终极之地、穷尽之时，已经无路可走。此时，宜止不宜行，宜静不宜动。上九以阳爻居阴位，刚躁易动，在时穷难行、动则遭灾之时，若偏要前行，无妄就会变成有妄，因而"有眚"，而"无攸利"。事物发展到极点，即使是"无妄之行"，也会遭遇"穷之灾"。

第二十六卦　大畜卦

乾下艮上

大畜：利贞，不家食，吉，利涉大川。

【注释】畜：畜养；蓄积，积聚。不家食：不在家里吃饭，意为得食禄于朝廷。利涉大川：利于涉越大江大河，喻指利于克服艰难险阻，大有作为。

【译文】大畜卦：利于守持正道，不吃家里的食物，吉祥，利于涉越大江大河。

【卦辞释义】大畜卦的下卦为乾，为天；上卦为艮，为山；此卦的卦象是天在山中。在大畜卦中，乾刚健上进，艮在上蓄止，艮能蓄止乾的刚健，所以称为"大畜"。这是相对于"小畜"而言的，小畜卦的卦象是巽在乾上，巽的性质为顺，故不能完全蓄止乾的刚健，只能小畜而已。因为艮的本性为阻止，所以能蓄止乾的刚健，可实现大畜。既然蓄止刚健，本身就必须大正，故卦辞说"利贞"。有大畜的资源，应当招贤纳士，为国家效力，不使贤人赋闲家中，这就是卦辞中"不家食，吉"的意思。资源丰富，广养贤士，就会不忧险难，可大干一番事业，所以说"利涉大川"。

象曰：大畜，刚健笃实辉光，日新其德，刚上而尚贤。能止健，大正也。不家食吉，养贤也。利涉大川，应乎天也。

【注释】刚健笃实：解释大畜之义，"刚健"指下卦乾，乾刚性健；"笃实"，指上卦艮，艮性静止，故称"笃实"。刚上而尚贤："刚上"指的是上九；乾阳上行，上九不拒，崇尚贤能之士。

【译文】彖辞说：大畜卦，刚健而笃实，荣耀光辉，日增其德，阳刚居上而能崇尚贤能之士。能蓄止刚健，是因为具有大正之德。不吃家里的食物，吉祥，是因为（君王）广养贤士。利于涉越大江大河，是顺应了天理。

象曰：天在山中，大畜。君子以多识前言往行，以畜其德。

【译文】象辞说：天在山中，是大畜卦的卦象。君子观此卦象，熟识前人的立言，身体力行，以增进其道德修养。

初九，有厉，利已。
象曰：有厉，利已，不犯灾也。

【注释】已：止，停止。

【译文】初九，有危险，停止行动有利。

象辞说：有危险，停止行动有利，这样就不会犯灾遭难。

【爻辞释义】初九为大畜卦的第一爻，阳爻居阳位，当位。虽然初九与六四有应，但六四是抑蓄初九的，前往便可能遭到危险，所以应该停止前进，即"有厉，利已"。象辞说，前进有危险，应该停止前往，才不会犯祸凶，即"不犯灾也"。虽然有危险，但若能引起警觉，停止行动，便可使危险不成为事实。初九为本卦之始，地位卑微，人微言轻，所以不能冒昧，不能冲动，急于求进则有危险，暂停不进，更为有利。

九二，舆说輹。
象曰：舆说輹，中无尤也。

【注释】舆说輹："舆"（yú），车子；"说"，通脱；"輹"（fù），垫在车箱和车轴之间的部件；

"舆说輹"，车子的輹脱落，轮轴也就从车身上脱落了。尤：通忧。

【译文】九二，轮轴脱落，车子坏了。

象辞说：轮轴脱落，车子坏了，因居中位而无忧患。

【爻辞释义】九二爻是阳爻居阴位，不当位，但居中位，具有刚毅、中正之德。九二虽与六五有应，但六五处于抑蓄乾阳的盛位，前往必会受阻犯难，就像车轴与车身脱离而不能行驶，即"舆说輹"。九二居中正之位，能够适时停止，因而不会有什么过失，因此象辞说"中无尤也"。

九三，良马逐，利艰贞。日闲舆卫，利有攸往。
象曰：利有攸往，上合志也。

【注释】逐：追逐，追赶。日闲舆卫："闲"，通娴，娴熟，熟习，熟练；"舆卫"，兵车防卫；"日闲舆卫"，天天练习车阵防卫，比喻不大意，不松懈。

【译文】九三，良马奔驰追逐，利于艰贞守正。每天练习兵车防卫，利有所往。

象辞说：利有所往，是因为（上九和九三）上下志向相同。

【爻辞释义】九三是阳爻居阳位，当位。物极必反，畜极则通，九三上进将升于上九，因而其途径通达，进无阻碍，可以驰骋，故称"良马逐"。九三履当其位，进得其时，利于艰贞守正，故说"利艰贞"。九三事业进展顺利，但越是顺利就越要小心，不能忘乎所以，因此每天练习兵车防卫，即"日闲舆卫"，比喻不松懈，不大意，如此便有利于前进。九三之所以一路通达，"利有攸往"，这是因为九三和上九虽不相应，但志向相同，即"上合志也"。

六四，童牛之牿，元吉。
象曰：六四元吉，有喜也。

【注释】牿（gù）：绑在牛角上、使牛不能顶人的横木。

【译文】六四，小牛头上的横木（有阻挡作用，但不伤人），非常吉祥。

象辞说：六四大吉，有喜庆之事。

【爻辞释义】六四处上卦艮的初爻，阴爻居阴位，当位。六四与初九有应，以柔止刚，蓄止初九，就像小牛一样，不用角触人，而用装在头上的横木阻挡，即"童牛之牿"。这样，以柔克刚，刚不敢犯，避免了强争搏斗，是大好的喜事，非常吉祥，所以象辞说"有喜也"。

六五，豮豕之牙，吉。
象曰：六五之吉，有庆也。

【注释】豮（fén）：阉割；阉割过的猪。豕（shǐ）：猪。

【译文】六五，阉猪而使其牙不能为害（以柔制刚），吉祥。

象辞说：六五之吉，说明有喜庆之事。

【爻辞释义】六五爻居至尊之位，与下卦九二爻相应。此爻中的"豕牙"指的是九二，九二阳刚，如猪的利牙。六五处得尊位，能以柔制刚，九二欲前进，六五则能通过阉割，损其利牙，即"豮豕之牙"。六五去除了九二的凶性，使之变得性情温顺，有利牙也不会伤人，所以吉祥。象辞说，六五爻的吉祥，说明将会有喜庆的事。

上九，何天之衢，亨。
象曰：何天之衢，道大行也。

【注释】何天之衢："何"，疑问词，起始语；"衢"（qú），四通八达的大路；"何天之衢"，直译为"为何（要蓄止）天的大道？"意即至此乾天的道路已畅通无阻。

【译文】上九，通天的大道，亨通。

象辞说：通天的大道，道路宽阔畅通。

【爻辞释义】上九已经到了上卦艮的极点，处畜之极，畜极则通，大畜卦至此已到了大亨之时。刚健的下卦乾可以自由通过，好像通天的大道，畅通无比，即"何天之衢，亨"。发展至此，凡事亨通，犹如走在大道上，故象辞说："何天之衢，道大行也。"

第二十七卦　颐卦

震下艮上

颐：贞吉。观颐，自求口实。

【注释】颐：颊，腮；休养，保养，颐养。观颐：观察颐养之道。自求口实：自谋生计，养活自身。

【译文】颐卦：守贞正而获吉祥。观察颐养之道，当自求口中之食。

【卦辞释义】颐卦的上卦为艮，下卦为震。卦象的上下两个阳爻像口腔的上下腭，中间四个阴爻像两排牙齿。上艮为止，犹如上腭静止不动；下震为动，犹如下腭咀嚼食物；卦象象征食在口中，人口得食。颐卦阐述的是自养和供养的道理。“贞吉”，说的是顺应供养的规律，守持正道，才能吉祥。卦中强调“自求口实”，指出应该自食其力，自己去寻求口中的食物。

彖曰：颐贞吉，养正则吉也。观颐，观其所养也。自求口实，观其自养也。天地养万物，圣人养贤以及万民，颐之时大矣哉！

【译文】彖辞说：颐卦贞正吉祥，养正则可获吉。观颐，就是（在下者）观察（在上者）所养（何人）。自求口中之食，是观其如何自养。天地养育万物，圣人养育贤能之士、养育天下民众，颐养中的时义大得很啊！

象曰：山下有雷，颐。君子以慎言语，节饮食。

【注释】君子以慎言语，节饮食：人的说话和饮食皆与动口有关，故君子观此卦象，谨慎言语，节制饮食。"祸从口出，病从口入"，所以说话、饮食都应有节制。

【译文】象辞说：山下有雷，是颐卦的卦象。君子观此卦象，谨慎言语，节制饮食。

初九，舍尔灵龟，观我朵颐，凶。
象曰：观我朵颐，亦不足贵也。

【注释】尔：你，这里指初九。灵龟：在古代龟用来占卜，认为龟有灵气。我：指六四。朵颐：口中嚼物，颐部团起如花朵，形象地称为朵颐。

【译文】初九，舍弃你智慧的灵龟，而观看我朵颐进食，有凶险。

象辞说：观看我进食，并无可贵之处。

【爻辞释义】初九阳刚，在最下位，因与六四相应，以至于产生贪欲，想以阳刚之实求养于六四阴虚。初九将自己如同灵龟般的智慧舍弃，呆呆地观望人家饮食，即"舍尔灵龟，观我朵颐，凶"。因为不知道运用自己的智慧，只想依赖于人，所以凶险。

六二，颠颐，拂经于丘，颐征凶。
象曰：六二征凶，行失类也。

【注释】颠颐："颠"，在易经的卦象中，自下而上为正向，为顺；自上而下为反向，为逆；反向称为"颠"，即颠倒。"颠颐"，自上养下。拂经："拂"，违背，不顺；"经"，历久不变的道理，经典；"拂经"，违反常理，违逆经常之道。丘：高地，爻中意指六二在上，居于上位。

【译文】六二，供养关系颠倒，居高位而违背常理，（这样的）供养前往有凶险。

象辞说：六二前往有凶险，因为其行为与众不同。

【爻辞释义】六二阴柔，上无所应，下比初九，象征自己不能单独生活，前往依附阳刚的初九，并供养初九。在易经的卦象中，自下而上为正向、顺向，自上而下为反向、逆向，由上而下为颠倒，所以六二供养初九为"颠颐"。初九与六二没有正应关系，即没有供养关系，六二供养初九违背常理，故称"拂经于丘"，其中"丘"比喻六二居于高位。象辞说"六二征凶，行失类也"，意思是说：六二前往有凶险，因为其行为与同类的事理不符。

六三，拂颐，贞凶，十年勿用，无攸利。
象曰：十年勿用，道大悖也。

【注释】拂颐："拂"，违背，违反；"拂颐"，违背颐养的正道。

【译文】六三，违背颐养之理，贞正方面出现了大问题，凶险，十年之内得不到任用，无有所利。

象辞说：十年得不到任用，是因为严重地违背了正道。

【爻辞释义】六三阴柔，阴居阳位，不中不正，与上九有应，象征对上谄媚，献身于上，为达目的，不择手段。六三违背了养正的常理，故称"拂颐"。由于求养的手段不正当，违背了养正的道理，将导致凶祸，即"贞凶"，以至于在十年的漫长时间里，得不到任用，无所给养，没有任何利益，即"十年勿用，无攸利"。这完全是因为违背了正道，所以象辞说"道大悖也"。

六四，颠颐，吉，虎视眈眈，其欲逐逐，无咎。
象曰：颠颐之吉，上施光也。

【注释】眈眈（dān dān）：专一注视的样子。其欲逐逐："其"指初九；"逐逐"，贪利欲速的样子；"其欲逐逐"，其逐利之心急迫。

【译文】六四，以上养下，吉祥。如老虎一样（注视着初九）求利急迫的样子，没有过错。

象辞说：颠颐而获吉祥，是因为居上者向下广施光明。

【爻辞释义】颐卦的下卦为震，为动，是贪食之象，求食于人，所以多凶。而上卦为艮，为止，能清心寡欲，节制饮食，所求在道，以德自养，身心皆安，所以践行养生的正道而获吉祥。六四居于上卦艮，阴柔得正，与初九正应，即有供养关系。六四以上养下，符合颐养之理，所以吉祥。"虎视眈眈"说的是以上养下，不可亵渎，如同虎视眈眈，威而不猛。六四注视着初九求利欲速的样子，没有过错，所以爻辞说："虎视眈眈，其欲逐逐，无咎。"

六二"颠颐"为凶，六四"颠颐"为吉，这是因为二者所处的地位不同，供养的目的也不同。六二位处下卦而又下养，本无供养关系，所以为凶；六四身处上卦，又有应于初，阴而应阳，又能威而不猛，所以获吉。

六五，拂经，居贞吉，不可涉大川。
象曰：居贞之吉，顺以从上也。

【译文】六五，违背常理，居守贞正可获吉祥，不可涉越大江大河。

象辞说：安居守正可获吉祥，是因为顺从上九的缘故。

【爻辞释义】六五虽居君位，但阴柔失正，下无所应，需要承事上九阳爻。六五犹如不能养民的国君，反而需要依赖上九的帮助，有违国君应"养贤及万民"的常理，故称"拂经"。六五其质阴柔，应安居静守，坚持正道，方可获吉，即"居贞吉"。六五以阴居阳，存在忧患，切不可涉险犯难，以图大有作为，故称"不可涉大川"。六三"拂颐"为凶，六五"拂经"却能"居贞吉"，这是因为六五亲比上九、以阴顺阳、顺从于上的缘故。所以，象辞说："居贞之吉，顺以从上也。"

上九，由颐，厉吉，利涉大川。
象曰：由颐，厉吉，大有庆也。

【注释】由颐：上九以阳居上，下据四阴，阴不能独立，必附于阳，皆由上九而获养，故称"由颐"。

【译文】上九，由其而获养，心怀危惧而获吉祥，利于涉越大江大河。

象辞说：由其而获养，怀危惧之心而获吉祥，有大喜事。

【爻辞释义】上九处于颐卦之极，阳刚居上，以阳乘阴，有臣贤于君、君依赖臣以养天下之象。"由颐"，意思是由于他而获得颐养。君王虽然顺从依赖上九，但又畏其权重而进逼，所以上九位高任重，当心怀危惧之心，谨慎从事，方可获吉祥，即"厉吉"。上九为颐卦之主，无所不利，故"利涉大川"，亦即利于涉险犯难、成就大事。

第二十八卦 大过卦

巽下兑上

大过：栋桡，利有攸往，亨。

【注释】栋：屋正中最高处的横梁。桡（náo）：弯曲。

【译文】大过卦：栋梁弯曲了，（拯救危难者）利于有所前进，顺利亨通。

【卦辞释义】"过"是"过越"的意思，"大过"就是大的过越，是超乎寻常的"过越"。于衰败之时，唯有过越常理的行动，才能拯救危难。本卦阳多阴少，其中初、上两爻为阴，中间四爻为阳，如同大梁中间坚实而两端柔弱，呈栋梁弯曲之象，即"栋桡"，象征衰乱之世。大过卦的上卦兑是泽，下卦巽是木（巽属性为木），木本应浮于水上，而本卦象却是木沉于水下，事情超乎寻常，为"大过"之象。世道衰乱，有圣德之人方可拯救危难，顺利亨通，故称"利有攸往，亨"。

彖曰：大过，大者过也。栋桡，本末弱也。刚过而中，巽而说行。利有攸往，乃亨。大过之时大矣哉！

【注释】本末弱：初爻为本，上爻为末，初爻、上爻皆为阴，故称"本末弱"。刚过而中：本卦二、三、四、五爻为阳，初六、上六为阴，阳刚过盛，即"刚过"。"中"，说的是九二，九五的爻位居中。巽而说行：本卦的下卦为巽，巽义为谦；上卦为兑，兑义为悦；即以谦逊、和悦的态度行事。大过之时大矣哉：《周易正义》：言当此大过之时，唯君子有为拯难，其功甚大，故曰"大矣哉"也。

【译文】彖辞说：大过，是强大者过越（常理）。栋梁弯曲是因为本末柔弱的缘故。（阳爻多，阴爻少，）阳刚过盛，但阳爻居于中位，以谦逊而和悦的态度行事。利有所往，故而亨通。大过之时大有作为啊！

象曰：泽灭木，大过。君子以独立不惧，遁世无闷。

【注释】泽灭木：本卦的卦象是上兑下巽，兑为泽，巽为木，故呈"泽灭木"之象。君子以独立不惧，遁世无闷：君子在衰难之时，卓尔独立，而不畏惧；即使隐居于世，也不忧闷，情操不改。只有君子才能如此，非同寻常，说明其"过越"之义。

【译文】象辞说：泽淹没木，是大过卦的卦象。君子观此卦象，独立而不畏惧，隐居于世而无悔无憾。

初六，藉用白茅，无咎。
象曰：藉用白茅，柔在下也。

【注释】藉：衬垫。藉用白茅：上古时期，祭祀时把祭品放置在地上就可以了，初六却还要用白色茅草垫在下面，表现出非常慎重恭敬的态度。

【译文】初六，用白色的茅草铺垫（在祭品下），没有过失。

象辞说：用白色的茅草铺垫（在祭品下），是因为初六阴柔居下位（而采取的谨慎态度）。

【爻辞释义】初六是阴爻居阳位，虽不当位，但与九四有应。初六在巽卦下位，谦恭柔顺，面对非同寻常的局面，小心翼翼，就像祭祀时在祭品下垫上白色的茅草一样，非常恭敬，表示甘居下位，不会有过失，故说"藉用白茅，无咎"。

九二，枯杨生稊，老夫得其女妻，无不利。
象曰：老夫女妻，过以相与也。

【注释】稊（tí）：树木新生的枝条和嫩芽。女妻：在这里是指年轻的妻子。

【译文】九二，枯槁的杨树长出了新枝嫩芽，年迈的老汉娶了年轻的妻子，无所不利。

象辞说：老夫少妻，二者过越而能互补。

【爻辞释义】九二爻是阳爻居阴位，不当位，并且和九五不相应。大过之时阳爻居阴位反而为吉，九二以阳处阴，说明其超越本分，故而可救济衰败。九二上无所应，意味着其心无所系，全力以赴，处大过之时，有此德行，拯济衰弱，无所不利。爻辞用"枯杨生稊，老夫得其女妻，无不利"比喻其吉祥，即枯槁的杨树长出了新枝嫩芽，年迈的老汉娶了年轻的妻子，无所不利。

对于老夫少妻，象辞说是"过以相与也"，意思是二者可以互相给予，互为补充。如果老夫娶老妻，则是二者相当。老夫娶少妻，就可以将二者的"过分"互相给与。老夫娶少妻，少妻可以将其"少"给与老夫，则老夫得其"少"而更壮。同样，如果少妻嫁与少夫，二者相当。而今少妻嫁与老夫，老夫可减其"老"而给与少妻，少妻则可得其"老"而变得更加成熟。

九三，栋桡，凶。
象曰：栋桡之凶，不可以有辅也。

【注释】栋桡，凶：大过之时，处下卦之极，以阳居阳，仅能自守。一心与上六应合，不能救危拯弱，如同大梁弯曲，不能补救而致凶险，所以说"栋桡，凶"。

【译文】九三，大梁弯曲，有凶险。

象辞说：大梁弯曲的凶险，是因为得不到辅助。

【爻辞释义】九三处下卦之极，以阳爻居阳位，且与上六相应。阳爻居阳位，意味着九三循常理行事，循规蹈矩，这样是不能救危拯难的。九三独自与上六相应，说明心有所系，心胸偏狭，不能公而忘私，难以担当拯救衰难的重任。因此，大梁弯曲而得不到辅助，即象辞所说的"不可以有辅也"。

九四，栋隆，吉，有它吝。
象曰：栋隆之吉，不桡乎下也。

【注释】栋隆，吉：九四处于上卦，以阳处阴，为过越之象，与初六相应，可拯救其弱，大梁隆起而不弯曲，因而称"栋隆，吉"。下：指初六。

【译文】九四，大梁隆起，吉祥，但有其他憾事。

象辞说：大梁隆起的吉祥，是因为初六（得到救助而）消除了弯曲。

【爻辞释义】九四爻是阳爻居阴位，不当位。九四与九三同是阳爻，都在房屋的正中，区别是九四阳爻居阴位，以刚居柔，象征着行为过越，超乎常规，可以拯救栋梁的弯曲。象辞说"栋桡，本末弱也"，但九四与初六相应，初六因而得救。栋梁隆起，初六免于被压垮，即象辞说的"不桡乎下也"。但是，九四与初六相应，心中牵系初六，心胸不够开阔，难免遗憾，所以说"有它吝"。

九五，枯杨生华，老妇得其士夫，无咎无誉。
象曰：枯杨生华，何可久也。老妇士夫，亦可丑也。

【注释】枯杨生华：枯萎的杨树重新开花，比喻好景不长。

【译文】九五，枯槁的杨树开花，年迈的老太婆嫁了个年轻的丈夫，没有过错，也没有赞誉。

象辞说：枯杨开花怎么能长久呢？老妇嫁壮夫，也是件羞耻的事。

【爻辞释义】九五爻处于尊位，以阳处阳，合乎常理，没有过越，所以不能拯救危难。因其居得尊位，可以避免栋桡之难，但功劳不大，得益同样也不大。"枯杨生华"，即仅能使枯杨开花，而不能使之生出新芽；"老妇得其士夫"，即仅是老妇嫁壮夫，而不是老汉娶少妻。老妇嫁给壮夫，老妇所得利益甚少，因为九五拯难功小，故获益亦少。处于栋桡待救的时候，九五仅能做到没有过错，但无荣誉可言，不足称道，即"无咎无誉"。

上六，过涉灭顶，凶，无咎。

象曰：过涉之凶，不可咎也。

【译文】上六，涉水过河，大水淹没了头顶，有凶险，但无过错。

象辞说：涉水过河的凶险，无可咎责。

【爻辞释义】上六处于上卦之极，象征过越异乎寻常，太过分了。在这种情况下涉险克难，将有灭顶之灾，所以说"过涉灭顶，凶"。上六济世拯难的初衷是好的，有良好的愿望，但无美好的结果，无可咎责，即"无咎"。

第二十九卦　坎卦

坎下坎上

习坎：有孚维心，亨，行有尚。

【注释】习坎："习"，重复；"习坎"指上下卦皆为坎，坎险相叠，险难重重。有孚维心："孚"，诚信；"维"，维系，系于；上、下卦的二、五爻为阳爻，刚正居中，故有诚信；阳居于内，象征诚信维系于心，即"有孚维心"。行有尚："尚"，尊崇，注重；"行有尚"，习坎上下二卦皆内刚外顺，能够涉险排难，其行为值得崇尚。

【译文】习坎：有诚信于心中，亨通顺利，行为受到崇尚。

【卦辞释义】"习"为重复、重叠的意思。坎卦的上、下卦都是"坎"，即坎险相叠，象征其险无比。坎为水，故习坎有水流不断而来之象。在坎卦的上卦和下卦，上、下爻均为阴虚，中爻为阳实，象征心怀诚信，心地实在，故称"有孚维心"。坎卦上下二卦皆为内刚外顺，所以能通过险难，行为值得尊重和崇尚。因此，卦辞说"亨，行有尚"。

坎卦各爻都不顺利，但强调诚信，保持心中"有孚"。面临险难，首先应当明察，避免陷入险难，至少不可深陷。身处险境，不可操之过急，应步步为营，逐步脱险。陷险已深，更不可轻举妄动，应先求自保以待时变，否则就会愈陷愈深，无法自拔。

彖曰：习坎，重险也。水流而不盈。行险而不失其信。维心亨，乃以刚中也。行有尚，往有功也。天险，不可升也。地险，山川丘陵也。王公设险，以守其国。险之时用大矣哉！

【注释】重险：解释"习坎"，坎坎相叠，险难重重。水流而不盈：说明坎险异常，陷阱极深，水虽流注，不能盈满。维心亨，乃以刚中也："维心亨"，即卦辞的"有孚维心，亨"。这是因为九二和九五分居上、下卦中位，即"乃以刚中也"。

【译文】彖辞说：习坎，是重重险难的意思。水流入而未能盈满。行走于危险之境而不失其诚信。保持诚信于心中而得亨通，是因为刚健而中正。行为受到尊尚，前往可建功业。天险，不可攀登而往。地险，则是崇山峻岭、河川丘陵。王公设置险隘，是为了守卫国家。险的因时而用的意义大得很啊！

象曰：水洊至，习坎。君子以常德行，习教事。

【注释】洊（jiàn）：再，一次又一次。常德行，习教事：《周易注》："至险未夷，教不可废，故以常德行而习教事也。习于坎，然后乃能不以险难为困，而德行不失常也。"

【译文】象辞说：水流一次又一次地到来，是重重险难之象。君子观此卦象，要保持道德修养，不断教化民众。

初六，习坎，入于坎窞，凶。
象曰：习坎入坎，失道凶也。

【注释】窞（dàn）：深坑。
【译文】初六，面临重重坎险，落入底部深坑，凶险。
象辞说：在重重坎险中落入坎陷，是因为丧失正道而导致凶险。
【爻辞释义】初六阴柔，以阴居阳，不当位，且与六四不相应，上无援应。在重重险难之中，陷入深坑，即"入于坎窞"，也就是陷入了坎中之坎，深陷在最底部，无法脱身，所以凶险。象辞说"习坎入坎，失道凶也"，意思是：陷入坎中之坎，由于自身阴柔又居坎底，脱离了正道，所以凶险。

九二，坎有险，求小得。
象曰：求小得，未出中也。

【译文】九二，在坎陷中面临危险，此时只能谋求解决一些小问题。

象辞说：只能谋求解决一些小问题，是因为尚在险中，仍未脱离险境。

【爻辞释义】九二以阳居阴，履失其位，且与九五不相应，即上无援应，所以是坎中有险之象。不过，九二阳刚居中，虽然不能完全脱离险难，但所求不大时，仍然可以达到目的，即"坎有险，求小得"。象辞说，"未出中也"，就是说九二还在危险中，没有脱离险境。

六三，来之坎坎，险且枕，入于坎窞，勿用。
象曰：来之坎坎，终无功也。

【注释】之：往，朝某方向走，到……去。 来之：来往，来去。 险且枕：居两坎之间，处于险境，辗转反侧，焦虑不安。枕，《周易注》："枕者，枝枝而不安之谓也。"

【译文】六三，前进后退都面临坎险，处于险境而焦虑不安，落入陷坑的最底部，不宜轻举妄动。

象辞说：前进后退都面临坎险，（此时行动）终必无功。

【爻辞释义】六三阴爻居阳位，不中不正，而且处于两个坎卦的中间，进退皆险。"来之坎坎"是说前面有险，后面也有险，往来皆为坎险。"险且枕"，意思是处于险境而焦虑不安。已经陷入危险的深处，任何行动都无济于事，不会成功，所以爻辞说"入于坎窞，勿用"。

六四，樽酒，簋贰，用缶，纳约自牖，终无咎。
象曰：樽酒簋贰，刚柔际也。

【注释】樽（zūn）：古代盛酒的酒具。簋（guǐ）：古代盛食物的器具，圆口，两耳。缶（fǒu）：古代一种大肚小口的陶器。牖（yǒu）：古院落由外而内的次序是门、庭、堂、室，室门为户，室和堂之间的窗子为"牖"。上古的"窗"专指开在屋顶上的天窗，开在墙壁上的窗称为"牖"。　际：交界或靠边的地方；彼此之间。

【译文】六四，一樽酒，两簋饭，用缶盛着，从窗口受纳简约的礼品，最终不会有灾咎。

象辞说：一樽酒，两簋饭，这是刚与柔之间的（坦诚）来往。

【爻辞释义】六四阴柔居正，亲比尊位的九五，两者均居正位，且皆无正应，于是六四和九五就形成了相亲相比的关系。本来君臣之间的分际非常严格，但在危难之时，柔顺的臣与刚强的君，就免去了繁文缛节，而是以诚相待。六四将一樽酒、两碗饭食，使用朴素的陶器，由窗户将简单的礼品送给君王，即"樽酒，簋贰，用缶，纳约自牖"。在艰险困难的情况下，相互信任，刚柔相济，才能渡过险难，终于没有灾祸，即"终无咎"。

九五，坎不盈，祗既平，无咎。
象曰：坎不盈，中未大也。

【注释】祗既平："祗"（zhī），适，恰；"既"，已经；"祗既平"，已经持平。

【译文】九五，坎中水未满溢，已经持平，没有灾咎。

象辞说：坎中水未满溢，（虽然）居中，但德行未能光大。

【爻辞释义】九五阳刚中正，居于尊位，但无正应，即无辅援。"坎不盈"，就是水还在流入坎坑，没有溢出，尚未脱险。九五已在接近坎卦结束的位置，流入坎中的水，已达坎上平面，不久即可溢出，即将脱险，所以无灾咎，即"祗既平，无咎"。

上六，系用徽纆，置于丛棘，三岁不得，凶。
象曰：上六失道，凶三岁也。

【注释】系用徽纆："系"，捆，缚；"徽"（huī），绳索，古时候的三股绳；"纆"（mò）：两股合编的绳子；"系用徽纆"，被绳索重重地捆绑。丛棘：此处喻指遭受惩罚，周朝时荆棘象征刑法。

【译文】上六，被绳索重重地捆绑，放在荆棘丛中，三年不能解脱，凶险。

象辞说：上六丧失正道，所以要遭受三年的凶险。

【爻辞释义】上六阴柔而居坎卦之上，危险至极，其危险程度甚至超过了陷于重重坎险的初六。上六虽然当位，但是上位本就危险，已是前去无路，更有甚者是上六凌乘九五，且与六三无应。上六就像被绳索重重束缚，放置在荆棘丛中，三年都不能离开，十分凶险，即"系用徽纆，置于丛棘，三岁不得，凶"。象辞说，这是因为上六背离了正道。

第三十卦　离卦

离下离上

离：利贞，亨。畜牝牛吉。

【注释】离：通丽；本卦中"离"兼有附著、附丽和光明二义，而非"离开"之意。畜牝牛吉："畜"，蓄养；"牝"（pìn），母，雌；"畜牝牛吉"，蓄养母牛般的品德，吉祥。

【译文】离卦：利于守持正道，亨通顺利。蓄养牝牛（之德），吉祥。

【卦辞释义】离卦上、下卦均为离，离为火，即光明，火的重叠则是更加光明。离卦是外阳内阴，外实内虚，与火的非虚心不燃的性质相符。上下两卦阳爻居外，而六二、六五以阴爻居中位，象征外强而内顺，这正是母牛的特性。阴爻在内，守持贞正可得亨通，所以卦辞说"利贞，亨"。阴爻处内而居中，外强内顺，故卦辞说蓄养牝牛之德，才能获吉，即"畜牝牛吉"。

火离不开燃烧的物体，离开了就会熄灭。离在古时又通"丽"，即附著、附丽的意思。本卦说明凡物皆有所依，但守持正道才会顺利通达。既然是依附，就应该像蓄养的母牛那样柔顺，方可平安吉祥。

彖曰：离，丽也。日月丽乎天，百谷草木丽乎土。重明以丽乎正，乃化成天下。柔丽乎中正，故亨，是以畜牝牛吉也。

【注释】重明：上卦为离，下卦为离，光明重叠，相继不断。　柔丽乎中正：六二和六五两柔爻分别居于上、下卦的中位，故称"柔丽乎中正"。是以：所以，因此。

【译文】彖辞说：离是附丽的意思。日月附丽于天，百谷草木附丽于土。上下光明附丽于正道，才能够教化天下。柔附丽于中正，故而顺利，所以蓄养牝牛（之德）吉祥。

象曰：明两作，离。大人以继明照于四方。

【注释】大人：君王，上位者。继：连续不断，源源不断。

【译文】象辞说：离下离上，两明相续，是离卦的卦象。大人观此卦象，以源源不断的光明普照四方。

初九，履错然，敬之无咎。
象曰：履错之敬，以辟咎也。

【注释】履：践履。错然：谨慎小心的样子。辟：通避。

【译文】初九，小心谨慎行事，恭敬慎重对待，不会有灾祸。

象辞说：小心谨慎，恭敬对待，可避免灾祸。

【爻辞释义】初九是阳爻居阳位，刚健正直，处于离卦的开始，有上进的愿望。初九涉世不深，行为小心谨慎，不妄动，故称其"履错然"；处事持敬慎的态度，以避免出现过失、惹祸上身，所以"敬之无咎"。象辞说"履错之敬，以辟咎也"，意思是：行为谨慎，态度恭敬，可避灾祸。

六二，黄离，元吉。
象曰：黄离元吉，得中道也。

【注释】离：附著，附丽。黄：商周时代崇尚黄色，黄色被认为是最美好的颜色。

【译文】六二，黄色的附丽，非常吉祥。

象辞说：黄色的附丽，非常吉祥，是因为奉行中正之道。

【爻辞释义】六二阴爻居下卦中位，以柔处柔，居中得正。黄是五色中的中色，在商周时代的审美观念中黄是最美好的颜色。六二行中正之道，最恰当地发挥了柔顺中正的作用，非常吉祥，所以说是"黄离，元吉"。

九三，日昃之离，不鼓缶而歌，则大耋之嗟，凶。
象曰：日昃之离，何可久也？

【注释】昃（zè）：太阳西斜。离：光明；附丽；此爻中指光明。鼓缶而歌："鼓"，敲击；"缶"（fǒu），陶瓷打击乐器；"鼓缶而歌"，敲击着陶瓷乐器而歌唱。耋嗟："耋"（dié），七八十岁的老人；"耋嗟"，老年的忧叹。

【译文】九三，日落余晖，若不击缶而歌（乐度晚年），将有老暮穷衰的哀叹，会遭凶险。

象辞说：日落余晖，怎么能长久呢？

【爻辞释义】九三阳爻居下卦上位，意味着太阳过了中午，已经西斜。"日昃之离"，是说其光明将没落；此时应乐天知命，安常自乐，"鼓缶而歌"；否则就只有徒然悲伤了，即"大耋之嗟"。这一爻是说，光明不可能永续，人的生老病死也如同日升日落，人们的态度行为应遵循自然规律。

九四，突如其来如，焚如，死如，弃如。
象曰：突如其来如，无所容也。

【注释】如：意为"……的样子"。

【译文】九四，突如其来的（依附），（咄咄逼人）如燃烧的火焰，（其结果会）丧命，（或是）落得个被抛弃的下场。

象辞说：突如其来的（依附），不为人所容。

【爻辞释义】九四处于下离和上离变换的位置，九三为黄昏，九四为拂晓，九三已没落，九四刚升起，所以说"突如其来如"。九四以阳爻居阴位，不中不正，不能以中正之道行事。突然来依附居君位的六五，以阳刚进逼阴柔，如火焰燎人，有强宾逼主之势，名为"依附"，实为进逼，即"焚如"。九四无正应，无亲比，虽然咄咄逼人，但凶多吉少，可能会丧失性命，或者被流放，弃于荒野，故说"死如，弃如"。本爻说的"突如其来"、咄咄逼人的依附，是不会被人接纳的，所以象辞说九四"无所容也"。

六五，出涕沱若，戚嗟若，吉。
象曰：六五之吉，离王公也。

【注释】出涕沱若："若"，……的样子；"沱"，滂沱；"出涕沱若"，痛哭流涕、泪流满面的样子。戚嗟："戚"，忧伤；"嗟"，叹息；"戚嗟"，忧伤叹息。离王公："离"，依附，附丽；"离王公"，附丽于尊位，即居王公之位。

【译文】六五，痛哭流涕，泪流满面，忧伤叹息（居尊位而知危厉），吉祥。
象辞说：六五的吉祥，是因为其居王公之位。

【爻辞释义】六五以阴爻居阳位，不当位，身居尊位，内柔弱而外躁动，故难以胜任君王之位。六五以柔乘刚，却无力统制其下属，九四进逼，形势堪忧，所以痛哭流涕，忧伤叹息，即"出涕沱若，戚嗟若"。然而，六五居在尊位，九四虽为逆臣，由于众人相助，所以最终能够获吉。

上九，王用出征，有嘉折首，获匪其丑，无咎。
象曰：王用出征，以正邦也。获匪其丑，大有功也。

【注释】有嘉折首："嘉"，嘉奖；"折首"，斩首；"有嘉折首"，嘉奖斩获首级的人。匪其丑："匪"，非；"丑"，类，族；"匪其丑"，非其同类，不是一伙的人。

【译文】上九，君王用兵出征，嘉奖斩获（敌人）首级的人，俘获的人为异己者，没有灾祸。

象辞说：君王用兵出征，是为了安定邦国。俘获的人为异己者，大有功劳。

【爻辞释义】离卦最后一爻，离道已成，众人皆来依附君王。这时仍有少数分子，拒不归顺投靠，因此就要讨伐问罪了。居君位的六五具有柔中之德，任用刚健的上九为将，去征伐尚未依附的异己势力，君王嘉奖折取罪人首级的将士，即"王用出征，有嘉折首"。上九居位不正，本来是有灾祸的，但因为斩获敌人首级，俘获敌对分子，而得以免除灾祸，即"获匪其丑，无咎"。"丑"是同类的意思；"匪其丑"，即非其同类，亦即异己、敌对者。象辞说"王用出征，以正邦也"，即征伐是为了安定邦国，就是说征伐也是令人归顺和依附的一种手段。

第三十一卦　咸卦

艮下兑上

咸：亨，利贞，取女吉。

【注释】亨：通达，顺利。贞：贞正。取女：娶女。

【译文】咸卦：顺利亨通，利于贞正，娶女吉祥。

【卦辞释义】咸，古通感，为感应、感情的意思。咸卦的卦象是下艮上兑。下卦艮属阳卦，艮为少男，象征少男爱情真挚，以下求上，谦恭有礼地追求女孩子；上卦兑属阴卦，兑为悦，为少女，象征少女在上，爱情专一，下顺阳刚而感动喜悦。从卦象看，咸卦的六爻中有四爻当位，并且六爻均有正应，象征亨通，即"亨"。男女互相感应，感情相通，宜于贞正，贞正是婚姻稳定的基础，即"利贞"。古代的婚姻，首先是男方先下求女方，然后女方答应男方，这样的嫁娶才吉祥如意。本卦的卦象正是少男在下，少女在上，所以卦辞说"取女吉"。

彖曰：咸，感也。柔上而刚下，二气感应以相与。止而说，男下女，是以亨利贞，取女吉也。天地感而万物化生，圣人感人心而天下和平。观其所感，而天地万物之情可见矣。

【注释】说：通悦。取：通娶。柔上而刚下：兑为阴卦，为柔，在上卦；艮为阳卦，为刚，在下卦。止而说，男下女：下卦艮为止，上卦兑为悦，即"止而说"；艮卦为少男，在下卦，兑卦为少女，在上卦，卦象为"男下女"之象。

【译文】彖辞说：咸，是感情、感应的意思。柔居上而刚居下，阴阳二气交相感应。艮止而兑悦，男子以礼下求女子，所以才顺利亨通，利于守持正道，娶妻吉祥。天地交相感应，因而万物变化而生；圣人感化人心，因而天下和平。观察这些感应（现象），就可以看到天地万物的情感了。

象曰：山上有泽，咸。君子以虚受人。

【译文】象辞说：山上有泽，是咸卦的卦象。君子观此卦象，以虚怀若谷的精神接纳感化他人。

初六，咸其拇。
象曰：咸其拇，志在外也。

【注释】拇（mǔ）：脚的大趾或手的大指。

【译文】初六，感应发生于脚拇趾。

象辞说：感应发生于脚拇趾，（其情感）志向在于外（卦九四）。

【爻辞释义】初六是咸卦的初爻，所以取象为脚拇趾，比喻相感之始，所感尚浅。初六阴爻居阳位，与九四有应，相应则代表有感应。这是男女两相感应的开始，如同脚拇趾有所感触，只是较肤浅的感应，故称"咸其拇"。这时，初六已经萌生"志在外"的心意了，这是因为九四在外卦，初六心向往之。在感情萌发之始，仅脚拇趾有所感触，身体未动，所以善恶未现，吉凶未见，故而爻辞未断吉凶。

六二，咸其腓，凶，居吉。

象曰：虽凶居吉，顺不害也。

【注释】腓（féi）：小腿肚。居吉：静居则可获吉，六二阴爻性静，故可以居而获吉。

【译文】六二，感应发生于小腿肚上，（急躁妄动）会有凶险，安居静处，可获吉祥。

象辞说：虽然有凶险，但安居静处可获吉祥，顺其自然，则不会有祸害。

【爻辞释义】六二居下卦中位，以小腿肚为象。因为走路时总是腿肚子的肌肉先动，所以"腓"是躁动的象征。六二与上卦的九五相应，喻指在男女感应之时，女子有急躁冒进之象，这样会有凶险，即"咸其腓，凶"。但是，六二居中得位，性本柔顺，如能安居不动，等待九五来求，就会吉祥，即"居吉"。象辞说"顺不害也"，意思是：如果两心相应，女方最好稍待以时，男子一定会紧追不舍，此时再顺从就好了，就不会有害处。

九三，咸其股，执其随，往吝。

象曰：咸其股，亦不处也。志在随人，所执下也。

【注释】执其随："执"，判断，处置，依据，遵照；"执其随"，执意跟随他人，无主见。处：安居不动，静处。

【译文】九三，感应发生于大腿，执意跟随别人，前往会有遗憾。

象辞说：感应发生于大腿，（说明）其不能安居静处。一味追随别人，想法低下卑劣。

【爻辞释义】九三处在下卦的上位，正是大腿"股"的位置，又是刚爻居阳位，性躁好动。"咸其股"，是感应到了大腿，说明九三不会安居静处了，要前往与相应的上六亲近。大腿自己不能走路，总是跟随着小腿和脚活动，这就是"执其随"。九三追求上六只是随从别人而行动，并无真情可言，上六当然不会以真情相报，会使九三受到羞辱，这就是爻辞所说的"往吝"。九三的行动只是随从别人，说明其想法和做法都是卑下的，即"志在随人，所执下也"。

九四，贞吉，悔亡，憧憧往来，朋从尔思。

象曰：贞吉悔亡，未感害也。憧憧往来，未光大也。

【注释】憧憧往来："憧憧"（chōng），向往，心意不定；"憧憧往来"，心中不安，心神不定，思来想去，难下决心。朋从尔思："尔"，你；"朋从尔思"，朋友与你的想法一致。

【译文】九四，持纯洁无邪的态度，可获吉祥，悔恨消亡。心神不定，思来想去，朋友与你的意愿是一样的。

象辞说：持纯洁无邪的态度，可获吉祥，悔恨消亡，不会因感情交往而受到伤害。心神不定，思来想去，是因为还没有达到光明正大（的情感交流境界）。

【爻辞释义】九四居上卦的开始，与下卦初六相应。二者开始感情交流，如果不采取贞正的态度，则会有害；态度贞正才能吉祥，吉祥才不至于后悔，即"贞吉，悔亡"。九四处于感应之始，心中不安，心神不定，难下决心，所以说"憧憧往来"。与九四相应的初六和他的意愿是一样的，即"朋从尔思"。
象辞说："贞吉悔亡，未感害也。憧憧往来，未光大也。"意思是：持纯洁中正的态度可获吉祥，可消除悔恨，因而这种感情便无伤害。举棋不定，心神不安，是因为尚未达到光明正大的情感交流境界。

九五，咸其脢，无悔。

象曰：咸其脢，志末也。

【注释】脢（méi）：脊椎两旁的肌肉。

【译文】九五，感应发生在脊背上（感情浅淡），无悔。

象辞说：感应发生在脊背上，说明其（用情不深）心意浅淡。

【爻辞释义】九五爻是阳爻居阳位，居上卦中位，与六二有应。爻辞说九五"咸其脢"。"脢"是背脊肉，在心之上、口之下。九四为心神之感，九五所感在脢，脢已过心，说明其用情不深，感情浅淡，故仅得"无悔"而已。

上六，咸其辅颊舌。

象曰：咸其辅颊舌，滕口说也。

【注释】辅：唇齿相辅的"辅"，即颚。滕口说："滕"，本义是水向上腾涌，引申为张口放言，滔滔不绝；"滕口说"，有口无心，情义浅薄，耍嘴皮子。

【译文】上六，情感交互于口腔颚部、面颊和舌部（仅是口舌言语而已）。

象辞说：情感交互于口腔颚部、面颊和舌部（说明其情义浅薄），只是玩弄三寸不烂之舌。

【爻辞释义】口腔颚部、面颊和舌部是人说话的器官和部位。情感交流虽然要通过语言，但如果仅仅停留在语言上是远远不够的，重要的是心的感应、心的沟通。"咸其辅颊舌"，说的是上六仅感应于口腔颚部、面颊和舌部，巧舌如簧，滔滔不绝，有口无心，只是虚情假意而已。

第三十二卦　恒卦

巽下震上

恒：亨，无咎，利贞，利有攸往。

【注释】恒：久，长久。

【译文】恒卦：顺利亨通，没有灾祸，利于守持正道，利于有所前往。

【卦辞释义】恒卦的下卦为巽，上卦为震。下卦巽为风，代表长女；上卦震为雷，代表长男。长女处下，长男居上，男尊女卑为古代提倡的夫妇相处之道，认为这样关系才能持久，故卦名取为"恒"。咸卦是兑上艮下，少女在上，少男在下，为恋爱时男追女之象。俗话说，"女追男隔层纱，男追女隔座山"。在恋爱阶段，少女稳重矜持一些，少男热情主动一些，对于日后婚姻的稳定持续有重要影响。在恒卦中，下卦巽为顺，上卦震为动，下随上而动，如夫妇之间的夫唱妇随，和谐的夫妇关系才能使婚姻恒久远。

从卦象看，下卦巽为风，上卦震为雷，雷因风而远传，风因雷而气盛，雷风相长，象征恒久长远。恒卦的三对爻全部阴阳相应，上卦为阳卦，下卦为阴卦，上下两卦阴阳相合，故卦辞说"亨"，即通达顺利。恒卦象征恒久长远，亨通顺利，没有灾祸，利于守持正道，利于事业的发展，故称"亨，无咎，利贞，利有攸往"。

彖曰：恒，久也。刚上而柔下，雷风相与，巽而动，刚柔皆应，恒。恒，亨，无咎，利贞，久于其道也，天地之道恒久而不已也。利有攸往，终则有始也。日月得天而能久照，四时变化而能久成，圣人久于其道而天下化成。观其所恒，而天地万物之情可见矣！

【注释】刚上而柔下，雷风相与，巽而动，刚柔皆应：上卦震为刚，下卦巽为柔，即"刚上而柔下"；震为雷，巽为风，巽为巽顺，雷为雷动，故而"雷风相与，巽而动"；六爻皆刚柔正应，即"刚柔皆应"。日月得天而能久照："得天"，即得天道，天道就是永恒的不断发展变化的规律。"日月得天而能久照"，日月遵循永恒的运行规律；才能长久地照耀天下。

【译文】彖辞说：恒是恒久的意思。震刚居上，巽柔处下，雷震风行交相配合，震动而巽顺，刚柔皆有所应，故而恒常持久。恒久，则顺利亨通，没有灾祸，利于持中守正，其道路可恒久永长。天地运行的法则，是恒久而永不停息。利有所往，（发展变化）终而复始，（永无穷尽）。日月遵循天道而能永照天下，四季变化而能永久保持；圣人恒久地保持其德行，而使天下得以教化。观察这些恒常持久的现象，便可看到天地万物的情态了。

象曰：雷风，恒。君子以立不易方。

【注释】立不易方："立"，立身处世；"不易"，不变"方"，方正，原则，正道；"立不易方"，立身处世而不改变坚持的正道。

【译文】象辞说：震上巽下、风雷交加，是恒卦的卦象。君子观此卦象，立身处世而不改变所坚持的正道。

初六，浚恒，贞凶，无攸利。

象曰：浚恒之凶，始求深也。

【注释】浚（jùn）：（动词）深挖，疏通；（形容词）深。

【译文】初六，追求深远恒久之交，动机纯正也会有凶险，没有什么好处。

象辞说：追求深远恒久之交的凶险，在于交往之始就追求深入（久远）。

【爻辞释义】"浚"是深的意思。初六与九四相应，下卦巽性为入，所以初六一开始就追求深入恒久之交，即"浚恒"。初六是阴爻居阳位，不当位，虽与九四有应，但九四也不当位，而且在初六和九四之间还有九二、九三两个阳爻阻隔。在这种情势下，不顾一切地强求深远恒久之交，即使动机纯正，也有凶险，前进不会有利，故称"贞凶，无攸利"。初六的凶险，在于相交之始就追求恒久的交往，所以象辞说"浚恒之凶，始求深也"。知人知面不知心，没有长时间的交往和了解，就追求成为恒久之交，太轻率，有风险。

九二，悔亡。

象曰：九二悔亡，能久中也。

【注释】悔亡：九二失位，应有悔恨之事，但恒久守持中正之道，故而"悔亡"。

【译文】九二，悔恨消亡。

象辞说：九二的悔恨消亡，是因为能恒久地守持中正之道。

【爻辞释义】九二是阳爻居阴位，居位不正，因而会有后悔之事。但是，九二居位中正，且与同样中正的六五相应，所以消除了后悔之事，即"悔亡"。这是因为能够恒久地守持中正之道的结果，即"能久中也"。

九三，不恒其德，或承之羞，贞吝。

象曰：不恒其德，无所容也。

【注释】不恒其德：九三虽居位得正，但过刚不中，因与上六正应，一心从上，心无所定，不能保持其德行恒常不变，故称其"不恒其德"。之：这，那，其。

【译文】九三，不能恒久地保持其品德，可能会承受羞辱，因不贞正而遗憾。

象辞说：不能恒久地保持其品德，无容身之地。

【爻辞释义】九三阳爻居阳位，位虽得正，但过刚不中。九三居下卦之上，处上卦之下，为居位不定、心无恒常之象。九三性刚躁动，因与上六正应，一心从上，不能久于其位，心无所安，德行无恒，即"不恒其德"。其结果可能会遭受羞辱，即"或承之羞"，甚至到无法容身的地步，即"无所容也"。这一爻说明不能违背恒守其德、保持贞正的原则。

九四，田无禽。
象曰：久非其位，安得禽也。

【注释】田：打猎。久非其位：长久地不当位，即长久错位。

【译文】九四，打猎而没有捕获到禽兽。

象辞说：久居不当之位，怎能捕获到禽兽呢？

【爻辞释义】九四阳爻居阴位，不当位，又不居中。爻辞中说的"田无禽"，就是说打猎而无所收获，比喻劳而无获。"久非其位，安得禽也"，意思是长久地居于不当的位置，怎能捕获到禽兽呢？久非其位，就会劳而无获，事无所成。这一爻是说恪守持久之道，要在正确的位置上发挥作用，居位不当，任凭如何努力也劳而无功。

六五，恒其德，贞，妇人吉，夫子凶。
象曰：妇人贞吉，从一而终也。夫子制义，从妇凶也。

【注释】制义：制宜，裁断适宜。

【译文】六五，恒久地保持其德行，守持正道。若是妇人，可获吉祥；若是男人，则有凶险。

象辞说：妇人守贞操而获吉祥，是因为从一而终。男人需裁断适宜，一味顺从女人，则有凶险。

【爻辞释义】六五阴爻居上卦中位，与下卦居中位的九二阳爻相应，以柔中应刚中，象征能够持久地坚守其德行，用心贞专，即"恒其德，贞"。但是，六五是阴居阳位，不当位。如果是女子，以柔顺之德，从一而终，是坚守贞正，可以获得吉祥。如果是男子，就应当表现出阳刚气质和决断能力来，男子行事柔顺，听从别人的摆布，那就会招致凶险，所以爻辞说"妇人吉，夫子凶"。

上六，振恒，凶。
象曰：振恒在上，大无功也。

【注释】大无功："大"，太，非常；"大无功"，即太无功了。

【译文】上六，以振为恒，有凶险。

象辞说：居上而以振动为恒，太无功可言了。

【爻辞释义】上六是阴爻居阴位，处上卦之极，上卦震为动，因而动荡不止。上六处于极上的位置，应当守静以制动，才是长久之道。但是，由于上六阴柔软弱，无力守静制动，反而以振为恒，维持振动不止，即"振恒"，所以难保长久，必有凶险。这一爻说明恒久不变难以为继，最终必然会出现不安定的状态。息而有生，生而有息，直达恒久，这才是天地间不变的规律。

第三十三卦　遯卦

艮下乾上

遯：亨，小利贞。

【注释】小利贞：《周易注》："小人欲浸而长，正道亦未全灭，故'小利贞'也。"

【译文】遯卦：顺利，还是宜于守持正道。

【卦辞释义】遯卦的下卦为艮，为山；上卦为乾，为天。卦象表示山向上侵天，天回避山，故卦名取为"遯"。卦中阴爻由下开始生长，阳爻逐渐消退，象征小人势力渐渐扩张，君子之道渐渐削弱，所以君子不得不退避。象辞说，九五爻与六二爻阴阳相应，象征君子的隐退、避让是相机而动、顺势而为。君子在该退避的时候就应该退避，退避从表面上看是消极的，但以退为进有时更为有利，退避之后可以更好地前进，故称"亨"。此卦中，小人正在逐渐成势，但正道尚未全灭，虽然处境艰难，还是宜于守持正道，所以说"小利贞"。

彖曰：遁亨，遁而亨也。刚当位而应，与时行也。小利贞，浸而长也。遁之时义大矣哉！

【注释】刚当位而应，与时行也：九五阳爻当位，与六二阴爻相应，象征相机而动，顺势而行，即"与时行也"。浸而长："浸"，逐渐，渐渐；"浸而长"逐渐增长。这里指卦中二阴爻渐长，但正道尚未全灭。

【译文】彖辞说："遁亨"，说的是退避而获顺利。阳刚当位而有正应，是相机而行。还是宜于守持正道，（因为虽然小人正在）逐渐成势（但正道尚未全灭）。退避的时机意义十分重大啊！

象曰：天下有山，遁。君子以远小人，不恶而严。

【注释】天下有山，遁：山在天下，山势欲上逼于天，天性高远，不受其逼，是遁避之象。君子以远小人，不恶而严：《周易正义》："君子当此遁避之时，小人进长，理须远避，力不能讨，故不可为恶，复不可与之亵渎，故曰'不恶而严'。"

【译文】象辞说：天下有山，是遁卦的卦象。君子观此卦象，远离小人，不表现出与其交恶的态度，而采取不亲近而远之的方式。

初六，遁尾，厉，勿用有攸往。
象曰：遁尾之厉，不往何灾也？

【注释】厉：危厉，厉害，严厉。

【译文】初六，退避不及，落在后边，有危险，不宜有所前往。

象辞说：退避时落后而面临危险，不前往怎么会有灾祸呢？

【爻辞释义】初六阴爻居阳位，不当位，处于遁卦之始。初六优柔寡断，逃避灾祸时落在了后面，面临危险。在小人得势之时，应外出躲避，而且逃遁宜速、宜远、宜先，"遁尾，厉"，就是落在最后面，所以情势危厉。"勿用有攸往"说的是危厉既至，不可意气用事，不可贸然前往。象辞说"不往何灾也"，即不前往，哪里还有灾祸呢？

六二，执之用黄牛之革，莫之胜说。
象曰：执用黄牛，固志也。

【注释】执：持守，固结，捆住。莫之胜说："胜"，能够；"说"，通"脱"，解脱；"莫之胜说"，倒装句，即"莫胜说之"，不能使之解脱。

【译文】六二，用黄牛皮绳捆绑，使其不能解脱。

象辞说：用黄牛皮绳捆绑，说明其志向坚定，毫不动摇。

【爻辞释义】六二阴爻在阴位，居位中正，并与九五正应，能洁身自爱，柔顺地追随九五。六二中和厚顺，固志安守，而不逃遁。这种执着固守的态度，就像用黄牛的皮革捆绑一般坚固，不会解脱，即"执之用黄牛之革，莫之胜说"。象辞说"执用黄牛，固志也"，意思是：黄牛的皮革非常牢固，拿它来捆绑，说明其意志坚定不移。

九三，系遁，有疾厉，畜臣妾吉。
象曰：系遁之厉，有疾惫也。畜臣妾吉，不可大事也。

【注释】系：牵挂，牵累。畜：蓄养。

【译文】九三，心中有所系恋而（不能适时）退避，如同患有疾病般的危厉，做些蓄养男女奴婢之类的事情，还可获吉祥。

象辞说：因心有系恋、不退避而有危厉，就像患疾病般的疲惫不堪。做些蓄养男女奴婢之类的事尚可获吉，不可成就大事。

【爻辞释义】九三阳爻居阳位，当位，与上九不应，却与下方的六二亲比。九三意欲逃遁，但因为依恋六二，犹豫不决，不能远离灾害，如同患疾病有危险，故称"系遁，有疾厉"。由于九三亲于近邻，系于下人，因而只适合做些蓄养家臣和奴婢之类的事情，所以说"畜臣妾吉"。象辞说，应该退避而被拖累，面临危险，就像生病一样，精神已疲惫不堪。"畜臣妾吉"，是说其不可担当大事。

九四，好遁，君子吉，小人否。
象曰：君子好遁，小人否也。

【注释】君子吉，小人否：九四与初六相应，意欲远遁，有内应则难割舍。好遁君子，超然不顾，所以得吉，即"君子吉"；小人有所系恋，即不能遁，故称"小人否"。

【译文】九四，（识时务而）合宜地退避，君子可以获吉，小人则不会这样。

象辞说：君子（识时务而）合宜地退避，小人则做不到。

【爻辞释义】九四阳爻居阴位，不当位，与初六有应。虽与初六的关系亲密，但九四是刚健的君子，当遁之时毅然割爱，毫不犹豫地退避而去，从而获吉，即"好遁，君子吉"。"好遁"，是好的、合宜的、正确的退避。小人遇到此种情况肯定是牵恋不舍，当然也就做不到毅然退避，即"小人否"。这一爻是说，君子虽心有所系，但当退避时应断然退避。

九五，嘉遁，贞吉。
象曰：嘉遁贞吉，以正志也。

【注释】嘉遁：九五阳刚中正，下应柔顺而中正的六二，能够顺应时势而退避，为嘉美之遁。以正志：因有中正之志。《周易正义》："'以正志'者，小人应命，不敢为邪，是五能正二之志，故成遁之美也。"

【译文】九五，嘉美的退避，守持正固而获吉祥。

象辞说：嘉美的退避，守持正固而获吉祥，是因为有中正之志。

【爻辞释义】九五阳爻居中得正，且下应六二柔中。九五高居尊位，并有六二相助，能够及时顺应时势而退避，即"嘉遁"。九五以中正自处，在处理退避的问题上恰当得体，守持正固而获吉祥，所以其断语是"贞吉"。

上九，肥遁，无不利。
象曰：肥遁无不利，无所疑也。

【注释】肥遁："肥"为富裕，引申为"优"；"肥遁"，最优的退避。

【译文】上九，最好的退避，无所不利。

象辞说：最好的退避，无所不利，没有任何顾虑。

【爻辞释义】上九处上卦终极之地，不当位，与下卦无正应关系。退避之时不受任何约束，远走高飞，无所不利，即"肥遁，无不利"。象辞说"无所疑也"，是说上九与下卦二个阴爻距离很远，无应无比，退避时心无疑虑，无所牵挂，没有羁绊。

第三十四卦　大壮卦

乾下震上

大壮：利贞。

【译文】大壮卦：利于守持正道。

【卦辞释义】大壮卦下乾上震，乾为天，为健；震为雷，为动；雷在天上震动，其势强大而雄壮。大壮卦阳爻多，阴爻少，阳刚之气强大，象征君子之道强盛，小人之道将灭，故有利于守持中正之道，即"利贞"。象辞说"君子以非礼弗履"，就是告诫人们在大壮之时，应遵守规矩、法度，而不要忘乎所以，去做非理无义的事情。

象曰：大壮，大者壮也。刚以动，故壮。大壮利贞，大者正也。正大，而天地之情可见矣。

【注释】大者壮也：此卦有四个阳爻、二个阴爻，阳为大，阴为小，阳多阴少，其象为大者盛壮，故称"大者壮也"。刚以动：下乾上震，乾刚而震动，即"刚以动"。正大，而天地之情可见矣：《周易注》："天地之情，正大而已矣。弘正极大，则天地之情可见矣。"

【译文】彖辞说：大壮，是阳刚强者壮大。乾刚而震动，所以壮大。大者盛壮有利于坚守正道，阳刚大者（代表的）是贞正。贞正而弘大，就可体现天地之情了。

象曰：雷在天上，大壮。君子以非礼弗履。

【注释】履：行，践履。非礼：非理，无理。

【译文】象辞说：雷在天上，是大壮卦的卦象。君子观此卦象，不做非理无义的事情。

初九，壮于趾，征凶有孚。
象曰：壮于趾，其孚穷也。

【注释】趾：足趾。征凶有孚：征进必然凶险，即征进毫无疑问将有凶险。这里，"有孚"意为可信、确信无疑。其孚穷：其人信誉尽失，信誉扫地。这里，"孚"为信誉。

【译文】初九，（居下位而逞强，如同）脚趾强壮，征进凶险是确定无疑的。
象辞说：（居下位而逞强，如同）脚趾强壮，其信誉尽失。

【爻辞释义】初九阳爻居阳位，居位得正，性躁欲进。初九居下位，卦辞将其比作"趾"，即脚趾，脚趾强壮象征有强烈的前进愿望。然而，仅仅脚趾强壮，尚不足以带动全身，因而前进有凶险。而且，初九与九四阳爻敌应，上方没有援应，前进有凶险是必然的，所以说"壮于趾，征凶有孚"。这里的"有孚"是毫无疑问、毋庸置疑的意思，而不是"诚信"的意思。

九二，贞吉。
象曰：九二贞吉，以中也。

【译文】九二，守持贞正之道，获得吉祥。
象辞说：九二守持贞正之道而获吉祥，是因为居于中位的缘故。

【爻辞释义】九二阳爻居阴位，在下卦的中位。九二具有刚强的品格，但却处在阴位上，虽然位置不当，却有中庸的德性，恪守本分，且与六五正应。当壮大时，往往容易过分，必须具有中庸的德性，守持贞正，才会吉祥，所以说"九二，贞吉"。

九三，小人用壮，君子用罔，贞厉，羝羊触藩，羸其角。
象曰：小人用壮，君子罔也。

【注释】罔：古同网，即网罗。君子用罔：君子用壮，网罗人才。《周易正义》："君子当此即虑危难，用之以为罗罔于己，故曰'君子用罔'。"贞厉：《周易正义》："以壮为正，其正必危，故云'贞厉'也。"羝（dī）羊：公羊。藩：篱笆。羸（léi）：通累，（动词）缠绕，困住。

【译文】九三，小人凭借盛壮逞强霸道，君子则会网罗人才。以壮为正，十分危险，（就如同）公羊强撞藩篱、羊角被挂住无法摆脱一般。

象辞说：小人凭借盛壮逞强霸道，君子则会网罗人才。

【爻辞释义】九三阳爻居阳位，为下卦三阳之极，又偏离中位，刚强过度。小人会仗着这种强悍的气势欺凌他人，即"小人用壮"；但君子就不会这样做，而会居安思危，利用强壮之势网罗人才，即"君子用罔"。以盛壮为正大，逞强霸道，结果十分危险，就像公羊去抵触藩篱、角被挂住无法摆脱一样，所以说"贞厉，羝羊触藩，羸其角"。

九四，贞吉，悔亡，藩决不羸，壮于大舆之輹。
象曰：藩决不羸，尚往也。

【注释】决：开口子，决口。輹（fù）：垫在车箱和车轴之间的木块。上面承载车箱，下面呈弧形，架在轴上。尚：庶几；或许可以，表示希望或推测。

【译文】九四，守持正道而获吉祥，悔恨消失，犹如藩篱被撞开了，而羊角却不被挂住，又像大车的轮輹十分坚固，（能够顺利前进）。

象辞说：藩篱被撞开了，而羊角却不被挂住，应该可以继续前进。

【爻辞释义】九四阳爻居阴位，不中不正，前景本应堪忧。但是，九四阳居阴位，以柔用刚，刚柔相济，行不违谦，不失其壮。这样，就因其贞正而获得吉祥，消除了由于居位不正可能带来的后悔之事，故说"贞吉，悔亡"。从卦象上看，九四上面是两个阴爻，可能会成为其前进的阻碍。但是，由于九四刚柔相济，强不用强，所以阴不阻阳，可以继续前进。爻辞将九四的前进比喻为藩篱被撞开了，而羊角却不会被挂住，又像大车的轮輹十分坚固，能够顺利前进，即"藩决不羸，壮于大舆之輹"。

六五，丧羊于易，无悔。
象曰：丧羊于易，位不当也。

【注释】易：平和，平易，轻易。

【译文】六五，平和地丧失其强壮，无所怨悔。

象辞说：平和地丧失其强壮，是由于其居位不当。

【爻辞释义】六五以阴处阳，以柔乘刚，不当位，其下方群阳上进，势不可挡。但是，六五居上卦中位，且与九二有应，所以并不抗拒群阳的上进，只是丧失了其强壮，但不会被阳刚伤害。在古代，羊是吉祥、财富、强壮的象征，爻辞中以"丧羊"比喻丧失强壮。"丧羊于易"，说的是六五顺应形势发展，平和地丧失了其强壮地位，而不是在争斗险难中迫不得已地放弃其地位，所以没有什么可后悔的，即"无悔"。

上六，羝羊触藩，不能退，不能遂，无攸利，艰则吉。
象曰：不能退，不能遂，不详也。艰则吉，咎不长也。

【注释】不能退，不能遂："遂"，为进、往之意。《周易注》："有应于三，故'不能退'。惧于刚长，故'不能遂'。"详：通祥、善。

【译文】上六，公羊顶触藩篱，既不能退，又不能进，怎样做都没有好处。（在这种情况下），艰贞固守其志，才会获得吉祥。

象辞说：既不能退，又不能进，处境不祥。艰贞固守其志，就会获得吉祥，灾咎不会长久。

【爻辞释义】"羝羊触藩"是指九三前进触到藩篱，因上六阴爻与九三有应，故"不能退"；但又畏惧阳刚升进，故不敢进，即"不能遂"。上六处于进退两难的境地，犹豫不决，怎么做都无利可言，即"无攸利"。象辞说"艰则吉，咎不长也"，意思是说在这种情势下，只要艰贞固守其志，灾咎不久就会消除，可以获得吉祥。

第三十五卦　晋卦

坤下离上

晋：康侯用锡马蕃庶，昼日三接。

【注释】康侯用锡马蕃庶："康侯"，康为优秀，良好；侯是获提拔重用的大臣；"用"，虚词，意为"被"；"锡"，通赐，赏赐；"马"，这里为车马的总称；"蕃"，茂盛，众多；"蕃庶"，繁盛、众多；"康侯用锡马蕃庶"，康侯被赐以众多的车马。

【译文】晋卦：康侯被赐以众多车马，一天之内受到君王三次接见。

【卦辞释义】晋卦的上卦为离，为火，为明；下卦为坤，为地，为顺。离在上，坤在下，为太阳普照大地、万物柔顺依附之象。在封建时代，柔顺和依附为"晋"的必要条件，是官吏仕途升迁必不可少的两大要素。卦中六爻分别代表了六种不同的升进情况。卦辞"康侯用锡马蕃庶，昼日三接"，讲述的是康侯升进的荣耀，被赐以众多车马，一日之内受到君王的三次接见。

象曰：晋，进也。明出地上，顺而丽乎大明，柔进而上行，是以康侯用锡马蕃庶，昼日三接也。

【注释】明出地上，顺而丽乎大明：上卦离为明，下卦坤为地，故称"明出地上"。"丽"，为附丽、依附；从上下卦而言，是坤顺从地依附于大明。柔进而上行：指六五以柔而进，上行至贵位。

【译文】彖辞说：晋就是升进。太阳从地面升起，（大地）顺从依附于太阳，以柔而进，升至贵位，所以康侯得到众多车马的赏赐，一天之内受到君王的三次接见。

象曰：明出地上，晋。君子以自昭明德。

【注释】昭：表明，显示；明显，显著。明德：美德。

【译文】象辞说：太阳从大地上升起，是晋卦的卦象。君子观此卦象，领悟到要表现出自己的美德。

初六，晋如摧如，贞吉，罔孚，裕无咎。
象曰：晋如摧如，独行正也。裕无咎，未受命也。

【注释】摧：摧毁，挫败。如：助词，形容词后缀，同"然"，表示"……的样子"。罔孚："罔"，不，无；"孚"，诚信，信用，信任；"罔孚"，不被人信任。裕：丰富，富裕，宽裕；此处指增进自己的德行和才干。

【译文】初六，有时升进顺利，有时受阻遭挫，谨守正道，可获吉祥。尚未取得别人的信任，但只要不断增进自己的品德和才干，就不会有灾咎。

象辞说：有时升进顺利，有时受阻遭挫，坚持走自己的正道。只要不断增进自己的品德和才干，就不会有灾咎，只是尚未得到任用而已。

【爻辞释义】晋卦各爻都要升进，但初六是阴爻，处下位，力量弱，虽然与九四相应，可是九四居位不中不正，并不能施以援手，所以升进常会遭受挫折，即"晋如摧如"。此时，只要守持贞正，仍然会吉祥，即"贞吉"。因为无名无位，尚未建功立业，因而不能取得别人的信任，但只要不断提升自己的德行，增强自己的才干，就不会有灾祸，这就是"罔孚，裕无咎"的意思。

象辞说，前进受到挫折，但是仍坚持行正道。不断丰富和提升自己，就不会有灾祸，只是时机尚未到来，还没有受到任用而已。

六二，晋如，愁如，贞吉。受兹介福，于其王母。
象曰：受兹介福，以中正也。

【注释】受兹介福，于其王母："兹"，此；"介"，大；"王母"，祖母等女性长辈，阴的至尊者，指六五；"受兹介福，于其王母"，受此洪福，来自于其王母。

【译文】六二，晋升前途困难，忧心忡忡，谨守贞正之道，因而获得吉祥。受此洪福，是来自王母（的赐予）。

象辞说：受此洪福，是因为居位中正。

【爻辞释义】六二阴爻处阴位，居位中正，理应升进，但与六五不相正应，上方缺乏援应，无法施展才干，因此为前途困难而忧愁。但是，六二居位中正，并不因为上无援应而放弃修身立德，依然守持贞正，因而可获吉祥，所以爻辞说"晋如，愁如，贞吉"。六二虔诚地修身立德，居于高位的六五亦能感知，六二获得吉祥，就像从祖母那里得到很大的福气一样，故说"受兹介福，于其王母"。六五高居尊位，与六二虽非阴阳正应，但都具有中正之德，如同六二的祖母。这一爻说明升进受阻，不必过度忧虑，坚持中正必有成功之日。

六三，众允，悔亡。
象曰：众允之，志上行也。

【注释】允：信，信任。悔亡：悔恨、困厄消亡。

【译文】六三，为众人所信任，后悔之事消失。

象辞说：众人信任，是因为志向都是向上升进。

【爻辞释义】六三是阴爻居阳位，居位不中不正，应该会有后悔的事。但是，六三与下方的两个阴爻求取上进的意愿相同，志同道合，得到了大家的信任与支持，而且又与上九有应，本来应该后悔的因素就消失了，故称"众允，悔亡"。象辞说，众人信赖，是因为志向都是向上升进。

九四，晋如鼫鼠，贞厉。

象曰：鼫鼠贞厉，位不当也。

【注释】鼫鼠（shí shǔ）：蝼蛄。《大戴礼记·劝学》谓鼫鼠五技而穷，故用以比喻贪婪卑鄙、身无专技之人。贞厉：因贞正方面的问题而导致危险。

【译文】九四，升居高位，犹如贪婪卑鄙的鼫鼠，失贞正而导致危厉。

象辞说：如同鼫鼠，失贞正而导致危厉，是因为其居位不当。

【爻辞释义】九四阳爻居阴位，不中不正，却晋升到了高位。因为九四居位不正，上承六五，下据六三，上不许其承，下不许其据，爻辞将其比作鼫鼠，贪婪卑鄙，故称"晋如鼫鼠"。因其在贞正方面出了问题，虽然晋升到高位，前途将十分危险，即"贞厉"。

六五，悔亡，失得勿恤。往吉，无不利。

象曰：失得勿恤，往有庆也。

【注释】恤：忧虑。

【译文】六五，懊悔之事消失，不必忧虑得失。前往吉祥，无所不利。

象辞说：不必忧虑得失，前往会有吉庆之事。

【爻辞释义】六五阴爻居阳位，不当位，预期应当有悔恨之事。上卦离象征光明，六五居中位，是上卦的主爻；下卦坤象征顺从，顺从于上离。六五光明正大地以阴爻居君位，有诚信贤明之德，属下又表现出顺从的态度，于是预期的悔恨就消失了，而且不必忧虑得失，即"悔亡，失得勿恤"。所以，前途吉祥，无所不利，即"往吉，无不利"。象辞说，前往会有吉庆的事。

上九，晋其角，维用伐邑，厉吉，无咎，贞吝。

象曰：维用伐邑，道未光也。

【注释】晋其角：指上九居晋卦顶端，进无可进，好比钻进了牛角尖。维用伐邑："维"，通惟，仅，只；"邑"，国内城邑，封邑；"维用伐邑"，上九只有靠讨伐叛逆的邑地建功，才能转移升进中产生的矛盾。

【译文】上九，升进已达极限，只能用征伐邑地（使人服从），才能转危为吉。此举虽无灾咎，（但仍不免）因失正而遗憾。

象辞说：只能用征伐邑地（使人服从），其所作所为并不光明正大。

【爻辞释义】上九以阳爻居晋卦之极，已无路可走，再前进就是亢进，故以"晋其角"为上九的喻象。晋卦虽是上进的卦象，但上进宜用柔而不可用刚，内刚外柔，内方外圆，方能成事。上九阳爻已居极端，无处可进，仍要急躁而进，这样会很危险。此时惟有将这种躁进情绪转移到征伐叛乱的属邑上，用征服的手段服人，方可变危厉为吉祥，故说"维用伐邑，厉吉"。征伐叛乱的属邑，虽然没有灾咎，但叛乱本身是由于自己的施政不当而造成的，而且战争本身也是很残酷的，所以仍然是令人遗憾之事，即"无咎，贞吝"。

第三十六卦　明夷卦

离下坤上

明夷：利艰贞。

【注释】明夷："夷"，伤害，消灭，除去；"明夷"，光明受到伤害。

【译文】明夷卦：宜于艰贞固守，坚持正道。

【卦辞释义】明夷卦的卦象是坤在上而离在下，象征太阳沉于大地。卦象所示，光明受到伤害，昏君在上，世道黑暗，贤能君子蒙难。在这种形势下，对于光明正大的君子来说，应该知艰难而不轻易行动，同时又不失贞正，守持正固，即"利艰贞"。因为光明受损，前途不明，环境艰难，惟有韬光养晦，坚守正道才是上策。

象曰：明入地中，明夷。内文明而外柔顺，以蒙大难，文王以之。利艰贞，晦其明也，内难而能正其志，箕子以之。

【注释】明入地中：下卦离为明，上卦坤为地，为"明入地中"之象。内文明而外柔顺：

内卦离为文明，外卦坤为柔顺；象征蒙难时宜采取的应对方式。以：做。箕（jī）子：昏君商纣王囚禁其叔父箕子，箕子佯装癫狂，进行非暴力抗争。

【译文】彖辞说：光明沉于地中，是明夷卦的卦象。内怀文明而外呈柔顺，以这种方式蒙受大难，文王就是这样做的。宜于艰贞地固守正道，韬光养晦，内心煎熬却能固正其志，箕子就是这样做的。

象曰：明入地中，明夷。君子以莅众，用晦而明。

【注释】莅（lì）：至，来，到，临视。用晦而明：即使自己非常清楚明白，也不过于表现，藏巧于拙，韬光养晦，隐藏才能，不露锋芒。"用晦而明"，现已是成语。

【译文】象辞说：光明沉入地中，是明夷卦的卦象。君子观此卦象，面对众人，韬光养晦，不露锋芒。

初九，明夷于飞，垂其翼。君子于行，三日不食，有攸往，主人有言。
象曰：君子于行，义不食也。

【译文】初九，在光明受到伤害时，远走高飞，不敢张扬。君子逃难出行，多日吃不上饭，所到之处，还会听到主人的闲言碎语。

象辞说：君子在逃离的行程中，为大义宁可不食。

【爻辞释义】初九以阳爻居阳位，当位。明夷卦上六的位置最为黑暗，初九离灾祸最远。在邪恶将要残害光明和正义的时候，初九首先逃离，像鸟儿一样远走高飞，即"明夷于飞"。"垂其翼"是不张开翅膀，比喻其慌忙出走，不敢张扬。初九君子舍弃一切，急于逃亡，难免穷困，有时会多日吃不上饭。就是有投奔的地方，也会听到主人的闲言闲语，故说"君子于行，三日不食，有攸往，主人有言"。这是因为大家还没有意识到危险性，不理解他的行为，甚至认为他的行为怪异。

六二，明夷，夷于左股，用拯马壮，吉。

象曰：六二之吉，顺以则也。

【注释】用拯马壮：倒装句，即"用马壮拯"，用马的强壮来拯救。

【译文】六二，光明受到损害之时，伤及左大腿，用强壮的马拯济（代步），获得吉祥。

象辞说：六二的吉祥，是因为能顺乎中正的法则。

【爻辞释义】六二阴爻，居下卦中位，象征柔顺、中正、明德。在黑暗的世道中，即使是柔顺中正的六二，也会受到伤害。"夷于左股"是说伤了左腿，伤左腿比伤右腿伤势要轻一些，用强壮的马还可以拯救他脱难，得以免灾获吉，即"用拯马壮，吉"。象辞说"顺以则也"，是说六二能顺乎中正，没做出格的事。六二虽然祸已及身，但可柔顺隐忍，不失中正，终于逢凶化吉。

九三，明夷于南狩，得其大首，不可疾贞。

象曰：南狩之志，乃大得也。

【注释】狩：打猎。大首：指昏君上六。《周易正义》："'大首'谓暗君。"不可疾贞："疾"，快；"贞"，正；"不可疾贞"，坚守贞正，但不可操之过急。

【译文】九三，在光明受到伤害时，到南方去狩猎，可猎获猛兽（上六），坚守正道，但不能操之过急。

象辞说：有南方狩猎（得其大首）的志向，就可以大有收获。

【爻辞释义】九三以阳爻居阳位，象征刚正的君子。九三居下卦离的最上方，在八卦方位中离在正南方。上六为黑暗时代的昏君，九三与上六相应，即有机会接近上六，爻辞中用南方狩猎比喻九三要去征讨暴君。"得其大首"，就是要诛杀昏君，取其首级。但是，这是非常的行动，必须小心谨慎，方能获得成功，不可操之过急，即"不可疾贞"。

六四，入于左腹，获明夷之心，于出门庭。

象曰：入于左腹，获心意也。

【注释】于出门庭："于"，如，好像；"于出门庭"，随时可以避难，如同走出门庭一样，轻而易举。

【译文】六四,(因行为卑顺而获信任)进入了其内部,得知其残害贤良、损害光明的居心(可轻易脱离危险)如同走出门庭一般。

象辞说:(因行为卑顺而获信任),进入了其内部,了解到其"明夷之心"。

【爻辞释义】六四已进入了上卦坤,与上六接近。按古代规矩,右尊左卑,六四作为近君之臣,因其行为卑顺,所以能够进入内部获得消息,即"入于左腹,获明夷之心"。"明夷之心",即上六残害贤良、伤害光明的居心。虽然知道了昏君残害贤良的险恶用心,但对于六四并无危险,随时可以逃离,就像走出门庭一样容易,故称"于出门庭"。

六五,箕子之明夷,利贞。
象曰:箕子之贞,明不可息也。

【注释】箕子:箕子是暴君商纣王的叔父,因不想助纣为虐,佯装疯狂。商纣王将其贬为家奴,他就在箕山隐居下来,经常鼓琴悲怆地歌唱。周武王打败纣王后,恭敬地求教于箕子。箕子将洪范九畴治国大道传授于周武王。洪范九畴相传是夏禹提出的治理国家必须遵循的九条大法。

【译文】六五,像箕子那样对待暴虐黑暗,利于坚守贞正之道。

象辞说:箕子坚守正道的美德,说明光明是不会熄灭的。

【爻辞释义】六五以阴爻居阳位,位阳而性阴,有晦明之象。六五最接近于昏君上六,就像箕子接近于暴君商纣王一样,极其危险。箕子在最暴虐的黑暗时刻刚正不阿,不与纣王同流合污,始终保持贞正,所以爻辞说"利贞"。

上六,不明晦,初登于天,后入于地。
象曰:初登于天,照四国也。后入于地,失则也。

【注释】不明晦:"晦",昏暗不明;"不明晦",不明亮而晦黯,即黑暗而无光明,这里指昏君当道的社会黑暗。失则:《周易正义》:"'失则'者,由失法则,故诛灭也。"

【译文】上六,没有光明,一片黑暗,最初升到天上,后来落入地下。

象辞说:最初升到天上,可以光照四方。后来落入地下,是因为其丧失了法则。

【爻辞释义】上六以阴爻居阴位，是明夷卦的最上爻，没有光明，黑暗已到极点。易经六爻中，五、六爻为天位，一、二爻为地位，三、四爻为人位。上六居于天位，天上应该有太阳照射四方，可是上六昏庸，不守正道，结果是一片黑暗，即"不明晦"。象辞说"初登于天，照四国也。后入于地，失则也"，意思是：最初升到天上，它的光明能够普照四方各国；后来陷入地下，是因为它违背正道，违反了事物的发展规律。

第三十七卦　家人卦

离下巽上

家人：利女贞。

【译文】家人卦：宜于女人守持贞正之道。

【卦辞释义】家人卦阐述的是治家之道。家人卦六二爻、九五爻分别处于下卦和上卦的中位，不仅阴阳得位，而且二、五相应，象征女主内、男主外，男女和睦相处、互敬互爱。下卦离为火，上卦巽为风。火焰燃烧时热气上升，造成空气流动，风自火出，有发之于内而成之于外之象，符合治家之道。家人卦阐述的治家之道，特别强调了女人的作用，在家庭中女主内，宜守贞正，故说"利女贞"。

彖曰：家人，女正位乎内，男正位乎外。男女正，天地之大义也。家人有严君焉，父母之谓也。父父，子子，兄兄，弟弟，夫夫，妇妇，而家道正。正家而天下定矣。

【注释】女正位乎内，男正位乎外：这是以六二爻、九五爻比喻男女在家中的地位，家人之道，女主于内，男主于外。六二柔爻居内卦正位，是"女正位乎内"；九五刚爻居外卦正位，是"男正位乎外"。正家而天下定矣：《周易正义》："各正其家，无家不正，即天下之治定矣。"

【译文】彖辞说：家庭成员中，女居正位于内，男居正位于外。男女各有其正当的地位，这是天地间的基本道理。家庭（如同国家，应该）有严明的君主，这就是父母。父亲有其责，孩子有其责，兄长有其责，兄弟有其责，丈夫有其责，妻子有其责，（各尽其责，）那么家道就端正了。（如果）治家之道都端正了，天下也就安定了。

象曰：风自火出，家人。君子以言有物，而行有恒。

【注释】风自火出：上巽下离，巽在离外，为"风从火出"之象，象征内外相成的治家之道。

【译文】象辞说：风从火出，是家人卦的卦象。君子观此卦象，说话言之有物，行为持之以恒。

初九，闲有家，悔亡。
象曰：闲有家，志未变也。

【注释】闲有家："闲"，原义关门用的木杠，引申为防止、防范；"闲有家"，家有防范物，即有家规。《周易正义》："治家之道，在初即须严正，立法防闲。若黩（dú）乱之后，方始治之，即有悔矣。"

【译文】初九，治家要立规矩，这样后悔的事就消失了。

象辞说：治家要立规矩，当家人思想还没有改变时（就要预先防范）。

【爻辞释义】初九为家人卦的第一爻，说的是治家要防邪恶于未然，在家人的思想尚未恶变时就应预先防范。治家之始就要立规矩，才能预防不测之灾。例如，在孩子思想还没有变坏以前，就应严加管教，这样悔恨之事就可以避免。反之，如果不事先教育纠正，一旦坏思想、坏毛病养成，就很难纠正了。"闲"是防范的意思；"闲有家"意为"家有防范"，即要立规矩，规范家人的行为。有家规才可避免悔恨之事，即"悔亡"。

六二，无攸遂，在中馈，贞吉。
象曰：六二之吉，顺以巽也。

【注释】无攸遂："遂"，成就、成功；"无攸遂"，没有什么事情要去成就。在中馈："馈"（kuì），烹调，赠送；"在中馈"，在家中负责烹饪供应食物。

【译文】六二，无所成就，在家中烹饪供应食物，守持贞正而获吉祥。

象辞说：六二的吉祥，是因为温柔顺从的缘故。

【爻辞释义】六二以阴居阴，处下卦之中，柔顺中正，上应九五阳爻，有妇人顺夫之象。六二什么事都听从丈夫的，不自做主张，自己没有什么事情需要去成就，即"无攸遂"。家庭主妇全力主内，只管做饭洗衣等家务事，这样就可守持贞正，获得吉祥，故说"在中馈，贞吉"。

九三，家人嗃嗃，悔厉，吉；妇子嘻嘻，终吝。
象曰：家人嗃嗃，未失也；妇子嘻嘻，失家节也。

【注释】家人嗃嗃："嗃嗃"（hè hè），严厉的样子；"家人嗃嗃"，对家人很严厉。吝：羞辱，憾惜。

【译文】九三，对家人严厉，会有抱怨懊悔等麻烦，（但最终可获）吉祥；妇人孩子嬉闹调笑，（如不加管束）终将会有遗憾之事。

象辞说：对家人严厉，没有丧失治家的原则；妇人孩子嬉闹调笑，丧失了治家的规矩。

【爻辞释义】九三在下卦的上位，象征一家之主。九三阳爻居阳位，阳刚过盛，脾气暴躁，治家很严。家长严厉，难免有伤感情，使家人感到畏惧，即"家人嗃嗃"。治家以适中之道为宜，但是在不能适中的情况下，与其过宽不如过严。过严虽然会产生一些悔恨等副作用，但由于未失治家之道，最终还是吉祥的，故说"悔厉，吉"。如果过宽，妇人小孩都嘻皮笑脸，无所畏惧，就会导致废家规、乱伦理、生邪恶，结果自然是令人悔吝。所以，爻辞说"妇子嘻嘻，终吝"，即最终会遗憾。其原因就是象辞所说的"失家节也"，即家规失去节度，过于宽松。

六四，富家大吉。
象曰：富家大吉，顺在位也。

【注释】富家大吉：六四居得正位，上承九五，为富家之象。由于顺逊恭敬地侍奉九五尊君，可长保禄位，故得"富家大吉"。

【译文】六四，能够使家业富裕发达，非常吉祥。

象辞说：能够使家业富裕发达，非常吉祥，是由于其柔顺且居位恰当的缘故。

【爻辞释义】六四阴爻居阴位，当位得正，下应初九，上承九五，又处上卦巽的开始。巽代表谦逊、顺从，六四得位且顺从上尊，所以能长久保持其地位和俸禄，使家业富裕发达，因而大吉，即"富家大吉"。象辞说"富家大吉，顺在位也"，意思是：六四的富家大吉是因为其顺从、居位恰当的缘故。

九五，王假有家，勿恤，吉。
象曰：王假有家，交相爱也。

【注释】王假有家：君王来到其家。《周易注》："假，至也。履正而应，处尊体巽，王至斯道，以有其家者也。居于尊位，而明于家道，则下莫不化矣。父父、子子、兄兄、弟弟、夫夫、妇妇，六亲和睦交相爱乐而家道正，'正家而天下定矣'。"恤：忧，忧虑。

【译文】九五，君王驾临其家，无需忧虑，吉祥。

象辞说：君王驾临其家，（六亲和睦）互相爱护。

【爻辞释义】九五刚健中正，居君位，又与下卦柔顺中正的六二相应，象征王者九五来与六二结合，即"王假有家"。九五居于尊位，明于家道，六亲和睦，感情融洽，无需忧虑，吉祥，故称"勿恤，吉"。

上九，有孚威如，终吉。

象曰：威如之吉，反身之谓也。

【译文】上九，心存诚信，威严治家，终获吉祥。

象辞说：威严治家而获吉祥，说的是其反省自身、严于律己。

【爻辞释义】上九以阳爻居阴位，在这一卦的最上位，为一家之长。上九是家人卦的终结，象征治家之道已成。此爻总结了治家的两条基本原则，即"有孚威如"，也就是诚信与威严。治家不可缺少诚信，家长以诚信治家，就能感化家人。同时，治家也不可缺少威严，面对亲人，往往会溺于亲情，过度慈爱，以致缺乏威严。上九作为家长诚信而又威严，治家终获吉祥。象辞说，威严之吉祥，在于自我反省，严于律己，以身作则。

第三十八卦　睽卦

兑下离上

睽：小事吉。

【注释】睽（kuí）：分离，背离，乖离，违背，不合。

【译文】睽卦：做小事吉祥。

【卦辞释义】"睽"是违背、不合、违逆的意思。睽卦的上卦是离，下卦是兑。离为火，火动向上；泽为水，水流向下，所以是两相背离。离卦代表中女，兑卦代表少女，二女同居，其志不同，意向不合。睽卦的卦象显示了彼此相违、相互分离的卦义，也说明了同中有异、异中有同的道理。二女同在一室，但志向各异，此为同中有异；水火性不相容，但可共同烹饪，此为异中有同。

做大事业需要动员众人之力，而人心相违时难以聚集力量，因此在睽离时不能做大事情，只能做一些不需要众力的小事情，故称"小事吉"。

彖曰：睽，火动而上，泽动而下。二女同居，其志不同行。说而丽乎明，柔进而上行，得中应乎刚，是以小事吉。天地睽而其事同也，男女睽而其志通也，万物睽而其事类也，睽之时用大矣哉！

【注释】二女同居：上卦离代表中女，下卦兑代表少女，故称"二女同居"。说而丽乎明，柔进而上行，得中应乎刚："说"，同悦；"丽"，附丽；下卦兑为悦，上卦离为明，为"说而丽乎明"之象；柔爻六五上行，居上卦中位而与九二刚爻相应，故称"柔进而上行，得中应乎刚"。

【译文】彖辞说：睽离，（就像）火焰上行、水泽下流一样（相背相离）。两个女子同居一室，志向不同而行为各异。和悦而附丽于光明，柔爻（六五）进而上行，居中且与刚爻（九二）相应，所以小事吉祥。天地不同，但其（养育万物的）事情相同。男女相异，但可以互相交流（成家理事）。天下万物的形态各异，但其（发展变化的）规律却也相似，睽离的依时而用的意义很大啊！

象曰：上火下泽，睽。君子以同而异。

【注释】上火下泽，睽：上火下泽，火焰上行，水泽下流，相背而动，为"睽"之象。以同而异：《周易注》："同于通理，异于职事。"

【译文】象辞说：上火下泽，是睽卦的卦象。君子观此卦象，求大同而存小异。

初九，悔亡，丧马勿逐，自复，见恶人无咎。
象曰：见恶人，以辟咎也。

【注释】见恶人无咎：初九处于下位，上无其应，无以为援，若标显自己与恶人的不同，则必为恶人所害。此处"见"的意思是一般的见面、一般的交往；如果与恶人仅限于一般的交往，则不会有灾祸，即"见恶人无咎"。《周易注》："时方乖离，而位乎穷下，上无应可援，下无权可恃，显德自异，为恶所害，故'见恶人'乃得免咎也。"辟：同避。

【译文】初九，悔恨消失，跑失的马不要追逐，它会自己回来。与坏人见面（仅限于一般的交往），不会有灾祸。

象辞说：仅是与坏人见面（而不彰显自己的不同），可以避免灾祸。

【爻辞释义】初九阳爻居阳位，当位，与九四不相应，本应有悔，但九四的情况与其类似，二者互不相害，所以"悔亡"。凡事既已相违，不必急于求和，否则就会事与愿违。例如，对于奔跑离开的马，不必去追逐，愈追逐马就愈奔跑，等它自己回来就可以了，故说"丧马勿逐，自复"。见到了坏人，如果彰显自己与他们的不同，就可能受到其伤害；如果只是一般地打交道，就不会招致灾祸。"见恶人无咎"，是说与坏人见面，仅限于一般交往是不会有灾祸的。

九二，遇主于巷，无咎。
象曰：遇主于巷，未失道也。

【译文】九二，在小巷中遇到君主，没有过错。

象辞说：在巷子中遇到君主，并没有丧失正道。

【爻辞释义】九二以阳爻居阴位，虽不当位，但以阳刚居中位，并与六五相应。九二和六五均不当位，但居中，象征柔中之主与刚中之臣互相提携。处睽离之时而不当位，象征居无所安。九二和六五本该相遇，却因居无定所而未能相见，四处寻觅，在小巷中二人不期而遇，即"遇主于巷"。相遇即可得到援助，九二虽然失位，但并未背离君臣相合的正道，所以没有过错，即"无咎"。

六三，见舆曳，其牛掣，其人天且劓，无初有终。
象曰：见舆曳，位不当也。无初有终，遇刚也。

【注释】见舆曳："见"，出现；"舆"（yú），车；"曳"（yè），拖，拉，牵拉；"见舆曳"，出现了车子被拖曳的状况。掣（chè）：拉，拽。天：古代在额头上刺字的刑罚，亦称墨刑。劓（yì）：古代割掉鼻子的一种酷刑。

【译文】六三，车子被掣曳，牛受到牵制（难以前行），人遭受了墨刑和劓刑，虽然起初很艰难，但最终还是有了结果。

象辞说：车子被掣曳，是因为其位置不当。起初艰难，但终有结果，是因为遇到了上九刚爻。

【爻辞释义】六三与上九相应，本想往上九方向前进，但前进受到阻碍。原因是其处于九二和九四两阳爻之间，六三凌乘九二，所以会受到九二的抗拒；九四想与六三亲比，六三却心仪上九，九四定会阻拦。六三的这种处境，就像运载东西，车子被拖曳而不能行；想前进，其牛被牵制而不能进，故称"见舆曳，其牛掣"。六三就像遭受刺字、割鼻的刑罚一般，处境十分艰难，即"其人天且劓"。由于六三心向上九，执志不移，虽然最初遭受艰难困苦，但最终还是与上九相遇，即"无初有终"。象辞说，车子被牵掣，是因为六三以阴爻居阳位、位置不当之故。起初不顺利，最终有结果，是因为遇到上九刚爻了。

九四，睽孤，遇元夫，交孚，厉，无咎。
象曰：交孚无咎，志行也。

【注释】睽孤：流离孤独。元夫：此处"夫"为大丈夫的夫，而非夫妇的夫。这里的"元夫"指初九，因其处于下卦之始，元为始，故称其为"元夫"。

【译文】九四，睽离而孤独，遇到大丈夫（初九），以诚相交，有危险，但无灾祸。

象辞说：诚心交往，没有灾祸，因为是去实现（共同的）志向。

【爻辞释义】从卦象看，九四阳爻处于阴位，不中不正，在卦中处于孤立的地位。六三应于上九，六五应于九二，均与九四睽离，所以说"睽孤"，即无比无应而独处。同样地，初九也处于无应的孤立状态，二者同样都处上、下卦的下方，既然均无正应，惟有与同类相聚同行，这就是"遇元夫"的意思。九四与初九两个孤独的刚爻相聚，彼此以诚相见，同心同德，故称"交孚"。二人在睽离的情况下相聚，互相信任，引以为同志，尽管危险，但无灾祸，即"厉，无咎"。象辞说"志行也"，是说二人相互信任，去实现其共同的志愿。

六五，悔亡，厥宗噬肤，往何咎。
象曰：厥宗噬肤，往有庆也。

【注释】厥宗噬肤："厥"（jué），其，他的；"宗"，宗族，宗派，主；"厥宗"，他的人，其一伙的人，这里指九二；"噬肤"（shì fū），啮噬柔软的东西，这里比喻九二与六三关系亲近；"厥宗噬肤"，其相应的人与其他阴柔者亲近。《周易注》："'厥宗'，谓二也。'噬肤'者，啮柔也。三虽比二，二之所噬，非妨己应者也。以斯而往，何咎之有？往必合也。"《伊川易传》："厥宗，其党也，谓九二正应也。噬肤，噬啮其肌肤而深入之也。当睽之时，非入诸深，岂能合也。五虽阴柔之才，二辅以阳刚之道而深入之，则可往而有庆。"

【译文】六五，悔恨消亡，虽然其相应的人与其他阴柔者亲近，前往有何过错？

象辞说：虽然其相应的人与其他阴柔者亲近，但前往会有福庆之事。

【爻辞释义】六五阴爻居阳位，性柔弱又不当位，虽身处至尊之位，但在睽离之时很容易发生遗憾或后悔的事。幸运的是，六五与九二阴阳相应，九二是刚中之臣，有其援应就容易排除阻碍，所以麻烦事就没有了，即"悔亡"。"厥宗噬肤，往何咎"，意思是：其相应的人（九二）与别的阴柔者（六三）关系亲近，但这并不妨碍六五前去应和，前往并无过错。象辞说，前往就会有福庆之事。

上九，睽孤，见豕负涂，载鬼一车，先张之弧，后说之弧，匪寇，婚媾，往遇雨则吉。

象曰：遇雨之吉，群疑亡也。

【注释】豕（shǐ）：猪。负涂："涂"，泥，涂抹；"负涂"，置身泥涂之中。弧：弓。说：通脱。

【译文】上九，处境非常孤独，看见一头满身污泥的猪，一辆满载恶鬼的车，先是张弓（意欲射杀），后又将弓放下，（原来看到的）不是贼寇，而是可婚配的佳偶，前往迎接，阴阳交和之道终成，吉祥将随之而来。

象辞说：阴阳和合而获吉祥，许多猜疑也都消除了。

【爻辞释义】上九是阳爻居阴位，不中不正，多疑而刚愎自用。上九居睽卦之极，睽离更甚，故称"睽孤"。上九与六三阴阳相应，由于九二，九四的前堵后拉，六三历尽艰难前来与上九会合，竟然受到上九的猜疑。上九把六三当成了满身粘着污泥的脏猪，又好像看到了满车的恶鬼，于是就张开弓，准备射杀，即"见豕负涂，载鬼一车，先张之弧"。后来又把弓放下了，终于明白了六三并非敌寇，而是可以婚配的对象，所有的疑虑都消除了，即"后说之弧，匪寇，婚媾"。至此，一切障碍均已清除，睽离之道已被打通，阴阳和合终于成功。"往遇雨则吉"，其中"雨"指的是阴阳交和终成，因此吉祥也随之而来。

第三十九卦　蹇卦

艮下坎上

蹇：利西南，不利东北。利见大人，贞吉。

【注释】蹇（jiǎn）：原义为跛，引申为困难、艰险。大人：有能力、有德行的大人物。

【译文】蹇卦：利西南行，不利东北行。利于见到大能大德之人，守持正道可获吉祥。

【卦辞释义】蹇卦的下卦艮是山，为限止之义；上卦坎是水，为坎险之义。山高水深，遇险而止，所以卦名取为"蹇"。蹇字原义为跛，不利于行。在周易八卦图中，坤为地，主西南；艮为山，主东北。平地易走而山路难行，故有利于西南行，而不利于东北行，即"利西南，不利东北"。能救济民众于苦难之中，惟有大能大德之人，故面临险阻时"利见大人"。蹇卦中除初六爻外，其余各爻皆当位，特别是二、五当位处中，面对艰难而能持中守正，险难可获拯济，故"贞吉"。

《彖》曰：蹇，难也，险在前也。见险而能止，知矣哉！蹇，利西南，往得中也。不利东北，其道穷也。利见大人，往有功也。当位贞吉，以正邦也。蹇之时用大矣哉！

【注释】险在前：坎为险，坎在上卦，为"险在前"之象。知：智，智慧。当位贞吉：二、三、四、五、六爻皆当位，得正而吉，故称"当位贞吉"。

【译文】彖辞说：蹇是艰难的意思，险阻就在前方。见险而能休止，这是明智之举啊！艰难时利于西南行，前往的是中正之道。不利于东北行，是因为穷途末路。利于见大能大德之人，前往可建功业。各当其位，贞正而获吉祥，可使国家得到治理。蹇卦因时而用的意义很大啊！

《象》曰：山上有水，蹇。君子以反身修德。

【注释】山上有水，蹇：山是山险，水是水难。山上有水，愈加艰险，故称"山上有水，蹇"。君子以反身修德：《周易正义》："蹇难之时，未可以进，惟宜反求诸身，自修其德，道成德立，方能济险，故曰'君子以反身修德'也。"

【译文】象辞说：山上有水，是蹇卦的卦象。君子观此卦象，反省自身，修养品德。

初六，往蹇，来誉。
象曰：往蹇来誉，宜待也。

【注释】往：去，前去。来：回来，返回。宜待：宜于等待时机。

【译文】初六，前进会进入险境，返回则受到赞誉。

象辞说：前进会进入险境，返回则受到赞誉，应等待时机。

【爻辞释义】初六阴爻居阳位，不当位，柔弱不正，又与上卦的六四不相应。处于艰难之始，如果勉强前往，必将陷入坎险中，即"往蹇"；自知量力，返回原处，等待时机，才是明智之举，才会得到赞誉，即"来誉"。这一爻说明，在条件不具备时，不应急于采取行动，而应遇险而止，待机而行。

六二，王臣蹇蹇，匪躬之故。
象曰：王臣蹇蹇，终无尤也。

【注释】匪躬之故："匪"，非，不是；"躬"，自身；"匪躬"，不顾自己，不是为了自己；"匪躬之故"，不因自身的缘故（而不去救助君王）。

【译文】六二，君臣皆处险中，（六二涉难前往救济）而不顾自身安危。

象辞说：君臣皆处险中，最终将不会有什么怨尤。

【爻辞释义】六二阴爻居阴位，居位中正，且与上卦居尊位的九五相应。六二处于险阻中，九五也陷在坎险中，君臣二人皆面临险境，即"王臣蹇蹇"。"匪躬"说的是，六二并没有因为九五处于困境中而远离他，相反地，仍坚定不移，不顾自身安危，前往营救。"匪躬"现已成为忠臣报国的形容词。象辞说，这样做不论结局如何，最后都不会有悔恨和怨尤。

九三，往蹇来反。
象曰：往蹇来反，内喜之也。

【注释】往蹇来反："来反"，返回；"往蹇来反"，前往则进入坎险，于是返回。

【译文】九三，前进将遇险难，返回（则可安居）。

象辞说：前进将遇险难，返回（则可安居），其内的（阴爻）会很高兴。

【爻辞释义】九三以阳爻居阳位，当位，是下卦唯一的阳爻。九三居下卦之极，前进将面临上卦坎险，返回本位可以下据二阴，得以安居。"往蹇来反"，意思是前进将遇险难，故而返回。由卦象可知，如果九三离开，初六、六二便失去了依靠；如果九三返回本位，不仅自身安全，初六、六二两个阴爻，也会很高兴。"内喜之"就是说九三返回，二阴皆喜，内部得以安定。

六四，往蹇来连。
象曰：往蹇来连，当位实也。

【注释】当位实：居位正当，其险实在，并非自己招惹。《周易注》："得位履正，当其本实，虽遇于难，非妄所招也。"

【译文】六四，前往将陷坎难，返回亦遇艮阻，险难连连。

象辞说：前往将陷坎难，返回亦遇艮阻，虽然居位正当，无奈事实如此。

【爻辞释义】六四阴爻居阴位，当位，处于上卦坎险，处境极为不利。六四前进则无应者，返回则乘阳刚，陷入了往返皆难的境地，故称"往蹇来连"，即前往是蹇难，回来还是蹇难接连而至。象辞说"当位实也"，意思是：六四阴爻居阴位，居位正当，没有问题，之所以往来皆遇险难，是因为实际情况如此，并非邪念妄为所致。

九五，大蹇朋来。
象曰：大蹇朋来，以中节也。

【注释】大蹇：处难之时，独在险中，险难巨大，故称"大蹇"。以中节：《周易正义》："得位居中，不易其节，故致'朋来'，故云'以中节'也。"

【译文】九五，处境极为艰难，友朋纷纷前来（相助）。

象辞说：处境极为艰难，友朋纷纷前来（相助），是因为其中正守节的缘故。

【爻辞释义】九五阳爻居阳位，当位，居上卦坎险的中位，正处在蹇难的深处，故称"大蹇"。九五居于尊位，处上卦之中象征其行为中正，居尊位而有中正之德，众多同志者集而聚之，即"朋来"。虽然九五与六二相应，但这里的"朋"并非仅指六二一人，而是众多忠心耿耿跟随九五拯济危难的人。

上六，往蹇来硕，吉，利见大人。
象曰：往蹇来硕，志在内也。利见大人，以从贵也。

【注释】往蹇来硕："硕"为大，阳为大，此处"硕"指九三和九五；"往蹇来硕"，前往则生险难，返回则险难终结，可与九三相聚，可跟随大人九五，志可大得。

【译文】上六，前进会陷入险境，返回则（大难终结）志可大得，吉祥，利于见到大人物。

象辞说：前进会陷入险境，返回则（大难终结）志可大得，是因为其正应在内的缘故。有利于见到大人物，可追随贵人。

【爻辞释义】上六以阴爻居阴位，已处全卦之极，不能再前进了，继续前行反而更生蹇难，爻辞的"往蹇"就是前往则生蹇难。上六与内卦九三相应，返回来就可以得到九三阳刚的援应，完全脱离险境，故称"来硕"。象辞的"志在内也"，说的是上六的志向在于内，"内"指的是九三。"利见大人，以从贵也""大人"指的是九五，阳为贵，"从贵"就是跟从贵人九五。

第四十卦　解卦

坎下震上

解：利西南，无所往，其来复吉，有攸往，夙吉。

【注释】解：解脱，缓解。来复：返回。夙（sù）：早。

【译文】解卦:（解难）往西南方向有利。如无难可救，返回原地可获吉祥。如果有难需要救助，及早前往可获吉祥。

【卦辞释义】解卦的下卦是坎，为险；上卦是震，为动。上卦震代表雷，下卦坎代表雨，雷雨大作，天地阴阳二气的困结得以舒解，象征从困境中解脱，故卦名为"解"。

西南为坤卦的方位，坤象征性柔与势众，人多势众有利于解除险难，所以"利西南"。如果无危难需要前往救济，那么返回原地可获吉祥，此即"无所往，其来复吉"。如果有危难需要救济，就应该及早前往，才会获得吉祥，即"有攸往，夙吉"。无难就返回来，有难就早点儿去挽救，这么简单的道理不是很明白吗？其实不然，世上确实有人无事求功、无事生非、挑起事端。"无所往，其来复吉"就是告诫人们无难宜静，切勿妄动。相反地，经常也会看到另一种现象，即事情的发展遇到严重的困难，人们却漠然视之，不闻不问，放任自流，直到事态无可挽回时才去救助。"有攸往，夙吉"，就是告诫人们有难宜尽快解决。

彖曰：解，险以动，动而免乎险，解。解利西南，往得众也。其来复吉，乃得中也。有攸往夙吉，往有功也。天地解而雷雨作，雷雨作，而百果草木皆甲坼。解之时大矣哉！

【注释】险以动，动而免乎险：解卦的下卦为坎，为险；上卦为震，为动；遇险而动，通过行动摆脱危险。解利西南，往得众也：解难利于西南行，因为西南方为坤方，坤为众，西南之行将得到众人相助。甲坼："甲"，壳；"坼"（chè），裂开；"甲坼"，破壳发芽。

【译文】彖辞说：解卦（的卦象是）遇险而动，通过行动摆脱险难，这就是解卦（所昭示的意义）。解难利于西南行，是因为前往将得到众人（相助）。（无难可救）返回来可获吉祥，才合乎中正之道。有难则尽速解救可获吉祥，前往可建树功绩。天地舒解而雷雨并作，雷雨并作则百果草木皆破壳发芽。解的时机意义十分重大啊！

象曰：雷雨作，解。君子以赦过宥罪。

【注释】赦过宥罪："赦"，宽恕，饶恕，赦免；"宥"（yòu），饶恕，赦免，原谅；"赦过宥罪"，宽恕过失，赦免罪责。《周易正义》："赦谓放免，过谓误失，宥谓宽宥，罪谓故犯，过轻则赦，罪重则宥，皆解缓之义也。"

【译文】象辞说：雷雨并作，是解卦的卦象。君子观此卦象，宽恕他人的过失，赦免他人的罪责。

初六，无咎。
象曰：刚柔之际，义无咎也。

【注释】际：交际，交会。义：道理。咎：过失，罪过，祸患。
【译文】初六，没有灾咎。

象辞说：刚柔交际相应，理应没有灾咎。

【爻辞释义】初六以阴爻处阳位，阴柔而不能自立，但初六与九四相应，并上承九二，有阳刚在上援应，所以没有灾咎，即"无咎"。象辞说"刚柔之际，义无咎也"，意思是：在解脱险难之初，刚柔相济，化解险难，理应没有灾咎。

九二，田获三狐，得黄矢，贞吉。
象曰：九二贞吉，得中道也。

【注释】田获："田"，打猎；"田获"，猎获，此处为除害之意。狐：狐是一种多疑、迷惑人的动物，比喻小人。黄矢：铜箭头。

【译文】九二，猎获三只狐狸（清除奸邪小人），得到黄铜箭矢，贞正而获吉祥。

象辞说：九二贞正而获吉祥，行事合乎中正之道。

【爻辞释义】九二虽然居位不当，但与六五相应，深得君王六五的信任，去清除邪恶小人。"田获三狐"，即猎获了三个狐狸，九二驱逐迷惑君王的小人，就像用弓箭射杀狐狸。三表示众多之数，"三狐"指的是许多奸臣小人。九二以刚处中，刚柔相济，做事果决而不偏激，坚守中正之道，获得吉祥，故称"得黄矢，贞吉"。其中，"黄"为中色，象征中正之道；"矢"为箭，代表刚直。

六三，负且乘，致寇至，贞吝。
象曰：负且乘，亦可丑也。自我致戎，又谁咎也？

【注释】负：背负，此处意为六三背负不义之财。戎：兵器，武装，军队，寇敌。

【译文】六三，背负（不义之财）乘车而行，招致贼寇前来，因不贞正而遭羞辱和鄙视。

象辞说：背负（不义之财）乘车而行，这也是可耻的事。自己招来的贼寇，又是谁的过失呢？

【爻辞释义】六三在下卦的上位，以阴爻居阳位，象征小人阴柔不正。六三除居位不正外，下凌乘九二，上攀附九四，是对下欺凌、对上谄媚的邪恶小人。"负且乘，致寇至，贞吝"，说的是六三乘危难之时，贪赃枉法，获取众多财物，背负财物乘车而行，招致匪寇盗贼，难免遭受羞辱和鄙视。

九四，解而拇，朋至斯孚。
象曰：解而拇，未当位也。

【注释】解而拇："解"，解脱，消除；"而"，通尔、汝，你，此处指九四；"拇"，大脚趾；"解而拇"，解开你被捆绑的脚拇趾。斯：如此，这样。孚：相信，诚信。

【译文】九四，像解脱被捆绑的脚拇趾一样（摆脱小人的纠缠），朋友才会前来，这样（才会得到）信任。

象辞说：需要像解脱被捆绑的脚拇趾一样（摆脱小人的纠缠），是由于其居位不当的缘故。

【爻辞释义】九四阳爻居于阴位，不当位，与初六相应。九四下方的六三攀附于九四，使初六与九四不能相聚。六三就像是将九四的脚拇趾捆绑住了一样，九四必须断然摆脱六三的纠缠，朋友才会到来，才会信任自己，所以说"解而拇，朋至斯孚"。象辞所说的"未当位也"，说的是九四居位不当。

六五，君子维有解，吉，有孚于小人。
象曰：君子有解，小人退也。

【注释】维：此爻中为语气词，无实意。解：松绑，解脱，解困。有孚于小人：解难之道令小人畏服。《周易正义》："'有孚于小人'者，以君子之道解难，则小人皆信服之。"

【译文】六五，君子得以（从险难中）解脱，吉祥，令小人畏服。

象辞说：君子得以（从险难中）解脱，小人也就退去了。

【爻辞释义】六五阴爻居阳位，不当位。六五居于尊位，虽不当位，但居位中正，且与九二阳爻正应。这样，六五所面临的险难就可以解除了，从而获得吉祥，故说"君子维有解，吉"。这一卦有四个阴爻，阴爻代表小人，其中只有六五在君位，故称其为君子。六五具有柔顺的特性，亲近贤能大臣九二，以君子之道解难，令小人畏服，即"有孚于小人"。小人退而畏服，会使矛盾得到缓解，对小人也起到了一定的制约作用。

上六，公用射隼于高墉之上，获之，无不利。

象曰：公用射隼，以解悖也。

【注释】公：王公。隼（sǔn）：凶恶的鹰。墉（yōng）：城墙。悖（bèi）：违反，违背，叛乱。

【译文】上六，王公射杀恶鹰于高墙之上，将其猎获，无所不利。

象辞说：王公射杀恶鹰，以解除悖逆（所造成的危难）。

【爻辞释义】上六阴爻居柔位，得位。上六是解卦的最后一爻，此时大难即将解除。上六以阴居上，不如六五的君位，但居众臣之首，故称之为"公"。六三失位，与上六不应，为乱臣贼子，故将其比喻为"隼"，即恶鹰。六三处下卦之上，居于高位，如同恶鹰停落于高墙之上。上六就像射杀立于高墙上的恶鹰一样，将贪想高位的乱臣贼子射杀俘获，一切都很顺利，所以说"公用射隼于高墉之上，获之，无不利"。这一爻是解卦的终结，一切险难都已经解除。象辞说，"公用射隼，以解悖也"，是说公侯用箭射杀恶鹰，以解除悖逆所造成的危难。

第四十一卦　损卦

兑下艮上

损：有孚，元吉，无咎，可贞，利有攸往。曷之用？二簋可用享。

【注释】曷之用："曷"（hé），何，什么；"曷之用"，用什么呢？簋（guǐ）：古代盛食物的器具，圆形，有两耳。享：进贡，进献；供奉，祭祀。

【译文】损卦：胸怀诚信之心，方可大吉，才无咎过，可守贞正，从而利有所往。用什么（进献）呢？用两碗薄食进献就够了。

【卦辞释义】损卦的卦象是兑下艮上，上卦艮为山，下卦兑为泽。损卦讲的是损下益上的道理。损卦的下卦可看作是乾卦减一阳，即一阳爻变为阴爻；上卦可看作是坤卦减一阴，增一阳，故为损下益上之象。卦象为艮止于上，兑顺于下，象征居下位者自愿减损，以奉献于居上位者。

损下益上并非补助在上者的不足，损刚益柔也非正当之道，若不心怀诚信，则为谄媚阿谀之事。所以，损下益上时必须心怀诚信，即"有孚"，然后才会大吉，即"元吉"；才无过错，即"无咎"；才能守持中正之道，即"可贞"；

从而有利于前进，即"利有攸往"。既然是胸怀诚信，心地坦荡，那么在做损下益上的事时，就不必讲究排场，将"二簋"这样普通的食物奉献给居上位者，就可以表达自己的敬意了，所以说"曷之用？二簋可用享"。

彖曰：损，损下益上，其道上行。损而有孚，元吉，无咎，可贞，利有攸往。曷之用？二簋可用享。二簋应有时，损刚益柔有时。损益盈虚，与时偕行。

【注释】损下益上，其道上行：损卦的下卦可看作是乾卦减一阳爻，变为阴；上卦可看作是坤卦去一阴爻，增一阳，即"损下益上"；其方向是向上的，故称"其道上行"。

【译文】彖辞说：损，是损下益上，所行之道是向上的。心怀诚信地减损（自身），才会大吉，才无咎过，才能守持中正之道，从而有利于前进。用什么（进献）呢？用两碗薄食进献就够了。两碗薄食（这种简约的奉献）不可常用，减损阳刚、增益阴柔的事也不可常为。减损增益、盈满亏虚，都应该因时而行。

象曰：山下有泽，损。君子以惩忿窒欲。

【注释】惩忿窒欲："惩"，惩戒，抑制；"忿"，愤怒，愤恨；"窒"，窒息，引申为抑制，克制；"惩忿窒欲"，抑制愤怒，克制欲望。《周易注》："可损之善，莫善忿欲也。"

【译文】象辞说：山下有泽，是损卦的卦象。君子观此卦象，抑制自己的愤怒情绪，克制自己的欲望。

初九，已事遄往，无咎，酌损之。
象曰：已事遄往，尚合志也。

【注释】已：停止；已经。遄（chuán）：快，急速。酌：斟酌。尚合志：尚，古文同"上"，例如小畜卦象辞中的"密云不雨，尚往也"。"尚合志"，初九与上卦的六四志同道合。

【译文】初九，停下（自己的）事情，快速赶去（帮助别人），没有过错，但要酌情损己（量力而行）。

象辞说：停下（自己的）事情，快速赶去（帮助别人），这是由于（与上卦的六四）志同道合的缘故。

【爻辞释义】初九阳爻居阳位，当位，与六四有应。当损下益上之时，积极主动，停下自己的事，急速赶去协助，故称"已事遄往"。这样做没有过错，但应当斟酌情况，应损则损，量力而行，即"无咎，酌损之"。

九二，利贞，征凶，弗损，益之。
象曰：九二利贞，中以为志也。

【注释】利贞，征凶，弗损，益之：《周易注》："柔不可全益，刚不可全削，下不可以无正。初九已损刚以顺柔，九二履中，而复损己以益柔，则剥道成焉，故不可遄往而'利贞'也。进之于柔，则凶矣，故曰'征凶'也。故九二不损而务益，以中为志也。"

【译文】九二，利于守持贞正，前往有凶险，不自损，对（六五）有益。

象辞说：九二宜于守持贞正，以中正为其志向。

【爻辞释义】九二阳爻处于阴位，不当位，但处中位，与六五相应。初九已经损刚益柔了，如果九二再损己去增益六五，则下卦的阳爻就全部变为阴爻了。凡事应该考虑平衡，阴不可持续增益，阳也不可持续减损，所以九二宜于居中守正，上进益柔则会有凶祸，故称"利贞，征凶"。此时，九二不损己就等于是在做有益于六五的事情，即"弗损，益之"。这一爻讲述的是不损而益的道理，有时不损己也能助人，有时损己助人结果却适得其反，损己又不能助人。

六三，三人行则损一人，一人行，则得其友。
象曰：一人行，三则疑也。

【译文】六三,三人同行，会使（上九）一人受损；一人前往，则可得到其朋友。

象辞说：一人独行（可得到朋友）；三人同行，则（使上九）生疑。

【爻辞释义】第三爻是阴爻居阳位，与上九有应。"损下益上，其道上行"，六三上行，以应上九。六四、六五二阴意欲与其同行，虽然都想增益上九一人，三人前往会使上九心生疑惑，不知道究竟应当与谁结为朋友，因而失去了匹配的机会。这样做，名为"益"上九，实为"损"上九，"三人行则损一人"，受损的一人是上九。若六三一人独往，上九则不会怀疑，从而可顺利结为朋友，即"一人行，则得其友"。

六四，损其疾，使遄有喜，无咎。
象曰：损其疾，亦可喜也。

【注释】使遄：使之快速进行。

【译文】六四，减轻其疾患，快速（接纳初九）将有喜事，没有过错。

象辞说：减轻其疾患，是可喜的事。

【爻辞释义】六四以阴爻居阴位，阳刚不足，如同患了疾病，爻中以"疾"喻指其缺乏阳刚的弊病。六四下应初九，"损其疾"，就是接纳初九，以初九的阳刚补益自身，以减轻自己柔弱的疾患。尽速接纳初九，以医治其疾患是可喜之事，当然没有过错，即"使遄有喜，无咎"。

六五，或益之十朋之龟，弗克违，元吉。
象曰：六五元吉，自上佑也。

【注释】朋：古代以贝壳为货币，两贝为一朋。龟：在古代龟用作占卜，被视为神物。弗克违："弗"，不；"克"，克制，克服；"违"，违反，违逆；"弗克违"，不推辞，不拒绝。

【译文】六五，有人赠送十分珍贵的神龟，不必推辞拒绝，非常吉祥。

象辞说：六五大吉，是来自上天的保佑。

【爻辞释义】六五以阴爻居尊位，行为中正，有居尊而不自益之象。六五不增益自己，但自会有人前来增益相助，即"或益之"。在古代龟用作占卜，被视为神灵之物，"十朋之龟"是非常珍贵的东西。别人诚心实意地来赠送"十朋之龟"，那就不要推辞了，即"弗克违"。这一爻说明，居尊位而能虚中，可以获益于他人，极为吉祥。象辞说，"六五元吉，自上佑也"，说六五受到上天的保佑，达到了天人相助的境界。

上九，弗损，益之，无咎，贞吉，利有攸往，得臣无家。
象曰：弗损益之，大得志也。

【注释】弗损，益之：不减损，反而增益。《周易本义》："上九当损下益上之时，居卦之上，受益之极，而欲自损以益人也。然居上而益下，有所谓惠而不费者，不待损己然后可以益人也。"

【译文】上九，不减损（在下者的利益），反而增加（他们的）利益，（这样做）没有过错，行正而获吉祥，利有所往。广得贤臣，（以天下为家）没有自己的小家。

象辞说：不减损（在下者的利益），反而增加（他们的）利益，可以实现宏大的志向了。

【爻辞释义】上九阳爻处损卦的极点，已经没有损己益上的对象了。损下益上到此终止，转而停止减损在下者，反而增益在下者，即"弗损，益之"。上九这样做不会损伤其刚德，不会受制于阴柔，没有过错，反而会因行正而获吉，即"无咎，贞吉"。上九能自守阳刚，不仅"无咎，贞吉"，而且无往而不利，即"利有攸往"。上九位居极上，且下乘柔爻，为损卦的极尊之位，众人皆来归顺，故称"得臣"。上尊得臣则以天下为家，没有自己的小家，即"得臣无家"。这一爻是说，在上者施惠于人，使其受益，自己的地位也会巩固。

第四十二卦　益卦

震下巽上

益：利有攸往，利涉大川。

【注释】益：利益，增益，有益。攸（yōu）：助词，意为"所"。大川：大河；在这里，比喻艰难险阻。

【译文】益卦：利于有所前进，利于涉越大江大河。

【卦辞释义】益卦的上卦巽为风，下卦震为雷，风助雷威，雷助风势，气势增益。益卦可视为上卦乾与下卦坤的第一爻互换位置而成的，因而是减损上方、增益下方的卦象。益卦讲的是损上益下的道理。居上位者减损自己而施惠于居下位者，使民众得到利益，这样就会获得民众的拥护，因而将无往而不利，有利于克服艰难险阻，所以说"利有攸往，利涉大川"。

彖曰：益，损上益下，民说无疆。自上下下，其道大光。利有攸往，中正有庆。利涉大川，木道乃行。益动而巽，日进无疆。天施地生，其益无方。凡益之道，与时偕行。

【注释】说：通悦。自上下下：自上谦下，居高位而能体恤下层民众。第一个"下"是动词，谦下；第二个"下"是名词，指下人、下层民众。木道乃行：益卦的下卦为震，上卦为巽，在五行中震和巽属木，所以说"木道乃行"。益动而巽：益卦的下卦震为雷，为动；上卦为风，为巽；故称"益动而巽"。天施地生：天施与地，地接受天的施与而生万物，天为上，地为下，意为"损上益下"。无方：无方向性，不偏向任何方面，是没有选择性和倾向性的。

【译文】彖辞说：益，是损上益下，民众无比喜悦。居高位而体恤下层民众，其做法正大光明。利于有所前进，德行中正必有喜庆之事。利于涉越大江大河，（如同）乘木舟而行。益卦（的卦象是）下动而上巽，每天进步，永无止境。天施与地，地受施而生万物，它们给与的好处是全方位、无差别的。施益之道应（因时而异）与时俱进。

象曰：风雷，益。君子以见善则迁，有过则改。

【注释】迁：前往，迁移。见善则迁，有过则改：《周易正义》："迁谓迁徙慕尚，改谓改更惩止，迁善改过，益莫大焉，故君子求益，以'见善则迁，有过则改'也。"

【译文】象辞说：上风下雷，是益卦的卦象。君子观此卦象，看到善事则往而行之，己有过错则知而改之。

初九，利用为大作，元吉，无咎。
象曰：元吉无咎，下不厚事也。

【注释】大作：大的作为。厚事：大事。

【译文】初九，（时机）有利于大有作为，非常吉祥，没有灾祸。

象辞说：非常吉祥，没有灾祸，但居下位难成大事。

【爻辞释义】第一爻是阳爻居阳位，当位，与六四有应。初九是"损上益下"的开始，由于上位者的施与，是发展的大好时机，可以大有作为，将获大吉，而无灾祸，所以说"利用为大作，元吉，无咎"。恰逢其时，本可以大有作为，然而初九地位卑下，难成大事，正所谓"有其才而无其位，得其时而无其处"。所以，虽然机遇大好，初九大吉，但只能是无灾无难，即"无咎"。

六二，或益之十朋之龟，弗克违，永贞吉。王用享于帝，吉。
象曰：或益之，自外来也。

【注释】或：有人，有时。用享：祭祀。帝：上天。

【译文】六二，或有人赠送十分珍贵的神龟，不必推辞拒绝，永守贞正，可获吉祥。君王祭祀上天，吉祥。

象辞说：有人增益（六二），这是来自外（卦九五）的施与。

【爻辞释义】六二阴爻居阴位，以柔居中，且与九五阴阳相应。九五用自身的阳刚，弥补六二阴虚的不足。和损卦的六五爻一样，"或益之十朋之龟，弗克违"，对自上而来的珍贵施与不必拒绝。因为六二位不居尊，所以"永贞"才能获吉，即"永贞吉"。"王用享于帝，吉"，说的是君王祭祀上天，感谢上天赐予的王位，以获得吉祥，这是告诫受益者应该感恩施与者。

六三，益之用凶事，无咎。有孚中行，告公用圭。
象曰：益用凶事，固有之也。

【注释】凶事：凶险、危难之事。告公用圭："公"，在此指六四，五爻为君位，四爻在其下，故称六四为"公"，古代爵位分为公、侯、伯、子、男五等；"圭"（guī），用作凭信的玉，形状为上圆下方，或上尖下方；"用圭"，用真凭实据；"告公用圭"，用真凭实据向王公报告情况。固有之：本来就有的。

【译文】六三，将收益用于救助险难，没有过错。心怀诚信，行中正之道，手持凭据向王公报告实情（以免除误会）。

象辞说：将收益用于救助险难，这是本来就应该做的事。

【爻辞释义】六三阴爻居下卦的上位，以阴居阳，不能谦退，是求益者。以中正之道来评价，不谦而求益是不对的。如果六三将收益用于救助险难，则可免于咎过，所以说"益之用凶事，无咎"。求益而不为己私，目的在于救难，诚信而行中正之道，故称"有孚中行"。但是，应该有凭有据，如实向上级官员报告，即"告公用圭"，才能免除误会。

六四，中行，告公从，利用为依迁国。
象曰：告公从，以益志也。

【注释】迁国：迁移国家的首都，迁都为国家的重大事件。

【译文】六四，以中正之道行事，有事相告王公，王公言听计从，可任用他去完成国家迁都（这样重大的事情）。

象辞说：有事相告王公，王公言听计从，有益于实现其志向。

【爻辞释义】六四是阴爻居正位，上承九五，下应初九。六四在上应下，居高不亢，位虽不中，但能行中正之道，故称"中行"。有事相告王公，王公必会依从，即"告公从"。"利用为依迁国"，意思是：可以依靠这样具有中正之德的人，去完成国家迁都这种重大的事情。

九五，有孚惠心，勿问元吉。有孚，惠我德。
象曰：有孚惠心，勿问之矣。惠我德，大得志也。

【注释】惠心："惠"，恩惠，优惠，惠赠；"惠心"，施惠之心。有孚，惠我德："有孚"，省略了主语（众人，天下人），意为众人有诚意，忠诚；"德"，施益于下的德行；"惠我德"，回报我的恩德。勿问之：不用问其（结果）。

【译文】九五，胸怀诚信和施惠之心，至为吉祥，自不待问。（天下人也会）怀有忠诚之心，报答我的恩德。

象辞说：胸怀诚信和施惠之心，不用问（就是至为吉祥）。（天下人）报答我的恩德，宏愿就可以实现了。

【爻辞释义】九五阳刚中正而居君位，下应六二，有诚信和恩惠之心，是施益于下的贤君，故称其"有孚惠心"。君王施恩与天下，无疑是非常吉祥的，即"勿问元吉"。同样地，天下人也会诚心地感谢其恩德。因此，象辞说："惠我德，大得志也。"君王施惠于民众，民众感恩戴德，从而德政得以施行，君王就可以大得其志了。

上九，莫益之，或击之，立心勿恒，凶。

象曰：莫益之，偏辞也。或击之，自外来也。

【注释】莫：没，不。或：或许，有人。恒：一定的，恒常的。偏辞：片面之词，一面之词。本爻中的意思是"单方面的要求，无人回应"。

【译文】上九，没有人助益他，或会有人攻击他，心无定数，（求益不止）必有凶险。

象辞说：没有人助益他，求无所应。或有人攻击他，是因为（怨者众多）不招自来。

【爻辞释义】上九处益卦之终，不中不正。上九求益不止，贪得无厌，为人们所厌恶。这样，不但不能获益，反而会受到他人的攻击，即"莫益之，或击之"。"立心勿恒，凶"，意思是：上九心中无定数，其要求超出了人们认可的限度，必会招致凶祸。象辞说，上九不断提出要求，但无人应和，是"偏辞也"。由于受到众人怨恨，可能会遭到外来的打击，故称"或击之，自外来也"。

第四十三卦　夬卦

乾下兑上

夬：扬于王庭，孚号有厉，告自邑，不利即戎，利有攸往。

【注释】夬（guài）：决定，决断。扬于王庭：在大庭广众之下公开宣扬。戎（róng）：兵器，武装，军队。

【译文】夬卦：在朝廷上（将决断之事）宣扬出来，真诚地疾呼将有危险。（将决断之事）昭告自己领地的民众，不宜于立即动用武力解决问题，利有所往。

【卦辞释义】夬卦的卦象是兑上乾下，有五个阳爻、一个阴爻，象征君子势盛道长，小人势退道消。君子与小人水火不容，必须果断决裂，卦名"夬"就是决断的意思。王庭是百官聚集的地方，在君子势盛道长之时，可以将决断之事公之于王庭，彰显公正无私，而无所顾忌，此即"扬于王庭"。施行决断之事，首先必须发出号召，用明确可信的方式说明邪恶者的危险性，即"孚号有厉"。"告自邑，不利即戎"，意思是：将决断之事昭告自己领地的民众，以获得民众的支持，不利于马上动用武力解决问题，应尽量不要使用武力。君子之道不长，则邪恶之道不消，所以君子宜有所往，即"利有攸往"。

彖曰：夬，决也，刚决柔也。健而说，决而和。扬于王庭，柔乘五刚也。孚号有厉，其危乃光也。告自邑，不利即戎，所尚乃穷也。利有攸往，刚长乃终也。

【注释】说：通"悦"。健而说：下卦为乾，乾义为健；上卦为兑，兑义为悦；卦象为"健而说"。柔乘五刚：卦中上六一个柔爻凌乘五个刚爻。告自邑："邑"，封地，领地；"告自邑"，昭告自己的领地。尚：崇尚。乃：是，就。

【译文】彖辞说：夬，是决断的意思，是刚对柔的决断。刚健而又和悦，敢于决断而又能和睦相处。在朝廷上（将决断之事）宣扬出来，是因为柔爻凌乘于五刚爻之上。真诚地疾呼会有危险，将其危害性曝光于世。昭告自己领地的民众，不宜于立即动用武力解决问题，（否则）所崇尚的（仁德之道）则将穷尽。宜有所往，最终是阳刚盛长。

象曰：泽上于天，夬。君子以施禄及下，居德则忌。

【注释】禄：福气，福运，俸禄。居德则忌：常被误解为"切忌居德自傲"，或"不敢居功自傲"。"夬"，有"明法决断"之义，此处"忌"当解为禁止；"居德则忌"，意为居德还须明禁。《周易注》："夬者，明法而决断之象也。忌，止也。法明断严，不可以慢，故'居德'以明禁也。施而能严，严而能施，健而能说，决而能和，美之道也。"

【译文】象辞说：上泽下天，是夬卦的卦象。君子观此卦象，施福禄于下人，有惠心美德，但仍法明断严。

初九，壮于前趾，往不胜，为咎。
象曰：不胜而往，咎也。

【译文】初九，强壮于脚趾，前往不能取胜，会招致灾祸。

象辞说：不能取胜而前往，就是灾祸。

【爻辞释义】初九以阳爻处下卦之始，急于前进，去清除奸臣小人。初九果决有余，审慎不足，贸然前往，且无上应，必败无疑。爻辞以"壮于前趾"作比喻，脚趾前端强壮，鲁莽行事，往而不胜。这一爻，启示人们一定要"慎始"，行事要预先缜密考虑，不可恃强躁动。初九贸然前往不能取胜，反而会招致灾祸，故称"往不胜，为咎"。

九二，惕号，莫夜有戎，勿恤。
象曰：有戎勿恤，得中道也。

【注释】莫夜：夜晚。恤：担心，忧虑。

【译文】九二，（虽有人）警惕地呼喊，夜晚会有武装来袭，（但九二并）不忧虑。

象辞说：有武装来袭而不忧虑，是因为守持中道的缘故。

【爻辞释义】九二以阳爻居中位，为刚柔相济之象。内在刚强而外显柔和，行事果断，思虑缜密，处事得当。爻辞"惕号，莫夜有戎，勿恤"的意思是：虽然有人警惕地呼喊，夜晚会有武装来袭，但九二并不慌张，自有主张，并不忧虑。

九三，壮于頄，有凶。君子夬夬独行，遇雨若濡，有愠，无咎。
象曰：君子夬夬，终无咎也。

【注释】壮：在此为支持、相助之意。頄（qiú）：颧骨；泛指面颊。上六位于全卦之上，故将其比作颧骨，即頄。君子夬夬独行："夬夬"，果断的样子；"君子夬夬独行"，君子果断决定，独自而去。濡：沾湿；沾上。愠（yùn）：怒。

【译文】九三，支持上六，有凶险。若为君子，则能果断决定，独自而去，遇雨受淋，就像沾了一点儿水，虽然不高兴，却不会有灾祸。

象辞说：君子果断决定，最终不会有灾祸。

【爻辞释义】九三以阳爻居阳位，得位，与上六阴柔小人相应。如果九三应和上六，前去帮助，那么将有凶险。"壮于頄，有凶"，其中"壮"是支持、帮助的意思，"頄"指的是上六。如果是君子，必能果断决定，舍弃情累，毫不迟疑，独自而去，即"君子夬夬独行"。路上遇雨受淋，感觉就像沾了一点儿水一样，虽然不高兴，却不会有灾祸，即"遇雨若濡，有愠，无咎"。

九四，臀无肤，其行次且。牵羊悔亡，闻言不信。
象曰：其行次且，位不当也。闻言不信，聪不明也。

【注释】次且（zī jū）：同趑趄，行走困难，犹豫徘徊。牵羊：牵羊的人应走在羊的后面，而不是前面。"牵羊"，此处意为九四应该像牵羊一般，跟随在九五后面前进。在《易经》八卦中，兑卦代表泽、喜悦、羊等事物。聪：听觉灵敏。

【译文】九四，臀部受伤了，行走趑趄难进。若能像牵羊一样（跟随九五而行），悔恨就会消失，（但他）听了此话，却不信从。

象辞说：行走趑趄难进，是其居位不当。闻言不信，是因为虽然听到了，却不明白其中的道理。

【爻辞释义】九四阳爻居阴位，不当位。九四下据三阳，位又不正，下面三个刚爻向上前进时，自己必会受到损伤，就像臀部受伤、行走困难一样，故称"臀无肤，其行次且"。上卦"兑"代表羊，牵羊人是跟在羊的后面，让羊自由自在地走。所以，九四应该像牵羊一般，跟随在九五后面前进，就不会发生后悔的事情，因为九五为夬卦之主，不会受到下面刚爻的侵犯。但是，九四虽然听到牵羊的说法，却不肯信服，即"牵羊悔亡，闻言不信"。象辞说，徘徊不定，迟滞不前，是因为九四的位置不当，第四爻通常为多惧之地，所以说"其行次且，位不当也"。不听忠告，是因为虽然听到了，却不明白其中的道理，故称其为"聪不明也"。

九五，苋陆夬夬，中行无咎。
象曰：中行无咎，中未光也。

【注释】苋（xiàn）陆：草名，即马齿苋，汁多易折。苋陆夬夬：比喻象铲除马齿苋那样，轻易地毅然决然地清除小人。

【译文】九五，像折断马齿苋一样，毅然决然地清除小人，居中行正，没有过错。

象辞说：居中行正，没有过错，只是还没有将中庸之道发扬光大。

【爻辞释义】九五处于五个阳爻的最上方，是这一卦的主爻，也是决断小人的主角。九五阳爻居阳位，以其至尊而对决至贱的上六，决战取胜，易如反掌，就像折断马齿苋那么容易。"苋陆夬夬"中，苋陆即马齿苋，汁多易折；"夬夬"，夬字在这里重复使用，表示毅然决然，毫不留情。然而，君子用夬，不可以太过，不可滥用强硬的决断手段，否则小人就会产生愤怒报复之心，激化矛盾，遗留后患。象辞说"中行无咎，中未光也"，是说九五居中行正，清除小人并无过错，但没有发扬光大中庸之道。

上六，无号，终有凶。
象曰：无号之凶，终不可长也。

【注释】号：呼号，大声哭，号啕大哭。

【译文】上六，连号啕大哭都来不及，最终是凶祸临头。

象辞说：连号啕大哭都来不及的凶祸，是因为（小人当道）终究不会长久。

【爻辞释义】上六处于夬卦之终，以孤独的阴爻凌驾于五阳爻之上，是被众君子共弃的小人。五阳逼来，一决雌雄，连号啕大哭都来不及，就被消灭了。上六阴爻就是号啕大哭，也不会有人理会，最终难逃凶险。自知如此，欲哭无泪，即"无号"。象辞说"无号之凶，终不可长也"，就是说小人高踞在君子头上，不可能长久，最终会被消灭。

第四十四卦　姤卦

巽下乾上

姤：女壮，勿用取女。

【注释】姤（gòu）：遇，相遇。壮：爻辞中意为强悍，霸道，强势。取：同娶。

【译文】姤卦：此女强悍霸道，不要娶她为妻。

【卦辞释义】姤卦的卦象是上乾下巽，上卦乾为天，下卦巽为风。姤，是相遇的意思。此卦为一阴遇五阳，故取名为"姤"。对人而言，相当于一女遇五男，此女人十分强势，故称"女壮"。女人过于强势，则会造成阴伤阳、柔消刚的问题，所以卦辞告诫"女壮，勿用取女"，即不要娶这种女人为妻。姤卦不仅讲的是男女关系，而是以五男一女相互间的关系，阐述了人际关系中刚柔相遇的不同情况，强调"相遇"之道必须合礼守正。

彖曰：姤，遇也，柔遇刚也。勿用取女，不可与长也。天地相遇，品物咸章也。刚遇中正，天下大行也。姤之时义大矣哉！

【注释】品物咸章："品物"，物类，万物；"咸"，皆；"章"，显示，显扬，茂盛；"品物咸章"，万物皆旺盛繁茂。刚遇中正：本卦九二刚爻居下卦中位，九五刚爻居上卦中位，象征君子居中正之位，行中正之道。

【译文】彖辞说：姤，就是相遇的意思，（初六）柔爻与（五个）刚爻相遇。不要娶此女，是因为与她的关系不能长久。天地相遇，万物皆旺盛繁茂。阳刚君子居中正之位，因而（正道）大行于天下。相遇的时机和意义十分重大啊！

象曰：天下有风，姤。后以施命诰四方。

【注释】后以施命诰四方："后"，君主，君王；"命"，指示，教命，教令；"诰"（gào）：古代君王的一种训诫勉励的文告；"后以施命诰四方"，君王效法此象，施行教令，昭告四方。《周易正义》："'后以施命告四方'者，风行草偃，天之威令，故人君法此，以施教命，诰于四方也。"

【译文】象辞说：天下有风，是姤卦的卦象。君王观此卦象，施行教命，昭告四方。

初六，系于金柅，贞吉，有攸往，见凶，羸豕孚蹢躅。
象曰：系于金柅，柔道牵也。

【注释】系于金柅："系"，牵系，维系；"金"，喻指坚硬之物；"柅"（nǐ），阻止车轮、使其不转的制动块；"系于金柅"，受到刚硬之物的制约。此爻中指初六受到刚爻的制约。羸豕孚蹢躅："羸"（léi），瘦弱，羸瘦；"豕"（shǐ），猪；"羸豕"，母猪；"孚"，古文中有"萌生"和"浮露"的意思；"蹢躅"（zhí zhú），意同踯躅，徘徊不进的样子；"羸豕孚蹢躅"，母猪浮躁不安，不停地徘徊。

【译文】初六，如同车轮受到刚硬制动块的制约，守持贞正，可获吉祥；若有所行动，就会发生凶险。（初六的情况）就像母猪一样浮躁不安，不停地徘徊。

象辞说：如同车轮受到刚硬制动块的制约，是阴柔者的行为受到阳刚者的牵制。

【爻辞释义】初六以阴爻居阳位，不中不正，是阴柔小人。初六这种阴柔小人，如不对其加以制约，就会恣意妄为，必须将其牵系于刚正之人，方可贞正而获吉。若非如此，初六不牵系于刚正之人，而有所行动，就会遭遇凶祸。这就是"系于金柅，贞吉，有攸往，见凶"的意思。初六以一柔而承五刚，如无牵系制约，就会像母猪一样浮躁不安，不停地徘徊，即"羸豕孚蹢躅"。

九二，包有鱼，无咎，不利宾。
象曰：包有鱼，义不及宾也。

【注释】包有鱼："包"，通庖，即厨房；"鱼"，在《易经》中，巽象征风、顺从、鱼等，初六为下卦巽的初爻，故称其为鱼；"包有鱼"，厨房中有鱼。不利宾："宾"，指九四，因其在上卦乾，故尊称为宾；"不利宾"，不利于宾客九四。《周易集解》："宾谓四，乾尊称宾，二据四应，故不利宾。"义不及宾："义"，道理，道义；"义不及宾"，在道义上不好面对宾客，即对不起宾客。《周易正义》："义不及宾者，言有他人之物，于义不可及宾也。"

【译文】九二，厨房中有鱼，没有过错，但不利于宾客。

象辞说：厨房中有鱼，在道义上对不起宾客。

【爻辞释义】九二阳爻下乘初六，有意于初六。初六是不正派的阴柔之人，本来与九四相应，此时便舍九四而就九二。下卦巽为鱼，故称初六为鱼。由于初六是心甘情愿的，并非九二非礼夺爱，不能说九二有过错，所以说"包有鱼，无咎"。"不利宾"，就是对九四不利。九四居于上卦乾，故爻中尊称其为"宾"。初六本来是九四的对象，九二却据为己有，从道义上讲，这么做对不起九四，所以象辞说"义不及宾也"。

九三，臀无肤，其行次且，厉，无大咎。
象曰：其行次且，行未牵也。

【注释】肤：皮肤。臀无肤：喻为臀部负伤。次且：同趑趄（zī jū），行走困难，犹豫徘徊。厉：危险。

【译文】九三，臀部负伤，行走困难，犹豫徘徊，有危险，但无大的灾祸。

象辞说：行走困难，犹豫徘徊，是因为上无牵系（无援应）。

【爻辞释义】九三上无援应，下又不能和初六相遇，形单影只，就像臀部肌肤受伤了一样，不得安宁，徘徊不定，故称其"臀无肤，其行次且"。九三以阳爻居阳位，居位正当，也不必担心被小人伤害，纵使孑然一身，有危险，但没有什么大的灾祸，即"厉，无大咎"。

九四，包无鱼，起凶。
象曰：无鱼之凶，远民也。

【注释】起凶："起"，动，动作，行动；"起凶"，如果行动，则有凶险。

【译文】九四，厨中无鱼，如果行动，则有凶险。

象辞说：厨中无鱼，动则有凶，（是因为九四）远离了民众。

【爻辞释义】九四本来与初六相应，但是九二近水楼台先得月，得到了九四的鱼（初六），所以九四就失去了鱼，故称"包无鱼"。九四如果采取行动，去与初六相应和，便会与九二相争而造成凶事，这就是爻辞"包无鱼，起凶"的意思。九四行动就会有凶祸，是因为下无应者，无人支持接应，故而"起凶"。鱼，可以解释为女子，也可以理解为民众等，因为姤卦并不一定局限于男女关系。阴为阳之民，初六阴爻为九二阳爻所占据，九四就"远民"了。远离民众，无民而动，失应而为，所以必凶。

九五，以杞包瓜，含章，有陨自天。
象曰：九五含章，中正也。有陨自天，志不舍命也。

【注释】杞：杞为杞柳，杞叶宽大。含章："含"，藏，含蓄；"章"，美；"含章"为有美德，有才华。有陨自天："陨"，陨石；"有陨自天"，比喻贤才犹如陨石从天而降。志不舍命：志向与命运相一致，不相违背。

【译文】九五，（礼下求贤，犹如）杞叶落下将瓜包住，秉持美好的品德，（贤才）如陨石自天而降。

象辞说：九五秉持美好的品德，居中行正。（贤才）自天而降，是因为其志向不违天命。

【爻辞释义】九五阳爻得正，居上卦的中位，身为至尊。九二为刚中之才而居下，九五和九二不相应，二者本不相遇，就像杞叶高居树上，甜瓜卧伏地面。九五礼贤下士，士则必将效力，犹如杞叶从树上落下而能包瓜，故称"以杞包瓜"。九五具有美好的品德，非常吉祥，贤才犹如陨石从天而降，即"含章，有陨自天"。九五含蓄章美，礼下求贤，终得贤应，这是因为九五的志向不违天命，所以象辞说"有陨自天，志不舍命也"。

上九，姤其角，吝，无咎。
象曰：姤其角，上穷吝也。

【注释】角：死角，角落。

【译文】上九，遇到的是死角，有遗憾，但无灾祸。

象辞说：遇到的是死角，是因为居位穷高极上的缘故，只能遗憾。

【爻辞释义】上九是阳爻居阴位，不当位，处姤卦之极。上九下无所应，上无所遇，进入了死角，即"姤其角"。前进而无所遇，孤独而遗憾，但上九不与人相争，因此也没有灾祸，故称"吝，无咎"。

第四十五卦　萃卦

坤下兑上

萃：亨。王假有庙，利见大人，亨，利贞。用大牲吉，利有攸往。

【注释】萃：聚集。假：至，到来。庙：宗庙。利见大人："见"，出现；众人聚集之时，如果无主，不散也会乱，惟有大德大才之人才能掌控局面，故"利见大人"。

【译文】萃卦：亨通顺利。君王到宗庙（祭祀），宜于大德大才之人出现，亨通顺利，利于守持贞正。用大牲畜祭祀，吉祥，利有所往。

【卦辞释义】"萃"是聚集的意思。萃卦的上卦兑为泽，下卦坤为地，象征水在地上聚而成泽。既然众人能够聚合，道路必然畅通，所以"亨"。天下分崩离析时，即使有享祀活动，也如同无庙一般。在天下大聚之时，君王到宗庙祭祀，才称得上是真正地在庙中祭祀，故称"王假有庙"。大聚而无主则必乱，惟有大德大才之人才能保持亨通而利于中正，故"利见大人，亨，利贞"。用大牲畜祭祀，可得神明保佑而获吉祥，人聚神佑，宜有所往，所以说"用大牲吉，利有攸往"。

彖曰：萃，聚也。顺以说，刚中而应，故聚也。王假有庙，致孝享也。利见大人亨，聚以正也。用大牲吉，利有攸往，顺天命也。观其所聚，而天地万物之情可见矣。

【注释】说：同悦。顺以说：下卦坤为顺，上卦兑为悦，故称"顺以说"，即柔顺而又和悦。刚中而应：九五刚爻居上卦中位，和六二柔爻相应，故称"刚中而应"。享：奉献，祭祀。

【译文】彖辞说：萃，是聚集的意思。顺从而和悦，阳刚者居中而有正应，所以才能聚集。君王到宗庙，是尽孝心祭祀祖先。宜于大德大才之人出世，（才能）亨通顺利，以中正之道相聚。用大牲畜祭祀吉祥，利于有所前往，是顺应了天命。综观类聚群分，就可以见到天地万物之情了。

象曰：泽上于地，萃。君子以除戎器，戒不虞。

【注释】泽上于地，萃：卦象为水在地上，聚成湖泽，象征聚集。除戎器，戒不虞："除"，修治，修整；"戎"，兵器；"除戎器"，修治兵器。"虞"，预料，忧虑；"戒不虞"，以防不测。《周易正义》："人既聚会，不可无防备。故君子于此之时，修治戎器以戒备不虞也。"

【译文】象辞说：湖泽在大地之上，是萃卦的卦象。君子观此卦象，修治兵器，防备不测。

初六，有孚不终，乃乱乃萃，若号，一握为笑，勿恤，往无咎。象曰：乃乱乃萃，其志乱也。

【注释】不终：不能坚持到底。乃乱乃萃：第一个"乃"意为"于是"；第二个"乃"意为"其，它的"；"乃乱乃萃"，于是乱了其聚会。若：如果，若果。号：呼号。一握为笑："一握"，一把，一团；"为笑"，被众人所笑；"一握为笑"，被人小瞧而成为笑料。在古代，将手指捏成一撮，是瞧不起人所做的手势。《周易注》："一握者，小之貌也。"

【译文】初六，心怀诚信但未能坚持至终，于是便搞乱了其聚会。如果大喊大叫，只会被人小瞧而成为笑料，（其实）不用忧虑，前往不会有灾祸。

象辞说：搞乱了其聚会，其心志迷乱了。

【爻辞释义】初六与九四阴阳相应，但中间有六三上承九四，初六怀疑九四和六三相好。开始时初六以诚信而应九四，但却没有坚持至终，后来情迷意乱，不顾礼仪，前往阻挠，即"有孚不终，乃乱乃萃"。如果初六大喊大叫，只会被人瞧不起而成为笑料，即"若号，一握为笑"。其实，不用担心，前往必会得到应合，而不会有灾祸，即"勿恤，往无咎"。

六二，引吉，无咎，孚乃利用禴。
象曰：引吉无咎，中未变也。

【注释】禴（yuè）：禴祭是古代君王的一种祭礼。春祭为祠，夏祭为禴，秋祭为尝，冬祭为烝（zhēng）。殷代的春祭，周代的夏祭，都称为禴，是简单的祭祀。孚乃利用禴：六二与九五以中正之道相应，似君臣以诚相见，这里以祭祀作为比喻，心诚可用薄礼进献。

【译文】六二，因有援助牵引而获吉祥，没有灾祸，心怀诚信可用薄礼进献。

象辞说：因有援助牵引而获吉祥，没有灾祸，其中正之德没有改变。

【爻辞释义】六二居中当位，与九五阴阳相应。六二居坤卦之中，夹在二个阴爻中间，加之坤的特性为静退，所以六二的前进会受影响，有九五的牵引才会吉祥相聚而没有灾祸，故称"引吉，无咎"。六二与九五以中正之道相聚，君臣以诚相见，心诚可用薄礼进献，即"孚乃利用禴"。象辞说的"引吉无咎，中未变也"，意思是：得到援助牵引而获吉祥，没有灾祸，因为其中正的德行没有改变。

六三，萃如嗟如，无攸利，往无咎，小吝。
象曰：往无咎，上巽也。

【注释】萃如：相聚的状态、样子。嗟如：叹息、嗟怨的样子。巽：顺从，谦逊。

【译文】六三，由于相聚之事而叹息，（求近而聚）没有好处，前往（与上六相聚）没有灾祸，只是有点儿小遗憾。

象辞说：前往无灾祸，因为上六谦逊、顺从。

【爻辞释义】六三阴居阳位，不当位，不中不正，且与上六无阴阳之应。因为无人与其正应，所以独自叹息不已。如果六三与上面的九四聚合，则是破坏了初六与九四的正应关系，况且九四也是居位不正，前往必起祸患，也很不利，所以说"萃如嗟如，无攸利"。上六因无正应而处于孤立的境地，也非常想寻求朋友。六三与其和居位不正的九四聚合，不如与其同类上六聚合，前往不会有灾祸。六三和上六结为伙伴毕竟是二阴的结合，肯定不如一阴一阳的圆满结合，这是一个小遗憾，故说"往无咎，小吝"。

九四，大吉，无咎。
象曰：大吉无咎，位不当也。

【注释】大吉，无咎：获得大吉，才能没有灾祸。《周易注》："履非其位而下据三阴，得其所据，失其所处。处聚之时，不正而据，故必'大吉'，立夫大功，然后'无咎'也。"

【译文】九四，（获得）大吉，（才能）没有灾祸。

象辞说：（获得）大吉，（才能）没有灾祸，是因为其居位不当的缘故。

【爻辞释义】九四阳爻失正，居位不当。九四不居尊位，只是近君大臣而已，却将其下的三阴据为己有，有专权越位、欺君夺民之嫌，可能有灭顶之灾。爻辞中的"大吉"，实为警告之词，告诫九四只有立下大功，获得'大吉'，才能免去罪过，即'无咎'。

九五，萃有位，无咎。匪孚，元永贞，悔亡。
象曰：萃有位，志未光也。

【注释】匪：不，非，必须，用于"非……才……"的句式。元永贞："元"，大，长，善，吉；"元永贞"，长久不渝地守持正固。

【译文】九五，在相聚之时居得君位，无灾咎。非要心怀诚信，长久不渝地守持正固，才能使悔恨消失。

象辞说：在相聚之时居得君位，但其志向尚未光大。

【爻辞释义】九五阳爻居阳位，居中处尊，得君王之位。在聚合之时，得居君位，即"萃有位"。由于九四专横，霸据其民众，所以九五仅能自守其身，免于灾祸，即"无咎"。如果说九四是居位有问题，那么九五则是德不配位的问题，居于君位，却不能为民众所信服。因此，九五非要心怀诚信，长久不渝地守持正固，才能彰显功德，令人敬服，悔恨才会消失，即"匪孚，元永贞，悔亡"。象辞说"萃有位，志未光也"，是指九五虽有大位，但德不配位，其愿望尚未实现，其志向尚未光大。

上六，赍咨涕洟，无咎。
象曰：赍咨涕洟，未安上也。

【注释】赍咨涕洟（jī zī tì yí）：哀声叹息，痛哭流涕。其中，"赍咨"，为嗟叹；"涕"，为眼泪；"洟"，为鼻涕。

【译文】上六，哀声叹息，痛哭流涕，没有灾祸。

象辞说：哀声叹息，痛哭流涕，不敢安居于上。

【爻辞释义】上六处萃卦之极，与六三无应，凌乘九五。因此，内无应者，远近无助，孤独一人，痛哭流涕，哀叹不已，故称其"赍咨涕洟"。上六嗟叹哭泣，心不安宁，已经意识到不能萃聚、孤苦无助的危险，知危惧祸，不敢自安，自然行事谨慎，所以不会有灾祸，即"无咎"。

第四十六卦　升卦

巽下坤上

升：元亨，用见大人，勿恤，南征吉。

【注释】用见大人："用"，需要；"见"，出现；在升卦中阳爻不居尊位，无阳刚的尊正，因此需要有大德大才的"大人"出现。恤：担忧，忧虑。南：在八卦图的方位中，南方为离，离代表光明。

【译文】升卦：非常顺利，需要大德大才之人出现，才能无忧虑，向南方前进吉祥。

【卦辞释义】升卦的上卦坤是地，下卦巽是木，木从地下生出，苗壮生长，象征上升。上卦坤与下卦巽都为顺义，上下亨通顺畅；本卦的九二刚爻居下卦中位，六五阴爻居上卦中位，二者相应，所以非常吉祥，故称"元亨"。但是，在升卦中阳爻不居尊位，因此需要具有大德大才的"大人"，只有出现了"大人"，方可无忧，即"用见大人，勿恤"。在事物处于上升发展阶段，需要"大人"，也有利于"大人"的出现。顺利上升，不仅需要大德大才之人，而且需要正确的方向和有利的环境。南方为离，代表光明，向南方前进，就是附丽于光明，对于上升是有利的，即"南征吉"。

彖曰：柔以时升，巽而顺，刚中而应，是以大亨。用见大人，勿恤，有庆也。南征吉，志行也。

【注释】柔以时升：六五柔爻上升至尊位，是因为得天时，所以称其为"柔以时升"。巽而顺：下卦为巽，性谦逊，上卦为坤，性顺从，即"巽而顺"。刚中而应：九二刚爻居下卦中位，与居上卦中位的六五柔爻相应。

【译文】彖辞说：柔爻因时而升进，谦逊而顺从，刚爻居中而有正应，所以大为亨通。需要出现才高德厚的大人物，才无忧虑，会有喜庆之事。向南方前进吉祥，志向就可以实现了。

象曰：地中生木，升。君子以顺德，积小以高大。

【注释】顺德："顺"，遵循，顺从；"德"，善德；"顺德"，遵循而行其善德。君子以顺德，积小以高大：《周易正义》："'君子以顺德，积小以高大'者，地中生木，始于毫末，终至合抱。君子象之，以顺行其德，积其小善，以成大名，故《系辞》云'善不积不足以成名'，是也。"

【译文】象辞说：地中生木，是升卦的卦象。君子效法此象，行其善德，一点一点地培育崇高品德，成就伟大事业。

初六，允升，大吉。
象曰：允升大吉，上合志也。

【注释】允：相信，允许，公允。

【译文】初六，受到信任而能升进，非常吉祥。

象辞说：受到信任而能升进，非常吉祥，因为与上位者志意相合。

【爻辞释义】初六阴爻，在升卦的最下位。下卦的三爻中，九二和九三皆有上应，有利于升进。初六虽无上应，但上承九二。初六的升进得到了九二和九三的允可，因初六的升进对他们无害，于是对其信而不疑，不会阻拦。所以，初六就可以与九二和九三一起升进，获得大吉，即"允升，大吉"。象辞说的"上合志也",意思就是:初六和其上的九二和九三志意相合。

九二,孚乃利用禴,无咎。
象曰:九二之孚,有喜也。

【注释】禴(yuè):夏祭,一种简单的祭祀;此处意为进献微薄的礼品。

【译文】九二,心怀诚信就可简单祭祀(用薄礼晋见),没有灾咎。

象辞说:(由于)九二的诚信,将有喜庆之事。

【爻辞释义】九二以阳爻而居中位,上应六五。九二有刚健中正之德,升进应合六五,不是为了邀宠,而是为了成就一番事业。因此,九二心怀诚信,奉事君王,用薄礼前去晋见,不会有灾咎,即"孚乃利用禴,无咎",这是用简单祭祀作为比喻。象辞说"九二之孚,有喜也",意思是:九二的忠诚会得到信任,会受到重用,将有喜庆之事。

九三,升虚邑。
象曰:升虚邑,无所疑也。

【注释】虚邑:无人的村落或封邑。无所疑:毫无疑问,毋庸置疑。

【译文】九三,上升(畅通无阻),如入无人之境。

象辞说:上升(畅通无阻),如入无人之境,这是毫无疑问的。

【爻辞释义】九三阳爻居下卦最上方,当位,并与上六相应。九三以自身的刚健,十分顺利地升进,没有受到任何阻碍,如入无人之境,所以称其为"升虚邑"。象辞说"升虚邑,无所疑也",意即九三的升进是毫无疑问的。

六四,王用亨于岐山,吉,无咎。
象曰:王用亨于岐山,顺事也。

【注释】王:指周文王。亨:同享,祭祀。岐山:西周境内的地名,在今陕西岐山县东北。王用亨于岐山:被囚禁在羑(yǒu)里的周文王被纣王放回西周后,在岐山举行祭祀,感谢神灵对他的保佑。由于当时周文王并非天子,所以他的身份与六四的公侯职位相同,所以用"王"。顺事:《周易正义》:"'顺事'者,顺物之情,而立功立事,故曰'顺事'也。"

【译文】六四，（如同）君王在岐山祭祀神灵，吉祥，没有灾祸。

象辞说：（如同）君王在岐山祭祀神灵，这是顺乎天理人情的事。

【爻辞释义】第四爻是上卦的下爻，阴爻居阴位，当位。虽然下无所应，但九四柔顺，得到君王的信任，居于王侯之位。六四对于下卦升进的二阳爻，接纳而不拒绝，如同周文王岐山之会广纳贤士，故称"王用亨于岐山"，因而吉祥，无灾咎，即"吉，无咎"。

六五，贞吉，升阶。
象曰：贞吉升阶，大得志也。

【注释】升阶：天子在与诸侯一起聚会时，其位置要高于诸侯。天子的座位下面有台阶，"升阶"是从台阶走向天子之位的意思。

【译文】六五，坚持中正之道而获吉祥，踏阶而上，升至君位。

象辞说：坚持中正之道而获吉祥，踏阶而上，升至君位，实现了宏大的志向。

【爻辞释义】六五阴爻居阳位，不当位，但与刚正的九二相应。六五以柔居尊位，行中正之道，能接纳贤者九二，有阳刚贤士的辅佐，就能步阶而登上君位，故称"贞吉，升阶"。

上六，冥升，利于不息之贞。
象曰：冥升在上，消不富也。

【注释】冥：昏暗，昏庸，糊涂，愚昧。不息：不断，不停。消不富：上六昏昧地一味追求升进，虽不断努力，但劳不可久，终致消衰，故称"消不富"。

【译文】上六，昏昧地追求升进，（这种执着的精神）有利于永久守持贞正之道。

象辞说：高居极位，昏昧地追求升进，会因为自损其力而导致消亡。

【爻辞释义】上六为全卦的上爻，阴爻居阴位，当位，又与九三相应。但是，上六已至极顶之地，不懂得物极必反、升极必降的道理，仍然追求升进，是昏昧不明者，所以称上六的升进为"冥升"。"利于不息之贞"，意思是：如果将上六这种执着追求的精神用于固守正道，还是很好的。象辞说："冥升在上，消不富也。"意思是已经升到极顶，仍然昏昧地追求升进，会因力量消耗而导致衰败。

第四十七卦　困卦

坎下兑上

困：亨，贞，大人吉，无咎。有言不信。

【注释】有言不信：破解困局主要靠自身的能力和德行，企图以花言巧语脱困，是不会取得别人信任的，反而会深陷困境而不能自拔。《周易正义》："处困求济，在于正身修德。若巧言能辞，人所不信，则其道弥穷，故诫之以'有言不信'也。"

【译文】困卦：顺利亨通，守持贞正，大德大能之人吉祥，没有灾祸。（为了脱离困境，）靠花言巧语是不会有人相信的。

【卦辞释义】"困"字原义是家门口长有树木，不能自由出行，引申为穷尽、困苦、困顿。困卦的下卦为坎，为水；上卦为兑，为泽。困卦的卦象表示，水渗到地下，泽干涸了，所以象辞说"泽无水，困"。君子处于困境时不失其操守，则出路自通，定能走出困境，故说"亨，贞"。之所以能脱离困境，是因为践行中正之道的大德之人，能拯济困顿，得吉而无灾祸，即"大人吉，无咎"。要破解困局，脱离困境，主要靠的是自身的能力和德行。若是用花言巧语以求脱困，别人一定不会相信，反而会深陷困境而不能自拔，所以爻辞告诫"有言不信"。

彖曰：困，刚掩也。险以说，困而不失其所亨，其惟君子乎？贞大人吉，以刚中也。有言不信，尚口乃穷也。

【注释】困：困乏，穷困，困顿。刚掩："掩"，掩盖，掩蔽，覆盖；"刚掩"，困卦的上卦兑为阴卦，下卦坎为阳卦，是阳刚被阴柔所掩盖之象。险以说：下卦坎为险，上卦兑为悦，故称"险以说"。尚口："尚"，崇尚；"口"，言语；"尚口"，崇尚空谈。

【译文】彖辞说：困是阳刚被掩盖（于阴柔之下）。处境艰险而内心和悦，在困顿中而能不失顺遂通达，这不是只有君子才能做到吗？守持贞正，大德大能之人获得吉祥，是因为（九二、九五）刚爻居于中位。用花言巧语（以求脱困），别人不会相信，崇尚空谈就会途穷困顿。

象曰：泽无水，困。君子以致命遂志。

【注释】君子以致命遂志："致命"，致死，献出生命；"遂志"，实现志愿；"君子以致命遂志"，君子虽遭困厄，依然不屈不挠，即使可能致命丧身，仍努力实现其志向，故称"致命遂志"。

【译文】象辞说：泽中无水，是困卦的卦象。君子观此卦象，宁可舍身捐命，以实现其志愿。

初六，臀困于株木，入于幽谷，三岁不觌。
象曰：入于幽谷，幽不明也。

【注释】臀困于株木："株木"，露出地面的树根或树桩；"臀困于株木"，初六爻以阴居困卦最下，坐困于卑下。《周易注》："最处底下，沉滞卑困，居无所安，故曰'臀困于株木'也。"三岁不觌：觌（dí），见，相见；"三岁不觌"，三年不见人面，形容其困陷之深。

【译文】初六，（如同）臀部受困于木桩（居无所安），进入幽深的山谷，三年不与人见面。

象辞说：进入幽深的山谷，幽暗不明，（以自藏避困）。

【爻辞释义】初六是阴爻居阳位，不当位，处困卦之始，与九四有应。初六陷入困境之中，欲求九四相助，但是九二在前隔断其去路，不能获救，就像臀部被困于木桩上，居无所安，故称"臀困于株木"。在这种情况下，只能"入于幽谷，三岁不觌"了，即退避于幽深的山谷中，躲藏起来，多年不再露面。

九二，困于酒食，朱绂方来，利用享祀，征凶，无咎。
象曰：困于酒食，中有庆也。

【注释】困于酒食：受困于酒食，形容酒食多得无法消受。朱绂（fú）：古代礼服上的红色蔽膝，后多借指官服；古代系佩玉或印章的红色丝带也称朱绂。这里用"朱绂"比喻荣禄。方：一并，一齐。无咎：此处意为无可怨咎，即怨不得别人。

【译文】九二，酒食多得无法消受，红色的官服也送来了，宜于举行祭祀（感谢上天的福佑）。进而求取，则有凶险，（自招之祸，）无可怨咎。

象辞说：酒食多得无法消受，这是因为居中行正，必有福庆。

【爻辞释义】九二阳爻居阴位，不当位，和九五不相应，但居得中位。阳爻居中位，象征其待人谦和，处事合宜；上无所应，则意味着心无牵挂，无所私念。具有这种品格的人，在处于困境时必会得到众人的帮助，各方资助极为丰富，所赠酒食多得无法消受，此即"困于酒食"。"朱绂"指古代官服，"朱绂方来"说的是荣禄富贵也来了。在这种情况下，应该去祭祀，感恩上天的福佑，即"利用享祀"。物资如此丰富，情况如此顺利，如果还要进而求取，那就是致凶之道，所以说"征凶"。果真如此，那就是自取其凶，无可怨咎，即"无咎"。此处的"无咎"不是没有灾祸的意思。

六三，困于石，据于蒺藜，入于其宫，不见其妻，凶。
象曰：据于蒺藜，乘刚也。入于其宫，不见其妻，不祥也。

【注释】据：义同居。蒺藜（jí lí）：一年生草本植物，茎横生在地面上，有刺，果实也叫蒺藜。

【译文】六三，受困阻于磐石（道路不通），如同坐在蒺藜上（不得安宁），回到家中见不到妻子，凶险。

象辞说：居于蒺藜，是因为凌乘阳刚。回到家中，不见其妻，是不祥之兆。

【爻辞释义】六三阴爻居阳位，不当位，不中不正，且和上六不相应。爻辞中的"石"是指九四，坚刚而不可入，像一块大石头挡住了去路，使六三寸步难行。"蒺藜"是指九二，六三以柔弱之身凌乘九二刚爻，如同坐在带刺的蒺藜上。这就是爻辞中"困于石，据于蒺藜"的意思。六三既无正应，又无亲比，寻配偶而不可得，就像回到家而不见其妻，如此困顿，必有凶险，所以说"入于其宫，不见其妻，凶"。

九四，来徐徐，困于金车，吝，有终。

象曰：来徐徐，志在下也。虽不当位，有与也。

【注释】徐徐：缓慢。金车：用铜作装饰的车子，这里指的是九二，阻碍九四救援初六。有与：指的是九四和初六之间有正应相与的关系。

【译文】九四，缓缓而来，是由于被金车（九二）困阻，（虽然）遗憾，最终还是有了结果。

象辞说：缓缓而来，志在援救下方的（初六）。虽然居位不当，但是（和初六）正应相与。

【爻辞释义】九四阳爻居阴位，不当位，与初六相应。初六身陷幽谷之中，与其相应的九四理应驰援救助，但是九四因为居位不正，力量不足，中间有九二的阻隔，所以心有忧惧，行动迟缓。爻辞中的"金车"指的是九二，由于其阻挡，致使九四不敢疾速前往，只能缓慢而来，即"来徐徐"。有应而不敢前往，是件令人遗憾的事，故称"吝"。九四虽不当位，但为人谦和，不与九二硬性抗争，毕竟九四和初六是正应相与的关系，所以问题最终还是得到了解决，即"有终"。

九五，劓刖，困于赤绂，乃徐有说，利用祭祀。

象曰：劓刖，志未得也。乃徐有说，以中直也。利用祭祀，受福也。

【注释】劓刖（yì yuè）：割鼻断足的刑罚。赤绂（fú）：红色的官服，此处指高位。

乃徐有说:"乃",才,这样,如此;"徐",慢慢,逐渐;"说",同脱;"乃徐有说",才逐渐脱离困境。

【译文】九五,施行割鼻断足(的酷刑),受困于尊贵的高位,逐渐地脱离(困境),利于举行祭祀(以求福佑)。

象辞说:施行割鼻断足的刑罚,未能得志。逐渐地脱离(困境),是因为(九五)中正刚直。利于举行祭祀,可以得到福佑。

【爻辞释义】九五阳爻居尊位,刚愎自用,失于谦和谨慎。九五滥用酷刑,动辄施行割鼻断足的刑罚,从而导致众叛亲离,使之陷入困境。"劓刖,困于赤绂",意思是:滥用酷刑,受困于高位。由于九五居位中正,能够在困境中吸取教训,改变其施政方式,逐渐地脱离了困境,此即"乃徐有说"。九五居于尊位,受困而能改正施政方式,利于祭祀,求得福佑,故说"利用祭祀"。

上六,困于葛藟于臲卼,曰动悔,有悔,征吉。
象曰:困于葛藟,未当也。动悔,有悔,吉行也。

【注释】葛藟(gě lěi):攀附缠绕的蔓藤植物。臲卼(niè wù):是动荡不安的危险场所。曰:这里为"心中谋划""心中思忖"之意。动悔,有悔:两个"悔"字含义有所不同。前者为后悔,后者为省悟、悔改。

【译文】上六,受困于葛蔓(的缠绕),陷入惶恐不安的境地。(如果)心中能想到,以前的行动令人后悔,应当省悟悔改,再行动就会获得吉祥的结果。

象辞说:受困于葛蔓,是由于居位不当。(以前)动辄有悔,若能省悟悔改,(然后)行动可获吉祥。

【爻辞释义】上六处困卦之极,是极困者。上六阴居阴位,至柔不中,凌乘于九五刚爻之上,下与六三无应,受困至极,就像被葛蔓缠绕,无法挣脱,陷入惶恐不安的险境。这就是爻辞中"困于葛藟于臲卼"的意思。凡穷则思变,困则谋通,处于极困之地,应该仔细地谋划一下。"曰动悔,有悔,征吉",意思是:如果心中能想到,以前的行动结果皆令人后悔,应当改变以前的做法,那么再行动就会获得吉祥,从而走出困境。

第四十八卦　井卦

巽下坎上

井：改邑不改井，无丧无得，往来井井。汔至，亦未繘井，羸
其瓶，凶。

【注释】邑：古代八家一井，四井为一邑。井井：这里形容洁净的样子。汔至："汔"
（qì），接近，几乎；"汔至"，接近到达，快要到达。亦未繘井："繘"（jú），（名词）井上
汲水的绳索，（动词）用绳索汲取井水；"亦"，仍然；"亦未繘井"，依然未从井中取出水，
即井绳还未离开井口。羸其瓶："羸"（léi），打破，毁坏；"羸其瓶"，将其汲水的水瓶打翻了。

【译文】井卦：村邑迁移而水井不会变动，井水既不会枯竭，也不会满溢，
（取水者）来来往往，水井仍保持洁净。（虽然水瓶）已接近井沿，然而井绳
还未离开井口，打翻了水瓶（前功尽弃），有凶险。

【卦辞释义】井卦的卦象是上卦为坎，下卦为巽。水井不断地为人们提供
用水，始终不会改变。村庄迁移了，而水井却不会移动；井水既不会枯竭，

也不会满溢；人来人往，水井总是保持干干净净；所以说"改邑不改井，无丧无得，往来井井"。卦辞接着说，一个人汲水时，已经将水瓶提上来了，然而井绳却未离开井口，并且打翻了水瓶，前功尽弃，必致凶咎，即"汔至，亦未繘井，羸其瓶，凶"。这是告诫人们，行德行善，必须善始善终；如果有始无终，则有凶险。井卦以修井作为比喻，阐述了道德修养问题。

象曰：巽乎水而上水，井。井养而不穷也。改邑不改井，乃以刚中也。汔至，亦未繘井，未有功也。羸其瓶，是以凶也。

【注释】巽乎水而上水：巽为风，为木。"巽乎水"，即木于水中，上卦为坎，为水；"而上水"，即木将水提升上来。刚中：九二、九五刚爻分居下、上卦中位，以刚居中，表示安定而不变其位。

【译文】象辞说：木入水中，将水举升，这是井卦的卦象。井以水供养人们，经久而不竭。村邑迁移而水井不会变动，这是因为刚爻居于中位。（虽然水瓶）已接近井沿，然而井绳还未离开井口（水仍不能使用），无功（可言）。打翻了水瓶（前功尽弃），所以凶险。

象曰：木上有水，井。君子以劳民劝相。

【注释】劳民劝相："劳"，慰劳，慰问；"相"，帮助，辅助；"劳民劝相"，慰劳民众，劝勉互相帮助。《伊川易传》："君子观井之象，法井之德，以劳徕其民而勤勉以相助之道也。劳徕其民，法井之用也；劝民使相助，法井之施也。"

【译文】象辞说：木上有水，是井卦的卦象。君子观此卦象，体恤慰劳民众，劝勉互相帮助。

初六，井泥不食，旧井无禽。
象曰：井泥不食，下也。旧井不禽，时舍也。

【注释】井泥不食：井水混浊，不能食用。旧井无禽：废弃的旧井连鸟儿都不来。
【译文】初六，井泥浊水不可食用，连飞鸟也不来旧井栖息了。
象辞说：井泥浊水不可食用，是因为它在井的最底下。飞鸟不来旧井栖息，是因为时势变迁，旧井已舍弃不用了。

【爻辞释义】初六阴爻居阳位，不当位，且与六四不相应。初六阴柔卑下，居井卦的最下位，象征井底的泥污。被淤泥污染了的水无法食用，长期废弃的旧井，就连鸟儿也不来，所以爻辞说"井泥不食，旧井无禽"。

九二，井谷射鲋，瓮敝漏。
象曰：井谷射鲋，无与也。

【注释】井谷：井水是自下而上涌出，山谷的泉水是自上而下流动。井水自上而下流出，不像井，而像山谷，故称其为"井谷"。射鲋："射"，注流；"鲋"（fù），小鱼虾；"射鲋"，水自上而下流注井底，供养一些小鱼虾。敝漏：陈旧破漏。

【译文】九二，井水（自上而下）流入井底，供养一些小鱼，如同水从破旧的瓮中漏出。

象辞说：井水（自上而下）流入井底，供养一些小鱼，（是因为）没有正应相与。

【爻辞释义】九二阳刚，居下卦中位，但不当位，与九五不相应，上无援应，象征井水不能向上喷涌。但九二与初六亲比，初六不能援助九二，反而需要九二的帮助，象征井水自上而下流入井底，只能供养一些小鱼。这就是"井谷射鲋"的意思，其中"鲋"指的是初六。井水向下流注，像是水瓮破旧，漏水下流，故称"瓮敝漏"。九二为阳刚之才，本可以做一番事业，但上无援应，不能向上而只能就下，如同瓮中之水，因瓮破而漏失，不为所用。

九三，井渫不食，为我心恻，可用汲，王明，并受其福。
象曰：井渫不食，行恻也。求王明，受福也。

【注释】渫（xiè）：清除、淘去污泥；疏通。为我心恻："为"，使；"恻"（cè），悲伤，悲痛；"为我心恻"，使我心中感到悲伤。可用汲：可以汲水，指井水可以取来食用。行：言，说。《尔雅·释诂》："行，言也。"

【译文】九三，水井已经清理疏通，但无人取水食用，令人心中悲伤。井水已经可以汲用，（求）君王圣明，与臣民共享福泽。

象辞说：水井已经清理疏通，但无人取用，说的是其悲伤。求君王圣明，是为了接受君王的福泽。

【爻辞释义】从卦象上看，九三阳爻居阳位，居下卦之上，得正失中。九三与初六"井泥"不同，得正位而有应于上六；和九二也不同，不是自上而下的"射鲋"，而是井水已可汲用。但是，九三仍处在下卦，井虽已修治，仍未被食用，即"井渫不食"，尚未成功。井已修治而未被食用，就像人有才能而未被任用，令人悲伤，所以说"为我心恻"。九三有应于上六，象征井水可自下而上地被汲取。井水可汲，如同人才可用。若遇到英明的君王，贤才受重用，可实现自己的志向，君王则可坐享其功，君臣都可以享受其福。这就是"可用汲，王明，并受其福"的意思。

六四，井甃，无咎。
象曰：井甃无咎，修井也。

【注释】甃(zhòu)：（名词）井壁；（动词）用砖砌（井、池子等）。

【译文】六四，用砖石垒筑井壁，无过错。

象辞说：用砖石垒筑井壁无过错，因为这是对井进行修缮。

【爻辞释义】六四阴爻居阴位，当位，但下无所应，没有援助，只可自保，无力奉上。对于人而言，应当修德补过，不可急于进取，就像水井坏了，可做些修补工作，即"井甃"。这样做，当然不会有过错，也无灾祸，所以说"无咎"。

九五，井洌寒泉，食。
象曰：寒泉之食，中正也。

【注释】洌（liè）：清澈，洁净。寒泉：清凉的泉水，比喻贤德之人。

【译文】九五，井水洁净，清凉可口，可以食用。

象辞说：食用洁净清凉的井水，是因为（九五）行中正之道。

【爻辞释义】九五阳刚，居于尊位，中正高洁，不食污秽之水，井水变得洁净清凉后才食用，所以说"井洌寒泉，食"。对于人事而言，则是不接纳非贤不义之人，必须品行高尚、才能出众的人才，才予以任用。九五之所以食"寒泉"之水，纳贤德之士，是因为居位中正的缘故，故象辞说"寒泉之食，中正也"。

上六，井收。勿幕有孚，元吉。
象曰：元吉在上，大成也。

【注释】井收："收"，收获之意；井功大成，故称"井收"。幕：盖子；覆盖。

【译文】上六，修整水井已经完成。不是覆盖井口，而是诚心诚意（与民众共享），非常吉祥。

象辞说：居上位而获大吉，（井功）已经大成。

【爻辞释义】上六阴爻居阴位，当位，并与九三有应。上六在最上位，修建水井已大功告成，即"井收"。幕，是盖的意思。井已修建成功，不是将其盖起来，为己专用，而是诚心诚意地与民众共享，则人心所向，必获大吉，故称"勿幕有孚，元吉"。上六之所以能获"元吉"，是因为居井卦之上、井功大成的缘故，正如象辞所言，"元吉在上，大成也"。井功大成，象征着事业大成、功德圆满。

第四十九卦　革卦

离下兑上

革：已日乃孚，元亨，利贞，悔亡。

【注释】已日乃孚："已"，停止，终结，完结；"孚"，相信，信任；"已日乃孚"，意为变革成功之日，人们才会信服。

【译文】革卦：（变革）成功之日，（民众）才会信服，（从而）极为顺利，利于贞正，悔恨消亡。

【卦辞释义】革卦的上卦兑为泽，为水；下卦离为火。水浇火，水盛则火灭；火烧水，火盛则水干。水火互不相容，相互排斥，为变革之象。另外，上卦兑代表少女，下卦离代表中女，两女同住一处，彼此不能相让，就会生变，亦为变革之义。

对于一般民众，习惯于常规，而难以适应变革；乐于见到成功，而难以开始行动。变革之初，人们未必相信；变革成功了，人们才会信服；所以说"已日乃孚"，其中"已"为终，指变革事成；"孚"为相信、信任。变革为民众所信服，说明变革正当，受到人们的赞成和拥护，那么就会十分顺利，利于中正，不会发生恼悔的事情，即"元亨，利贞，悔亡"。

彖曰：革，水火相息，二女同居，其志不相得曰革。已日乃孚，革而信之。文明以说，大亨以正。革而当，其悔乃亡。天地革而四时成。汤武革命，顺乎天而应乎人。革之时大矣哉。

【注释】水火相息，二女同居：上卦为兑，为泽，为水；下卦为离，为火；水火不相容，故称"水火相息"。上卦兑代表少女，下卦离代表中女，即"二女同居"，两女同居一处，志向不同，故生革变。已：终了，完结。文明以说，大亨以正："说"，同悦。下卦为离，为火，代表文明；上卦为兑，为泽，代表喜悦；就上下卦而言，称其为"文明以说"。"大亨"，即彖辞所说的"元亨"；"正"，指的是九五和六二爻居位中正；"大亨以正"，意思是：之所以大亨，是因为九五和六二爻居位中正。以：连词，在"文明以说"中意为"而"；在"大亨以正"中意为"因为"。汤武革命：指商汤王推翻夏桀，建立了商朝；周武王推翻商纣王，建立了周朝。

【译文】彖辞说：革卦，水火互不相容，两女同居一处，志向互不相投，（所以）说会生革变。（变革）成功之日，人们才会信服，才会（参与并）相信变革。文明而和悦，因中正而极为顺利。变革正当，恼悔的事也就没有了。天地变革而有四季。汤武革命就是顺乎天、应乎人（的革命）。变革的时机具有重大意义啊！

象曰：泽中有火，革。君子以治历明时。

【注释】泽中有火，革：火在泽中，二性相反，互相排斥，皆想改变对方，为变革之象。君子以治历明时："历"，历法；"治"，修理，整治；"君子以治历明时"，君子观此卦象，修治历法，明了天时的变化，以顺时而变。

【译文】象辞说：泽中有火，是革卦的卦象。君子观此卦象，修治历法，明了天时（顺时而变）。

初九，巩用黄牛之革。
象曰：巩用黄牛，不可以有为也。

【注释】巩：加固，束牢。黄：中色，寓意守持中道。

【译文】初九，用黄牛皮牢牢地束缚住（自己）。

象辞说：用黄牛皮牢牢地束缚住，（因而）不可以有所行动。

【爻辞释义】初九居革卦之始，上无正应，位卑居下，且不在中位，没有适应变革的能力，在变革的初始阶段只能守常不变。初九是阳刚之才，阳居阳位，易于冲动，为了不轻举妄动，用坚韧的黄牛皮把自己牢牢地包束起来，即"巩用黄牛之革"。黄为中色，寓意守持中道；牛革质地坚韧，寓意守常不变。这一爻说的是初九在变革之初，持中守常，不肯有所行动。

六二，已日乃革之，征吉，无咎。
象曰：已日革之，行有嘉也。

【注释】已日乃革之："已日"，终了之日，成功之日；"乃"，才，于是；"已日乃革之"，变革成功了才参与变革。嘉：嘉美。

【译文】六二，（变革）成功之日才参与变革，前往吉祥，没有灾祸。

象辞说：（变革）成功之日参与变革，前往将有嘉美之事。

【爻辞释义】六二阴爻居阴位，居位得中，性柔顺且有中正之德。六二处下卦之中，九五处上卦之中，皆居中得正，二者有正应关系。六二性柔，不能"以我为主"进行变革，变革成功时可以跟随变革，即"已日乃革之"。因为与九五相应，六二可以从上面得到援应，前往可获吉祥，不会有灾祸，即"征吉，无咎"。象辞说的"已日革之，行有嘉也"，意思是：变革成功时参与变革，前往会有嘉美之事。

九三，征凶，贞厉，革言三就，有孚。
象曰：革言三就，又何之矣。

【注释】革言三就："三"，指上卦的三爻；"就"，为服从；"革言三就"，即上三爻都说服从变革。之：去，前往。

【译文】九三，征伐有凶险，即使贞正，也很危险。对于变革，上三爻皆表示服从，并且是诚心诚意的。

象辞说：（既然）上三爻皆表示服从变革，又何必前往（征伐）呢？

【爻辞释义】九三阳爻居阳位，居位不中，为过刚不中之象。九三处下卦离（火）之极，在变革之时去征伐别人，强行要别人参与变革。九三的征伐没有道理，即使愿望是良好的，也会有凶险，所以说"征凶，贞厉"。贞为贞正，厉为危险。为什么九三会"征凶"，导致危险呢？这是因为水火相息的缘故，上卦泽的三爻是"水在火上"，形势所迫，所以都表示服从变革，而且他们服从变革是诚心诚意的，即"革言三就，有孚"。上卦三爻皆要变革（即革言三就），并且是真诚的（即有孚），九三还要去征伐，那就不正当了，所以"征凶，贞厉"。象辞说"革言三就，又何之矣"，是说既然别人服从变革了，何必还要去征伐呢？

九四，悔亡，有孚改命，吉。
象曰：改命之吉，信志也。

【注释】有孚改命："有孚"，指九四相信变革，对变革有信心；"改命"，改变命运；"有孚改命"，相信变革而改变了自己的命运。

【译文】九四，怨悔消失，相信变革，改变命运，吉祥。

象辞说：改变命运的吉祥，是因为有相信（变革的）志向。

【爻辞释义】九四与初九的相似之处，是分别处于上卦和下卦的下位。处中位者，惯于墨守常规；居下位者，则愿意变革。虽然初九处下卦的下位，但变革的条件尚未成熟，所以不能变，需要"巩用黄牛之革"，不能轻举妄动。九四处上卦的下位，变革条件具备，所以能够变革。因为和初九无应，不能相互援应，按道理应该"有悔"。既然已经可以变革了，那么也就没有什么怨悔的事了，即"悔亡"。九四相信变革，顺应时势参与变革，从而改变了自己的命运，获得吉祥，即"有孚改命，吉"。

九五，大人虎变，未占有孚。
象曰：大人虎变，其文炳也。

【注释】大人虎变："大人"，大德之人，指九五；"虎变"，老虎夏季脱毛，色彩浅，到冬季，毛变厚，光泽美丽；"大人虎变"，喻指"大人"九五改革彻底，面目一新。文：斑纹；

文彩。炳：光辉，闪耀，彪炳。

【译文】九五，大德之人的变革成效卓著，不占卜就（为民众所）信服。

象辞说：大德之人的变革成效卓著，如同虎纹一样光彩彪炳。

【爻辞释义】九五阳刚中正，居尊位，下应六二，是革卦之主。九五以大人之德进行变革，创制立法，功垂千古，彪炳日月。"大人虎变"讲的是，九五彻底变革，使社会面貌焕然一新，如同"虎变"，其斑纹彪炳，光泽美丽。这样的君王所领导的变革，不需要占卜，必然会获得民众的信赖与支持，所以说"未占有孚"，其中"占"为占卜，"孚"为信服。

上六，君子豹变，小人革面，征凶，居贞吉。
象曰：君子豹变，其文蔚也。小人革面，顺以从君也。

【注释】君子：地位比君王低一些的人，此处指上六。豹变：是相对九五爻的"虎变"而言的。豹与虎相似，但逊于虎；豹纹细密美观，但不及虎纹彪炳。文：花纹。蔚：茂盛，浓密，盛大，文彩华美。

【译文】上六，君子的变革如同"豹变"（也大有作为）；小人会改换面孔（服从变革）。（激进）征伐有凶险，安守正固获吉祥。

象辞说：君子的变革如同"豹变"，其成就也很可观。小人改换面孔，只是为了顺从君王。

【爻辞释义】上六爻阴爻居阴位，当位，与九三有应。上六是革卦的终极，表示变革已经完成。此时，君子（上六）虽不能像君王（九五）那样成为变革的开创者，但也可以在变革中大有作为，其成就如同豹子的斑纹那样色泽美观，此即爻辞所说的"君子豹变"。"小人革面"，说的是小人只能是改换面孔，做一些表面文章，适应时势的变化，顺从变革罢了。当变革完成后，应当居安守正，不可无休止地争斗下去，征伐有凶险，居守正固，才能吉祥，故说"征凶，居贞吉"。

第五十卦 鼎卦

巽下离上

鼎：元吉，亨。

【注释】鼎：在古代，鼎是烹饪工具，又是国家权力的象征。在鼎卦各爻中，二义兼用，重在后者。夏朝铸造九鼎，一直传至商朝和周朝。在古代，新王朝建立之初必先铸鼎，其上铸有法令文字，表示新朝代的开始。

【译文】鼎卦：非常吉祥，顺利。

【卦辞释义】鼎是古代供烹饪用的器皿，烹饪则是将食材做成新的食物。"革故鼎新"这个词的意思就是革去旧、鼎立新，即革除旧的东西，建立新的东西。建立新的制度、秩序和规范，决定的因素是人，但取得成功则需要天时、地利、人和的配合，只有吉祥才能具备天时、地利、人和的条件，然后才能顺利地变故为新。所以，卦辞先说"元吉"，然后才讲"亨"。本卦阐述了鼎新过程中的吐故纳新、行为规范、用才任贤等方面的问题。

　　彖曰：鼎，象也。以木巽火，亨饪也。圣人亨以享上帝，而大亨以养圣贤。巽而耳目聪明，柔进而上行，得中而应乎刚，是以元亨。

　　【注释】鼎，象也：鼎卦的卦象很像鼎的形状，初爻为鼎足，中间的三个刚爻为鼎体，五爻为鼎的双耳，上爻为用来穿过鼎耳抬鼎的杠子，称为鼎铉（xuàn）。以木巽火，亨饪也："巽"，入；"以木巽火"，下卦巽为木，上卦离为火，卦象为将木头放入火中。"亨"，通烹；"亨饪"，即烹饪，烹煮。

　　【译文】彖辞说：鼎，是鼎卦的象。将木头放入火中，是在烹饪食物。圣君烹饪用以祭祀上帝，而大量地烹煮食物，则是供养圣贤君子。（贤人获得供养，就可以）顺而辅助其事，（圣上便可）耳聪目明；（六五）柔爻进而上行，居中而与（九二）刚爻相应，所以大为亨通。

　　象曰：木上有火，鼎。君子以正位凝命。

　　【注释】正位：理清上下关系，确定尊卑位置。凝命："凝"，稳重，庄重，严整；"凝命"，制定严明的法令。

　　【译文】象辞说：木上有火，是鼎卦的卦象。君子观此卦象，确定尊卑的位置，制定严明的法令。

　　初六，鼎颠趾，利出否，得妾以其子，无咎。
　　象曰：鼎颠趾，未悖也。利出否，以从贵也。

　　【注释】颠：倒下；上下倒置。趾：脚趾。否（pǐ）：坏；恶；不良之物。咎：过失，罪过；责备；灾祸。悖：相反；违反；违背道理。利出否，以从贵：否代表旧；贵代表新；"利出否，以从贵"，利于排出污物，可吸纳新的东西。《周易正义》："'以从贵也'者，旧，秽也。新，贵也。弃秽纳新，所以'从贵'也。然是去妾之贱名而为室主，亦从子贵也。"

　　【译文】初六，大鼎颠倒，鼎足朝上，有利于清除污秽之物。纳妾生子（喜得新人），无可怪罪。

　　象辞说：鼎足颠倒，并不违背常理。利于排出鼎内的污物，以吸纳新的东西。

　　【爻辞释义】初六处在鼎卦的最下位，象征鼎足。在《易经》中，以阳为实，以阴为虚。鼎作为烹饪的器皿，应该是下实而上虚。初六居鼎卦之始，以阴居下，则是下虚上实，象征鼎足颠倒，故称"鼎颠趾"。鼎足颠倒并非坏事，有利于倒出鼎内污秽的东西，即"利出否"。在古代，称大老婆为正室，小老婆为妾，为侧室，即使正室死亡，侧室也不能继为正室。若以妾为正室，那就像鼎足颠倒一样，不合规矩。但是，如果妾能生个儿子，则母以子贵，便可转为正室，就没有过错了，所以说"得妾以其子，无咎"。处在鼎新的初期，重要的是吐故纳新，鼎足颠倒是为了吐故，娶妾是为了生贵子、纳新人，故"无咎"。因此，象辞说"鼎颠趾"没有违背常理，"利出否"是为了起用新人。这里，否代表旧；贵代表新。

九二，鼎有实，我仇有疾，不我能即，吉。
象曰：鼎有实，慎所之也。我仇有疾，终无尤也。

【注释】我仇有疾："仇"（qiú），匹配，配偶，伴侣；"疾"，疾病；"我仇有疾"，我的配偶有病。不我能即："即"，靠近，接近；"不我能即"，倒装句，即"不能即我"，不能接近我，不能到我处。慎所之："之"，去，往，到；"慎所之"，要谨慎前行。尤：通忧。

【译文】九二，鼎中已装满，我的配偶有病，不能到我处，吉祥。

象辞说：鼎中已装满，要谨慎前往（处理）。配偶有病，最终没有忧虑。

【爻辞释义】九二阳爻居下卦中位，与六五相应。九二已经是鼎腹，鼎中已经装满食物，象征九二有实在的才华，即"鼎有实"。"仇"为匹配、配偶之意，古字同"逑"。"我仇有疾，不我能即"，意思是：我的配偶生病，不能到我这里来。九二与六五正应，六五是九二的配偶。六五凌乘九四阳刚，因而不得安宁，即"有疾"；不能前来应和九二，即"不我能即"。"鼎有实"说明鼎中已经装满，如果继续添加东西，就会溢出。既然六五不能前来相助，不会有溢出的问题，不是坏事，而是好事，故称"吉"。象辞说"我仇有疾，终无尤也"，意思就是：既然配偶有病，不能前来添加东西，那最终就没有什么可忧虑了。

九三，鼎耳革，其行塞，雉膏不食，方雨亏悔，终吉。
象曰：鼎耳革，失其义也。

【注释】鼎耳革："鼎耳"，是鼎腹两边高出的部位，中空，可穿进木杠，以便于搬运鼎；"革"，变形；"鼎耳革"，鼎的耳部发生了变形。雉膏："雉"（zhì），山鸡；"雉膏"，山鸡汤。方雨亏悔："方"，待到；"雨"，天降雨露，象征阴阳交和，阻塞不通的局面随之结束。"亏"，减少；"亏悔"，消释悔恨，悔恨渐消；"方雨亏悔"，待到阴阳调和，则悔恨渐消。失其义：失去其自身的意义，即失去穿杠抬鼎的功能了。《周易正义》："'失其义也'者，失其虚中纳受之义也。"

【译文】九三，鼎耳变形了，无法穿入横杠（使鼎移动），（鼎中）美味的山鸡汤也不能吃了。待到阴阳调和，则悔恨渐消，终获吉祥。

象辞说：鼎耳变形，便失去其（穿入横杠）的功能意义了。

【爻辞释义】九三阳爻居阳位，当位，但与上九不相应。抬杠穿过鼎耳，才便于搬移大鼎，所以鼎耳是中空的。九三以阳爻居阳位，不居中，刚亢过度，其行为就像使鼎耳发生了变形，无法穿入横杠使鼎移动，即"鼎耳革，其行塞"，此处"革"为变形的意思。如此一来，鼎中美味的山鸡汤也不能吃了，即"雉膏不食"。之所以产生闭塞的问题，就是阴阳不通的缘故。天降雨露，象征阴阳交和，阻塞不通的局面便会随之结束。"方雨亏悔，终吉"，就是说九三不能过于刚亢，阴阳调和，方能和通，悔恨才会渐渐消失，从而终获吉祥。

九四，鼎折足，覆公𫗦，其形渥，凶。
象曰：覆公𫗦，信如何也。

【注释】覆公𫗦："覆"，倾覆；"公"，王公；"𫗦"（sù），古代指鼎中的食物，后泛指美味佳肴；"覆公𫗦"，将王公的美食弄翻了。渥（wò）：沾湿。

【译文】九四，鼎足折断，将王公的美食打翻了，其身上沾满污物，有凶险。

象辞说：将王公的美食打翻了，怎么能得到信任呢？

【爻辞释义】九四阳爻居阴位，失正不中，与初六有应。九四上承六五之尊，下与初六相应，上下皆需照应，凭一己之力难以承担，势必崩溃，故而"鼎折足"。鼎足既然折断，鼎必会倾覆，鼎内为王公烹饪的美味佳肴便倾泻在地，并且将衣服弄脏了，此即"覆公𫗦，其形渥"。对于人来说，见微知著，知小谋大，从小事便可以察看一个人的能力和品行。从九四将鼎倾覆、食物打翻在地这件事情，就可以知道此人不堪重任。失去了上司的信任，得不到重用，必受其辱，前程凶险，所以说"凶"。"覆公餗，信如何也"，意思是：将王公的美食打翻了，还怎么得到信任呢？

六五，鼎黄耳金铉，利贞。
象曰：鼎黄耳，中以为实也。

【注释】鼎黄耳：鼎有黄耳。黄色为土色，以五行论属于中央位，寓意持守中正。金铉："铉"（xuàn），用来穿过鼎耳搬运鼎的杠子；"金铉"，用黄铜制成的铉，"金"代表坚刚。中以为实：六五居中，下应九二，可获刚实之益。《周易尚氏学》："五得中应二，故中以为实，实指二。"《周易注》："以中为实，所受不妄也。"

【译文】六五，鼎配上了黄耳和金杠，利于守持正道。

象辞说：鼎配上了黄耳，居中而获刚实之益。

【爻辞释义】六五以阴爻居君位，得中，下与九二相应，且与上九亲比，象征仁德之君，虚心接纳天下贤士。六五居中，又有刚直中正的九二援应，如同鼎有黄金耳，并配以坚刚的鼎杠，所以说"鼎黄耳金铉"。黄，为中色，表示中庸之道，六五居中位，故称"黄耳"。金，代表刚直，六五与九二相应，以柔纳刚，九二为其"金铉"。因为六五所吸纳的为刚正贤臣，利于固守中正之道，所以"利贞"。

上九，鼎玉铉，大吉，无不利。
象曰：玉铉在上，刚柔节也。

【译文】上九，大鼎配上玉铉，十分吉祥，无所不利。

象辞说：玉铉居上位，刚柔调节（得恰如其分）。

【爻辞释义】上九以阳爻居阴位，刚柔相济，且与六五亲比。上九居上位，象征鼎铉，因其以阳刚而居阴位，就像玉一样，坚硬而又色泽温润，故称"鼎玉铉"。上九坚刚且又柔和，因其无正应，所以心无牵系，能胜其任，大吉而无所不利。上九以阳处阴，虽居上位，但不刚亢，刚柔调节得恰到好处，所以象辞说"玉铉在上，刚柔节也"。

第五十一卦 震卦

震下震上

震：亨。震来虩虩，笑言哑哑。震惊百里，不丧匕鬯。

【注释】虩虩（xì xì）：形容恐惧的样子。哑（旧读 è）：笑声。匕：古时指勺、匙之类的取食用具。鬯（chàng）：重大节日活动庆典用的香酒。匕鬯：这里指祭祀时用的餐具和香酒。

【译文】震卦：顺利亨通。当惊雷震动时，令人感到恐惧；（心怀敬惧之心，平安得以保全，所以人们）笑语连连。雷声震惊百里（祭祀者却能从容不迫），手中的餐具和美酒都未失落。

【卦辞释义】此卦是由两个震卦重叠而成，震为雷，为动。震，雷声大作，大地震动，人皆恐惧。胸怀敬惧之心，行事才能顺通，事业才能成功，所以震可以带来亨通，故称"亨"。"震"为迅雷震动，象征天威神怒，"震"的到来令众人莫不恐惧，即"震来虩虩"。既然恐惧，就不敢胡作非为，平安便得以保全，因而人们笑语连连，故称"笑言哑哑"。八卦中的震卦代表长子，父之下长子为大，出征则可帅军，守国则可监理政事。虽然雷声震惊百里，但长子仍能从容祭祀宗庙，餐具、食物和美酒，守而不失，所以说"震惊百里，不丧匕鬯"。

彖曰：震，亨。震来虩虩，恐致福也。笑言哑哑，后有则也。震惊百里，惊远而惧迩也。不丧匕鬯，出可以守宗庙社稷，以为祭主也。

【注释】则：规则，法则。迩（ěr）：近处，接近。社稷（jì）：古代土神和谷神的总称，社为土神，稷为谷神，后被用来指代国家或朝廷。

【译文】彖辞说：震卦，顺利亨通。当惊雷震动时，令人感到恐惧，敬畏可以得福。（因戒惧而得福，所以）笑语连连，以后行为便有规则可循了。雷威震惊百里，令远方惊恐、近处惧怕。（闻惊雷而态度镇静），未丢失餐具和祭品（其人可担当重任），出可以守宗庙，保社稷，可以做祭祀的主持人。

象曰：洊雷，震。君子以恐惧修省。

【注释】洊雷："洊"（jiàn），再，屡次，接连；"洊雷"，震卦的上、下卦都为震，震为雷，雷接着雷，故称洊雷。修省：修身反省。

【译文】象辞说：雷与雷相叠，是震卦的卦象。君子观此卦象，从而惊恐戒惧，修省其身。

初九，震来虩虩，后笑言哑哑，吉。
象曰：震来虩虩，恐致福也。笑言哑哑，后有则也。

【注释】恐致福："致"，导致，招致，致使；"恐致福"，惊恐戒惧可以得福。

【译文】初九，当惊雷震动时，令人恐惧不已，（心怀敬惧之心，平安得以保全，所以）后来笑语连连，吉祥。

象辞说：当惊雷震动时，令人恐惧不已，敬畏可以得福。（曾经因戒惧而得福，所以）笑语连连，以后便有规则可循了。

【爻辞释义】初九阳爻居阳位，为下卦的主爻，也是震卦主爻，爻辞体现了全卦的卦义，因此爻辞与卦辞基本相同。象辞说："震来虩虩，恐致福也。笑言哑哑，后有则也。"意思是：初九居震之初，最先感受到震动而生戒惧之心，修己省过，从而免罪得福。曾经因戒惧而得福，所以高兴快乐，笑语连连，以后照此行事，就有规则可循了。

六二，震来厉，亿丧贝，跻于九陵，勿逐，七日得。
象曰：震来厉，乘刚也。

【注释】厉：危厉；猛烈。亿：在此为感叹词，同"噫"，相当于现代汉语中的"唉"。贝：钱财，古代用贝壳作为货币。跻于九陵："跻"（jī），登，上升；"陵"，山陵；"九"，意为多；"跻于九陵"，翻山越岭。逐：追赶。

【译文】六二，雷霆来势危厉，丧失钱财，翻山越岭（逃跑躲避），无需追逐，七日之内便可拿获。

象辞说：雷霆来势危厉，是因为（六二）凌乘阳刚。

【爻辞释义】六二以阴居阴，居中得正，本应吉祥，但初九是阳刚卦主，六二以阴柔凌乘阳刚，傲视尊者，欺凌贵人，理所不容，震来有凶险，失去了其钱财资货，故爻辞说"震来厉，亿丧贝"。六二因忤逆而遭难，翻山越岭，落荒而逃，因上无正应，走投无路，无需追逐，七日内便被拿获，此即"跻于九陵，勿逐，七日得"。

六三，震苏苏，震行无眚。
象曰：震苏苏，位不当也。

【注释】苏苏：发抖；畏惧不安。眚（shěng）：过错；灾祸。

【译文】六三，雷霆震动，惶惶不安，震惧而行，便无灾祸。

象辞说：雷霆震动，惶惶不安，是由于其居位不当。

【爻辞释义】六三以阴柔之质居阳刚之位，不中不正，难以经受打击，所以听到震雷声便畏惧不安，瑟瑟发抖。六三虽不当位，但无凌乘阳刚之过，只要怀戒惧之心行事，就不会有灾祸，所以说"震苏苏，震行无眚"。

九四，震遂泥。

象曰：震遂泥，未光也。

【注释】遂：通坠，坠陷之意。

【译文】九四，雷霆震动，（惊慌失措而）坠入泥中。

象辞说：因雷霆震动而坠入泥中，（阳刚之德）未能发扬光大。

【爻辞释义】九四爻以阳爻居阴位，不中不正，上下各有两个阴爻，呈阳陷于阴之象。九四处四阴之中，当为众阴之主，在惊恐时应挺身而出，安抚众人。然而，九四自己却震惧不已，坠入泥中，故爻辞说"震遂泥"。九四坠入泥中，是因为其居位失当、不中不正的缘故，因而不能发挥其刚爻的作用。

六五，震往来厉，亿无丧，有事。

象曰：震往来厉，危行也。其事在中，大无丧也。

【注释】厉：危险，艰难。亿：通臆，料想，猜想。有事：六五居尊位，朝廷内外政事繁多，在雷震的影响下会发生事端。危行：行动有危险。大无丧：即"无大丧"，不会有大的损失。

【译文】六五，雷霆震动，上下往来都很艰难，料无重大损失，但会发生事端。

象辞说：雷霆震动，上下往来都很艰难，行动有危险。（六五）处事恪守中道，不会有什么大的损失。

【爻辞释义】六五居于君位，但下无正应，即与六二不相应，且凌乘九四，又与上六逆比，因此处境艰难。当雷震发生时，想往上走，遇到的是逆比的上六；欲往下行，遇到的则是其凌乘的九四；"震往来厉"，说的是往来都有危险。六五在上卦居尊位，震动之时理当会有事发生；但是因为六五居位得中，处事恪守中道，虽然有事发生，但不会有大的损失和灾难，所以爻辞说"亿无丧，有事"。

上六，震索索，视矍矍，征凶。震不于其躬，于其邻，无咎。婚媾有言。

象曰：震索索，中未得也。虽凶无咎，畏邻戒也。

【注释】索索：恐惧、颤抖的样子。视矍矍："矍"（jué）：惊慌张望的样子；"视矍矍"，惊慌地看着；惊惧四顾的样子。其躬："躬"（gōng），自身；"其躬"，其自身。

【译文】上六，闻雷震吓得浑身发抖，惊惧四顾，（这种情况下，如果）行动，则有凶险。雷霆未震及其自身，而是震及其邻居，没有灾祸。（此时若要）谋求婚配，将会招来非议。

象辞说：闻雷震吓得浑身发抖，是因为其居位不中。虽有凶险，但无灾祸，是因为畏惧邻居遭受的灾祸、能加以戒备的缘故。

【爻辞释义】上六以柔弱之质处震卦之极，不能守中，求安定而不可得。"震索索，视矍矍，征凶"，说的是上六在雷霆震动之时，身体索索发抖，两眼惶恐不安，此时如果行动，必有凶险。爻辞说"震不于其躬，于其邻，无咎"，意思是：雷震未伤及其自身，而是伤及其邻居，见此状况，早加防备，则没有灾祸。上六处于极度恐惧之时，心中必多疑虑，难与他人相合，此时若谈婚姻问题，定有言语之争，或引起闲言碎语，此即"婚媾有言"。这是劝诫其不可急于谋求阴阳应合，与上一句的"征凶"有类似的寓意，都是说不宜妄动。象辞中的"震索索，中未得也"，讲的是上六未能居中位，所以惶恐不安。"虽凶无咎，畏邻戒也"，意思是：虽有凶险，但无灾祸，是因为畏惧邻居的雷震之灾，从而加强了自我戒备的结果。

第五十二卦　艮卦

艮下艮上

艮卦：艮其背，不获其身，行其庭，不见其人，无咎。

【注释】艮：抑止。不获其身：见不到其身体（正面）。

【译文】艮卦：在其背后抑止，而不直接面对其人，（如同二人）行走在庭院中，（彼此）不见其人，无灾咎。

【卦辞释义】此卦是由两个艮卦重叠而成，艮为山，为抑止、制止之义。艮卦讲的是如何抑止事物的道理。抑止一件事，最好的方式是施之于未然，施之于无形，即最好是在事情未发生之前加以抑止。抑止的方法得当，容易取得成功；抑止的方法不当，非但不能抑止，反而造成矛盾。"艮其背，不获其身"，就是在其背后制止，即以看不见的方式制止，如同二人在庭院行走，但互不相见，故说"行其庭，不见其人"。以看不见的方式制止某一事物，就是将其制止于尚未发生的阶段，使其自然而止；如果事情已经发生，面对面地强行制止，就可能因利益冲突、碍于情面等原因，难以达到目的，反而会导致凶祸。"艮其背，不获其身，行其庭，不见其人"，就可以避免灾祸，即"无咎"。

彖曰：艮，止也。时止则止，时行则行，动静不失其时，其道光明。艮其止，止其所也。上下敌应，不相与也。是以不获其身，行其庭不见其人，无咎也。

【注释】止：抑止，制止。止其所：止其所往，止其所欲。上下敌应，不相与也：本卦六爻都是阴与阴相对应，阳与阳相对应，皆无正应，故说"上下敌应"。"与"，给予，帮助；"不相与"，互不给予，互不相助。

【译文】彖辞说：艮，是抑止的意思。时机宜于止，则止；时机宜于行，则行；动静不错失时机，则其道路光明。抑止就是使其静止，制止其所往、所欲。（各爻）上下敌应，互不相助。所以，不直接面对面，在庭院里行走，彼此不见其人，便无灾咎。

象曰：兼山，艮。君子以思不出其位。

【注释】兼山："兼"，重复，加倍，合并；"兼山"，两山相重。

【译文】象辞说：两山相重，是艮卦的卦象。君子观此卦象，谋虑处事不逾越其本位。

初六，艮其趾，无咎，利永贞。
象曰：艮其趾，未失正也。

【译文】初六，抑止了其脚趾的行动，没有灾祸，利于永久守持正道。
象辞说：抑止了其脚趾的行动，没有丧失正道。

【爻辞释义】初六以阴爻居阳位，失位，且不居中，意味着在行动之初就出现了偏差。初六在艮卦的最下位，相当于人的脚趾。人要行走，脚趾必须先动，抑止其脚趾便无法行动了。不动便无过错，就不会有灾祸，所以爻辞说"艮其趾，无咎"，并告诫不可以躁动，应固守贞正，即"利永贞"。初六虽不当位，但停止了行动，没有丧失正道，所以象辞说"艮其趾，未失正也"。

六二，艮其腓，不拯其随，其心不快。
象曰：不拯其随，未退听也。

【注释】腓（féi）：小腿肚子。拯：有"举""抬""乘"的意思。听：听从。

【译文】六二，抑止其小腿（的运动），使其跟随者（脚趾）也不能动，其心中不快。

象辞说：不能带领其追随者行动，但未能向后退让、听从（抑止之言）。

【爻辞释义】从卦象上看，六二阴爻居阴位，得位守中。一般地，居中位象征具有中正之德，但此卦却有所不同。此爻将六二比作腓，腓是小腿肚子，在脚之上。腓一动，则脚随之而动，初六为脚，所以爻中称其为"随"，即初六是六二的跟随者。拯为"抬""举"之意，抑止了腓，使其不能动，脚也就抬不起来了，故称"艮其腓，不拯其随"。腓的特性是易动，欲进而不能动，止其所往，所以"其心不快"。象辞说"不拯其随，未退听也"，意思是：既不能带领其追随者行动，又不能向后退让、听从抑止之言。这一爻也说明了，抑止的最好方式是止于无形，止于未动，一旦动起来了，再去制止，就会产生矛盾冲突。"其心不快"，就是已经产生了矛盾。

九三，艮其限，列其夤，厉薰心。
象曰：艮其限，危薰心也。

【注释】限：这里指腰部，九三在卦中处于中部，故称其为限。列其夤："列"，通裂；"夤"（yín），夹脊肉，即脊背中部的肌肉；"列其夤"，撕裂了其脊部的肌肉。薰心："薰"（xūn），熏的异体字；"薰心"，烈火烧灼其心。

【译文】九三，抑止其腰部，撕裂了其脊部的肌肉，危厉程度如同烈火烧灼其心。

象辞说：抑止其腰部，危厉程度如同烈火烧灼其心。

【爻辞释义】九三是阳爻居阳位，当位但不居中，且上无正应，为过刚不中之象。九三处于上下两卦的中间，像是人的腰部，"艮其限"就是将抑止施加于其腰部。这种抑止方式更为强烈，力度之大就像是撕裂了其背部的肌肉，危险至极，如同烈火烧灼其心，故称"列其夤，厉薰心"。"艮其限"比"艮其腓"

更困难，矛盾冲突更加激烈，危险性也更大。

六四，艮其身，无咎。
象曰：艮其身，止诸躬也。

【注释】身：指人身体腰部以上的部位。止诸躬："诸"，介词，为"于""往"的意思；"躬"，自身，本身；"止诸躬"，抑止自身，自我克制。

【译文】六四，抑止其身，没有灾祸。

象辞说：抑止其身，是说其能自我克制。

【爻辞释义】六四阴爻居阴位，当位，已处于上卦的位置，相当于腰以上的身体部位。六四以阴爻居阴位，意味着能够做到当止则止，当动则动，能够自我克制，自制而不妄动，因此也就没有灾祸了。所以，爻辞说："艮其身，无咎"。象辞的"止诸躬也"，就是说六四能够自我约束，抑止自身。

六五，艮其辅，言有序，悔亡。
象曰：艮其辅，以中正也。

【注释】辅：面颊，此处指说话的器官。言有序：说话有条理，清晰有序。

【译文】六五，管住其嘴巴，说话有条理，悔恨消失。

象辞说：管住其嘴巴，因为（六五）能守持中正之道。

【爻辞释义】六五以阴爻居于君位，居位失正，应该有悔。由于其居中位，能持守中道，抑止颊辅而慎言，说话时经过仔细考虑才出口，这样说起话来就有条有理。祸从口出，管住了口，就不会有过错和灾祸，悔恨自然就消除了。所以，爻辞说"艮其辅，言有序，悔亡"，象辞说"艮其辅，以中正也"，意思是：六五能管住自己的口，是因为居位得中、不失其正的缘故。

上九，敦艮，吉。
象曰：敦艮之吉，以厚终也。

【注释】敦：厚道，诚恳。

【译文】上九，以敦厚之德抑止（邪欲），吉祥。

　　象辞说：敦厚自止而获吉祥，能将其敦厚之德保持至终。

　　【爻辞释义】上九居全卦的最上端，虽是阳爻处阴位，但阴阳相济，居高位而又德行敦厚。上九居上位，能以敦厚之德约束自己，抑止邪欲，可获吉祥，所以爻辞说"敦艮，吉"。象辞说的"敦艮之吉，以厚终也"，意思是上九获得吉祥，是因为能够将其敦厚的德行保持至终。

第五十三卦　渐卦

艮下巽上

渐：女归吉，利贞。

【注释】女归：古代女子出嫁称为"归""女归"，即女子出嫁。古代女子从订婚到迎娶要经过六道程序，即包括纳采、问名、纳吉、纳征、请期、亲迎。

【译文】渐卦：嫁女吉祥，利于守持正道。

【卦辞释义】渐卦的下卦为艮，艮为山；上卦为巽，巽为木。山上有木，是渐卦的卦象，山上的树木逐渐生长，寓意循序渐进。古代认为，女子出嫁要按照婚嫁的规矩一步一步地操办，才会吉祥。卦辞以女子出嫁为喻，说明办事循序渐进，才会吉祥，利于守持贞正之道，即"女归吉，利贞"。

象曰：渐，之进也，女归吉也。进得位，往有功也。进以正，可以正邦也。其位，刚得中也。止而巽，动不穷也。

【注释】之：往，朝某个方向前进。进得位，往有功也：九五刚中，进而得居贵位，是"进得位"，居贵位则可建功，故"往有功也"。进以正，可以正邦也：六二居位中正，与九五正应，以中正身份前去应合，是"进以正"，居位得正，名正言顺，故"可以正邦也"。止而巽：下卦艮为止，上卦为巽，故称"止而巽"，象征沉着而谦逊。

【译文】彖辞说：渐，是渐进的意思，女子出嫁吉祥。（九五）进而得居正位，前往则会建功。以中正而升进，可以治理国家。其居位刚健而中正。下止而上巽，行动而不会途穷。

象曰：山上有木，渐。君子以居贤德善俗。

【注释】君子以居贤德善俗："居"，蓄积，存积；"贤德"，有美德的人；"居贤德"，聚积贤德之人；"善俗"，改善风俗。《周易正义》："'君子以居贤德善俗'者，夫止而巽者，渐之美也。君子求贤德使居位，化风俗使清善，皆须文德谦下，渐以进之。"

【译文】象辞说：山上有木，是渐卦的卦象。君子观此卦象，从而聚积贤德之人，改善民风民俗。

初六，鸿渐于干，小子厉，有言，无咎。
象曰：小子之厉，义无咎也。

【注释】鸿：即鸿雁，为鸟纲、鸭科。雁常成群活动，特别是迁徙季节，雁群集体飞行。干：指水边。小子：此处指小雁，喻指涉世不深、缺乏经验的年轻人。有言：指有怨言，被人议论。咎：过失；灾祸。

【译文】初六，鸿雁渐渐飞到了河岸边，小雁（年幼无知）会有危险，受到责备，但无过错。

象辞说：小雁的危险，从道理上说不算什么过错。

【爻辞释义】初六阴爻居阳位，不当位，并且上无正应，才质柔弱，能力不足。在爻辞中将初六比作小雁，因其居位不中，所以做事不能持中守正，有冒进之嫌。"鸿渐于干"，说的是鸿雁渐渐飞到了河边。小雁急于冒进而行，会有危险，所以被人责备，但其年幼无知，也算不上什么过错，故说"小子厉，有言，无咎"。象辞说"小子之厉，义无咎也"，意思是小雁年幼无知，冒进而行，会有危险，从道理上讲不是什么过错。

六二，鸿渐于磐，饮食衎衎，吉。
象曰：饮食衎衎，不素饱也。

【注释】磐：磐石。衎衎："衎"（kàn），快乐；"衎衎"，两个衎字连用，表示甚为快乐，欢乐。不素饱："素"，本来的，原始的；"不素饱"，即"素不饱"，意为本来吃不饱。

【译文】六二，大雁渐渐飞到磐石上，饮食和乐，吉祥。

象辞说：饮食和乐，是因为平素不得饱腹（今日有食，甚为喜悦）。

【爻辞释义】六二是阴爻居阴位，当位，且与九五相应。六二得居正位，居中而有援应，到达了可以安栖的磐石，大雁在上面快乐地吃喝，吉祥如意，所以爻辞说"鸿渐于磐，饮食衎衎，吉"。象辞进一步解释了"饮食衎衎"的原因是"不素饱"，就是本来无所供养，吃不饱；现在得以饱腹，故而"饮食衎衎"。

九三，鸿渐于陆，夫征不复，妇孕不育，凶，利御寇。
象曰：夫征不复，离群丑也。妇孕不育，失其道也。利用御寇，顺相保也。

【注释】陆：高出水面的土地；大土山。复：返回。丑：类，同类。利用御寇，顺相保也：宜于去抵御外寇，既为正顺之道，又可保全夫妻关系。

【译文】九三，鸿雁渐渐飞到高平的陆地上，丈夫外出不复返，妇人怀孕而不能生育，凶险，利于去抵御外寇。

象辞说：丈夫外出不复返，是离群孤行。妇人怀孕而不能生育，是因为丧失了其贞正之道。利于去抵御外寇，可不失正顺之道，夫妻关系也可得以保全。

【爻辞释义】九三阳爻居阳位，当位，但居位不中，且无正应。"鸿渐于陆"说的是，大雁渐渐飞到了高平的陆地。鸿雁的活动为群体方式，鸿雁是一夫一妻，不会随意结合，九三的妻子在雁群中。九三处于下卦的上方，与上卦的六四发生亲密关系，如同弃家而走，离群不归。九三与六四本不相应，其亲密关系为乱情，六四虽怀孕却难以生育，所以是凶险的事。"夫征不复，妇孕不育，凶"，说的就是，丈夫九三外出不归，六四虽然怀孕，却难以生育，有凶险。像九三这样刚烈过度的人，最好是派去打仗，抵御外寇，这样便可不失正顺之道，夫妻关系也可得以保全。象辞中的"利用御寇，顺相保也"，就是这个意思。

六四，鸿渐于木，或得其桷，无咎。
象曰：或得其桷，顺以巽也。

【注释】桷（jué）：方形的椽（chuán）子，这里指平直的树枝。

【译文】六四，鸿雁渐渐飞到树林中，或可找到平直的树枝（栖息），没有灾祸。

象辞说：或可找到平直的树枝（栖息），是因其和顺而谦卑的缘故。

【爻辞释义】六四以阴居阴，当位，无援应。"鸿渐于木，或得其桷"，讲的是鸿雁飞到了树林中，或可找到平直的树枝栖息。六四虽凌乘九三，但二人关系亲密，六四顺而附下，所以可以得到安栖，没有灾祸。象辞说"或得其桷，顺以巽也"，意思是六四或可得到安栖之地，原因是其有柔顺之德，待人谦卑。

九五，鸿渐于陵，妇三岁不孕，终莫之胜，吉。
象曰：终莫之胜，吉，得所愿也。

【注释】终莫之胜：倒装句，即"终莫胜之"；莫，即"不"。

【译文】九五，鸿雁渐渐地飞到山陵上，妻子三年不能怀孕，但最终不能战胜他们，吉祥。

象辞说：最终不能战胜他们，吉祥，（九五和六二）实现了其愿望。

【爻辞释义】九五是阳爻居阳位，当位，并且和六二正应。"陵"为山陵、高岗。"鸿渐于陵"，意思是鸿雁渐渐地飞到山陵，象征九五前进到至尊的高位。

九五与六二有正应关系，但中间被九三和六四所阻隔，二人虽有情意，却不得应合，所以说"妇三岁不孕"，即妇人（六二）三年怀不上孕。但是，九五和六二相应，且都居位中正，九三和六四不可能长久地阻隔他们，他们最终还是能遂其心愿。爻辞说"终莫之胜，吉"，意思就是九三和六四最终战胜不了他们，吉祥。

上九，鸿渐于陆，其羽可用为仪，吉。
象曰：其羽可用为仪，志不可乱也。

【注释】鸿渐于陆："陆"，高出水面的土地；大土山。上九与九三分别处在上、下卦之上，所以都称"鸿渐于陆"。仪：古时文舞的道具。文舞为古代宫廷雅乐舞蹈之一，用于郊庙祭祀。

【译文】上九，鸿雁渐渐飞到高地上，它的羽毛可用作文舞道具，吉祥。

象辞说：它的羽毛可用作文舞道具，其（高洁的）情志不会迷乱。

【爻辞释义】上九是阳爻居阴位，不当位。"鸿渐于陆"，鸿雁渐渐地飞达高地，渐进的过程到此已达终点。上九身处上卦巽的上方，为人谦卑，虽居无位之地，但不为地位所累，心志高洁，超然于名利进退。爻辞中的"其羽可用为仪"，讲的就是这种精神境界。"其羽毛可用作舞蹈表演的道具"，这是一种比喻的说法，将其德行比作羽毛，将其风范比作仪（舞蹈道具），意思是：上九这种不为地位所累的高尚道德，可作为世人的表率与楷模。象辞中说的"志不可乱也"，是说上九品行高洁，没有什么东西可以动摇其志向。

第五十四卦　归妹卦

兑下震上

归妹：征凶，无攸利。

【注释】归：出嫁。

【译文】归妹卦：前往有凶险，无所获利。

【卦辞释义】"归"在古代为"嫁"的意思，"归妹"就是妹妹出嫁。归妹卦的下卦兑为少女，上卦震为长男，卦象为少女嫁给长男。从初爻的"归妹以娣"可知，妹妹是作为陪嫁，随从姐姐嫁到男方为妾的。卦辞"征凶，无攸利"，是用以告诫出嫁的妹妹。妹妹是随从姐姐出嫁的，其身份是妾，所以应该明白自己的地位。如果进而争宠，则有凶咎，而不会得利，故称"征凶，无攸利"，这里的"征"就是前进、有所往的意思。此卦以"归妹"为卦名，讲述了男女婚嫁的各种情况。卦辞则是告诫女子在婚姻中不可妄动，需守持贞正之道。

彖曰：归妹，天地之大义也。天地不交，而万物不兴。归妹，人之终始也。说以动，所以归妹也。征凶，位不当也。无攸利，柔乘刚也。

【注释】说以动：下卦为兑，为悦；上卦为震，为动；卦象呈"说以动"之象。位不当：二、三、四、五爻皆不当位。柔乘刚：六三和六五柔爻凌乘刚爻。

【译文】彖辞说：男女婚配，是天地间的大义之事。天地不相交，则万物不生。男女婚配，则人类繁衍不绝。喜悦而动情，所以男娶女嫁。前进有凶险，是因为居位不当。无所获利，是因为阴柔凌乘阳刚。

象曰：泽上有雷，归妹。君子以永终知敝。

【注释】永终知敝："永终"，保持至终；"敝"，弊，弊病，弊端；"永终知敝"，知道事物不能保持至终的弊病是什么，从而谋求永久至终。《周易正义》："归妹相终始之道也，故君子象此以永长其终，知应有不终之敝故也。"

【译文】象辞说：泽上有雷，是归妹卦的卦象。君子观此卦象，体察到（事物不能保持始终的）弊病，而谋求永久至终。

初九，归妹以娣，跛能履，征吉。
象曰：归妹以娣，以恒也。跛能履吉，相承也。

【注释】娣：姊妹同嫁一夫，妹作为陪嫁，称之为娣，亦称为媵（yìng），是群婚制的遗迹。尧将二女嫁给舜，以大女儿娥皇为妻，以其妹女英为媵娣，直至先秦尚有此风俗。承：先后继承；沿袭相传。古代一诸侯娶九妻，主要就是为了传承后代，世袭权力。

【译文】初九，妹妹以娣的身份随姐姐出嫁，如同跛脚而能行走，前往吉祥。

象辞说：妹妹以娣的身份随姐姐出嫁，是恒常之道。跛脚而能行走，吉祥，是因为可以世代传承。

【爻辞释义】初九在归妹卦的最下方，阳居阳位，当位不中，上无正应，象征德行端正的贤良女子，但地位低下。"归妹以娣"讲的是，初九不能独自出嫁，只能随姐姐出嫁为妾。妾为侧室，地位不如正室，就像虽然脚跛，但还能行走，即"跛能履"。尽管如此，初九毕竟是贤良女子，能够协助姐姐共同侍奉丈夫，以尽妇道，所以出嫁前往夫家吉祥，故称"征吉"。

九二，眇能视，利幽人之贞。
象曰：利幽人之贞，未变常也。

【注释】眇（miǎo）：原指一只眼睛瞎，后来也指两只眼睛瞎。幽人："幽"，僻静，昏暗；"幽人"，九二居内处中，如处幽静之地，故称之为幽人。贞：贞正。

【译文】九二，眼有残疾，但还能观看，利于静心安居，守持正道。

象辞说：利于静心安居，守持正道，（其贞正的）常德没有改变。

【爻辞释义】九二阳爻居阴位，位虽不正，但居于中位，象征有中正之德。归妹以娣，初爻以跛脚作比喻，本爻以独眼为比喻。"归妹以娣"，不能得到正室夫人的地位，就像瞎了一只眼，但还有视力，可以看东西，即"眇能视"。九二居内处中，有中正之德，处幽静之地，有利于保持贞正的操守，故称"利幽人之贞"。象辞中说的"未变常也"，就是说九二能够保持贞正的常德，而没有改变。

六三，归妹以须，反归以娣。
象曰：归妹以须，未当也。

【注释】须：①等待。②借用为婿（xū），姐姐的意思。归妹以须：主要有以下三种解读。《周易本义》："六三阴柔而不中正，又为说之主，女之不正，人莫之取者也，故为未得所适而反归为娣之象。或曰须，女之贱者。"《周易古经今注》："须疑借为婿，姊也。""归妹以须"，姐姐以娣的身份出嫁。《周易正义》："六三在'归妹'之时，处下体之上，有欲求为室主之象，而居不当位，则是室主独存，室主既存，而欲求进，为未值其时也。未当其时，则宜有待，故曰'归妹以须'也。"

【译文】六三，将姐姐作为陪嫁，（姐姐）反而以娣的身份出嫁。

象辞说：将姐姐作为陪嫁，是因为其居位不当。

【爻辞释义】六三阴爻居阳位，居位不正，且无正应，像一个嫁不出去的女子。最后，六三不得不以娣的身份，作为妹妹的陪嫁，嫁人为妾。"归妹以须，反归以娣"，就是将姐姐作为陪嫁，姐姐反而以娣的身份出嫁。象辞中说的"归妹以须，未当也"，是说六三的居位不当，品行不端。

九四，归妹愆期，迟归有时。
象曰：愆期之志，有待而行也。

【注释】归：出嫁。愆期："愆"（qiān），错过，耽误；"愆期"，延误了时间。迟归有时："有"，等待，等候；"迟归有时"，迟迟未嫁，等待时机。

【译文】九四，婚期拖延，迟迟未嫁，等待时机。

象辞说：拖延婚期的意愿，是等待嫁给（合意的郎君）。

【爻辞释义】九四阳爻在阴位，不当位，并且无正应。对于婚姻而言，这意味着没有合适的对象，又不愿意草率嫁人，于是就延误了婚期，即"归妹愆期"。"迟归有时"，说的是九四不肯轻易许配，是在等待时机，遇到良缘才会出嫁。象辞说"愆期之志，有待而行也"，意思是迟迟未嫁，是在选择适合的对象，等待良缘。

六五，帝乙归妹，其君之袂不如其娣之袂良，月几望，吉。
象曰：帝乙归妹，不如其娣之袂良也，其位在中，以贵行也。

【注释】帝乙归妹：商王帝乙为了修好与西周的关系，将胞妹嫁与周文王姬昌。亦有记载称，帝乙将其女嫁给了周文王。君：王后，这里指六五。袂（mèi）：衣袖，此处指服饰。月几望："几"，几乎，接近；"望"，阴历十五的月亮为望月；"月几望"为阴历十五左右的月亮，在此比喻阴贵而盛。

【译文】六五，帝乙嫁妹，王后的服饰不如陪嫁的女子好，（但却似）即将圆满的月亮，吉祥。

象辞说：帝乙嫁妹，王后的服饰不如陪嫁的女子好，这是因为其居位在中，以尊贵的身份出嫁。

【爻辞释义】六五以阴爻居尊位，不当位，但与下卦的九二相应，象征君王的女儿下嫁给臣子。"帝乙归妹"，说的是商王帝乙将其妹妹嫁给周文王，这里将六五比作帝乙之妹。当时，周国还是商朝的一个诸侯国，帝乙归妹就是帝乙将妹妹下嫁给周文王。"其君之袂不如其娣之袂良",说的是王后(六五)的服饰还不如陪嫁的女子好。月代表阴,"月几望"就是月亮接近圆满,表示阴贵而盛。女子以高贵的身份出嫁,婚姻会美满吉祥,所以说"月几望,吉"。

上六,女承筐,无实,士刲羊,无血,无攸利。
象曰:上六无实,承虚筐也。

【注释】承:捧,端。筐:篮子。实:实在,实物。士:古代男子的美称。刲(kuī):刺,杀,宰割。

【译文】上六,新娘捧着筐子,但筐中无物;新郎以刀宰羊,但割不出血;(不祥之兆)无所获利。

象辞说:上六虚而无实,捧的是空筐。

【爻辞释义】上六处全卦之极,虽然当位,但上无所承,下无所应。上无所承载,就像女子承筐,虚而无物;下无正应,难以成事,就像青年男子宰羊,不能见血,故称"女承筐,无实,士刲羊,无血"。古代贵族结婚有献祭家庙的礼仪,"女承筐,士刲羊"就是行献祭之礼。新娘捧着装有东西的筐子,表达对祖上的敬意,新郎则宰羊作为祭品。女子的筐中空空如也,男子宰羊竟割不出血,所以祭祀典礼无果而终。"无攸利",是说婚姻不利,将无结果。

第五十五卦　丰卦

离下震上

丰：亨，王假之，勿忧，宜日中。

【注释】假：至，到。宜：当然；无怪；表示事情本当如此。《周易正义》："'王假之'者，假，至也，丰亨之道，王之所尚，非有王者之德，不能至之，故曰'王假之'也。勿，无也。王能至于丰亨，乃得无复忧虑，故曰'勿忧'也。用夫丰亨无忧之德，然后可以君临万国，遍照四方，如日中之时，遍照天下，故曰'宜日中'也。"

【译文】丰卦：亨通，君王到来，勿需忧虑，（丰亨之德）如日中天（普照天下）。

【卦辞释义】丰卦的卦象是下离上震，离为火，为日；震为雷，为动。"丰"是多而大的意思，表示丰盈富足，财多德大。财富多则可无所不济，德行大则可无所不容，诸事顺利，亨通无阻，所以说"亨"。如此丰亨的景象，没有君王的大德，是不能出现的。"王假之"，是说只有君王的来到，才能有这般丰盈富足的景象。因此，可以无需忧虑，丰亨之德如日中天，普照天下，此即"勿忧，宜日中"。丰大是好事，但也可能会带来负面的影响，本卦从不同角度告诫人们，如果不恰当地使用丰大的资源，会带来严重的问题。

彖曰：丰，大也。明以动，故丰。王假之，尚大也。勿忧宜日中，宜照天下也。日中则昃，月盈则食，天地盈虚，与时消息，而况于人乎？况于鬼神乎？

【注释】明以动：本卦下卦为离，为火，为明；上卦为震，为雷，为动；光明而动是丰卦的卦象。尚：尊尚，重视。昃（zè）：太阳偏向西方时称为昃。食：月食，即月亏，相对于月圆而言。消息："消"，消亡，消失；"息"，繁殖，滋生，生长；"消息"，消长。

【译文】彖辞说：丰，就是丰大的意思。光明而动，所以会丰大。君王到来，是因为崇尚丰大。无需忧虑，如日中天，当普照天下。太阳当顶，则会西斜；月亮盈满，则会亏缺；天地的盈虚，都是随着时间而消长的，更何况于人，何况于鬼神呢？

象曰：雷电皆至，丰。君子以折狱致刑。

【注释】雷电皆至：上卦为震，为雷；下卦为离，为电；为雷电皆至之象。折狱："折"，判断，裁决；"折狱"，断狱，断案。致刑："致"，施行，施加；"致刑"，施刑。

【译文】象辞说：雷电皆至，是丰卦的卦象。君子观此卦象，裁断讼狱，施用刑罚。

初九，遇其配主，虽旬无咎，往有尚。
象曰：虽旬无咎，过旬灾也。

【注释】主：相匹配的对象。配主：在上者称呼在下者为"夷"。初九与九四有相同的阳刚德性，二者互相配合；初九是九四的夷主，九四是初九的配主。《周易本义》："配主，谓四，旬，均也，谓皆阳也。当丰之时，明动相资，故初九之遇九四，皆为阳刚，而其占如此也。"旬：均，均衡。尚：嘉尚，赞美，赞许。过旬：过均，不均，失衡。

【译文】初九，遇到与其相匹配的对象（九四），（二者）虽然实力相当，但无灾祸，前往会得到嘉许。

象辞说：虽然实力相当，但无灾祸；若实力不均衡，则有灾祸。

【爻辞释义】初九和九四都没有正应，二者阳刚的性格相同。初九在下卦离，九四在上卦震，火明雷动，可以互相呼应，互相借助。初九和九四以阳配阳，实力相当。《易经》中，在上者称呼在下者为"夷"，所以初九为九四的夷主，九四为初九的配主，"遇其配主"就是初九与九四相遇。二者虽然实力相当，但可以无争斗之灾，初九前往还会得到九四的赞许，故说"虽旬无咎，往有尚"。象辞说"过旬灾也"，意思是：实力若不均衡，则会互相争夺，相互背离，灾祸就会降临。

六二，丰其蔀，日中见斗，往得疑疾，有孚发若，吉。
象曰：有孚发若，信以发志也。

【注释】蔀（bù）：覆盖在棚架上遮蔽阳光的草席，引申为遮蔽物。斗：北斗星。有孚发若："孚"，诚信；"若"，语气词，无实义；"有孚发若"，有诚信而奋发其志。《周易注》："履中当位，处暗不邪，有孚者也。若，辞也。有孚可以发其志，不困于暗，故获吉也。"

【译文】六二，遮蔽物很丰大（遮住了阳光），犹如正午可见到北斗星，前往会遭猜疑，有诚信而奋发其志，吉祥。

象辞说："有孚发若"，是有诚信而奋发其志。

【爻辞释义】六二阴爻居阴位，居下卦"离"的中位，日中之时，理应光明。但是，六二与六五不相正应，就好像阳光被大帘子所遮蔽，虽然处在日中之时，但却昏暗至极，可以见到北斗星。六二的丰大在于"蔀"，即遮蔽物，所以说"丰其蔀，日中见斗"。六二和六五均为阴爻，如果六二前去亲近、追随六五，则会引起六五的猜疑，即"往得疑疾"。然而，六二居中行正，是有诚信者，有信而奋发其志，终将不会困于至暗，可获吉祥，故称其"有孚发若，吉"。

九三，丰其沛，日中见沫，折其右肱，无咎。
象曰：丰其沛，不可大事也。折其右肱，终不可用也。

【注释】沛：与旆（pèi）通，幔幕。沫（mèi）：通昧，微暗，昏暗。肱（gōng）：胳膊由肘到肩的部分。

【译文】九三，大而厚的幔帐（遮蔽了阳光），正午一片昏暗，只能见到微光，折断了其右臂，但没有灾祸。

象辞说：大而厚的幔帐（遮蔽了阳光），成就不了大事。折断了其右臂，（使其）最终发挥不了作用。

【爻辞释义】九三是下卦离的上爻，阳爻居阳位，本可发挥其光明的作用，但是九三与上六正应，非但没有受益，反而受害不浅。上六极为昏暗，就像大的幔幕掩蔽了太阳，虽然太阳当空，却仅能略见微光。"沫"义通昧，光线微弱之意，所以说"丰其沛，日中见沫"。九三的情况虽略胜于六二的"日中见斗"，但想干大事绝无可能，就像是折断了右臂，已无能为力。不过，九三阳爻居阳位，居位得当，应当不会有灾难，故说"折其右肱，无咎"。这一爻讲的是因盛大而迷失的情况，上司昏庸，致使九三这样的贤能之才无法施展拳脚、发挥作用。

九四，丰其蔀，日中见斗，遇其夷主，吉。

象曰：丰其蔀，位不当也。日中见斗，幽不明也。遇其夷主，吉行也。

【注释】夷：使之平；平均；有对等之意。夷主：见初九爻注释。

【译文】九四，遮蔽物很丰大（遮住了阳光），犹如正午可见到北斗星。遇到其相匹配的对象，吉祥。

象辞说：遮蔽物很丰大（遮住了阳光），是因为其居位不当。正午可以见到北斗星，是处于幽暗不明的境地。遇到其相匹配的对象，前往可获吉祥。

【爻辞释义】九四以阳居阴，居位不当，就像太阳被大的帘子掩蔽，正午可看到北斗星，其黑暗程度与六二相同，也是"丰其蔀，日中见斗"。九四与初九实力相当，相互为匹配的对象，九四是初九的配主，初九为九四的夷主。九四与初九同心协力，就会吉祥，所以说"遇其夷主，吉"。九四爻辞的第一句与六二爻相同，都是"丰其蔀，日中见斗"，均为光明被黑暗所遮蔽之象。但是，二者获得吉祥的原因却不同，六二之吉是持中守正，九四之吉则是与初九相匹配，二阳同心协力，精诚合作。

六五，来章，有庆誉，吉。

象曰：六五之吉，有庆也。

【注释】来章："来"，招来，招致，后作"徕"；"章"，为古代臣子向帝王进言的文书，亦称奏章。"来章"在此引申为招来贤臣良才。庆：善事，福庆，福泽。誉：美誉。

【译文】六五，招来贤士良才，得到福庆与赞誉，吉祥。

象辞说：六五获得吉祥，有喜庆之事。

【爻辞释义】六五以阴爻居尊位，不当位，和六二不相应。但六五居上卦的中位，象征有中正的品质和谦逊的美德，所以能吸引贤能之士前来辅佐，即"来章"。"国有贤士则丰"，因此六五以阴柔处尊位，以中正的品德获得了与丰大盛世相配的荣誉，有喜庆之事，吉祥，故称其"有庆誉，吉"。

上六，丰其屋，蔀其家，窥其户，阒其无人，三岁不觌，凶。

象曰：丰其屋，天际翔也。窥其户，阒其无人，自藏也。

【注释】蔀（bù）：（名词）覆盖于棚架上以遮蔽阳光的草席。（动词）遮蔽。窥：窥视。阒（qù）：寂静。三岁不觌（dí）："觌"，见，相见；"三岁不觌"，三年都看不见人影。天际翔：如鸟飞翔于天际，比喻其隐蔽之深。《周易正义》："'天际翔也'者，如鸟之飞翔於天际，言隐翳之深也。"。

【译文】上六，将其房屋盖得很大，将其家遮蔽得很严，向室内窥视，静无一人，三年都无人露面，有凶险。

象辞说：将其房屋盖得很大，（隐蔽得像鸟儿）飞翔于天际。向室内窥视，静无一人，是其自我封闭（与世隔绝）。

【爻辞释义】上六以阴爻居阴位，处于丰卦的极位，与六五逆比，居高自傲。上六滥用丰大的资源，将房屋盖得很大，即"丰其屋"；将其家遮蔽得很厚、很严，即"蔀其家"。从窗户外面窥视屋内，静无一人，三年都看不见人影，即"窥其户，阒其无人，三岁不觌"，所以凶险。上六虽与九三阳爻相应，但其自身昏聩，使九三无法发挥作用。

第五十六卦　旅卦

艮下离上

旅：小亨。旅，贞吉。

【注释】旅：羁（jī）旅，长久在他乡客居。

【译文】旅卦：小有亨通。旅居他乡，守持正道才能获得吉祥。

【卦辞释义】商周时期还没有旅游的概念，旅卦中的"旅"是客居的意思，即客居他乡。古人漂泊在外，客居他乡，颠沛流离，举目无亲，困难重重，能够生存下来便是大幸。旅居在外，只求比较顺利，不求大吉大利，此即"小亨"。只有守持贞正，才能逢凶化吉，遇难呈祥。旅居在外而能获得小亨，是守持贞正的结果，故称"旅，贞吉"。本卦阐述了人生在外、客居他乡时所必须遵循的原则。

彖曰：旅，小亨。柔得中乎外，而顺乎刚，止而丽乎明，是以小亨，旅贞吉也。旅之时义大矣哉！

【注释】柔得中乎外，而顺乎刚：柔爻六五居于外卦中位，且顺承于刚爻上六。止而丽乎明："丽"，附丽，依附；下卦为艮，为山，代表抑止；上卦为离，离为日，代表光明。"止而丽乎明"，受艮所止，附丽于光明，比喻行为规矩，正大光明。

【译文】彖辞说：旅卦，小有亨通。柔爻居于外卦中位，且顺承于刚爻，遭遇阻止而附丽于光明，因而可以小有亨通，旅途中守持正道，方可吉祥。旅居他乡顺应时势，依义而行，具有非常重大的意义啊！

象曰：山上有火，旅。君子以明慎用刑而不留狱。

【注释】留狱：办案拖拉，滞留案件。

【译文】象辞说：山上有火，是旅卦的卦象。君子观此卦象，明察审慎用刑，而不滞留案件。

初六，旅琐琐，斯其所取灾。
象曰：旅琐琐，志穷灾也。

【注释】琐琐：卑微，平庸，渺小。斯：这，这个；于是，就。

【译文】初六，旅居者地位卑微下贱，这是其自取灾祸（的原因）。

象辞说：旅居者地位卑微下贱，志穷而招致灾祸。

【爻辞释义】初六阴爻处阳位，居位不中不正，居旅卦的最下位，象征软弱无能的人。"琐琐"是低下、卑贱的样子。初六居位低下，旅居不得安宁，从事的是卑贱的劳役。由于其地位卑下，软弱无能，身陷困境，灾难接踵而至，所以说"旅琐琐，斯其所取灾"。初六虽与九四相应，但也无济于事，由于其人卑微、平庸而招致的麻烦，单靠外援是无法解决的，况且与其相应的九四也是不中不正之人。象辞说的"志穷灾也"，是说初六居位低下，人穷志短，行为卑贱，难免招灾。

六二，旅即次，怀其资，得童仆贞。

象曰：得童仆贞，终无尤也。

【注释】即次："即"，到，靠近，接触；"次"，旅居的住所，或途中暂时停留的住处；"即次"，来到客栈。资：钱财。终：终究，毕竟。尤：怨恨；归咎。

【译文】六二，旅行者来到客栈，怀中揣着钱财，得到了童仆忠心的侍奉。

象辞说：得到了童仆忠心的侍奉，那就没有什么可怨忧的了。

【爻辞释义】六二以阴爻居阴位，居中得正，柔顺地上承九三。旅行得以安居，怀中有钱，旅费充足，又得到童仆忠实的服务，即"旅即次，怀其资，得童仆贞"。象辞说，"得童仆贞，终无尤也"，意思是：出门在外的人，能得到童仆的忠实服务，就没有什么可怨忧的了。

九三，旅焚其次，丧其童仆，贞厉。

象曰：旅焚其次，亦以伤也。以旅与下，其义丧也。

【注释】亦以伤也："亦"，也，已经，确实，实在；"以"，既，已经；"亦以伤也"，已经是够悲伤的了。以旅与下："与"，给与，施与；"下"，下人；"以旅与下"，作为旅居者施惠与下人。

【译文】九三，旅居在外，住所被焚烧，失去了童仆，因不贞正而有危险。

象辞说：旅居在外，住所被焚烧，已经是够悲伤的了。作为旅居者施惠与下人，是不合道理的。

【爻辞释义】九三以阳爻居阳位，当位，与六二亲比，但与九四逆比，与上九无应。九三处于下卦艮的顶端，位于山之巅，有自高自大、过刚不中之象。九三与六二亲比，施恩惠于六二。一个以旅客身份在外地居住的人，施恩惠与下人，会被当地的主人所忌讳，怀疑其另有图谋。九三与九四逆比，不顺从于上，得罪了当地主人，遭到迫害和驱赶，住所被焚烧，又失去了童仆。旅居在外应待人谦逊柔顺，行事中正，九三违背了这一原则，十分凶险，所以说"旅焚其次，丧其童仆，贞厉"。象辞说的"旅焚其次，亦以伤也。以旅与下，其义丧也"，意思是：住所被烧，已经是够悲伤的事了。作为旅居者施惠与下人，是不合道理的。

九四，旅于处，得其资斧，我心不快。

象曰：旅于处，未得位也。得其资斧，心未快也。

【注释】处：处所，地方。资：资财。斧：利斧，在此指工具。我：指九四。

【译文】九四，旅行在外有了住处，得到了钱财和工具，心中还是不高兴。

象辞说：旅行在外有了住处，但未得到恰当的居位。得到了钱财和工具，心中仍然不快。

【爻辞释义】九四阳爻居阴位，失位。在旅行时有了安顿的地方，得到了钱财和斧头等工具，可以修整其居住的场所了。九四居位不正，而且上方被六五凌乘，虽然与初六相应，但初六为阴爻，力量柔弱，自身难保。在旅行中虽有钱财和工具，但所居之处并不合自己的心意，有寄人篱下的感觉，因而心中不快，所以说"旅于处，得其资斧，我心不快"。

六五，射雉，一矢亡，终以誉命。

象曰：终以誉命，上逮也。

【注释】雉（zhì）：山鸡，野鸡。誉：好的名声。命：任命，给予，授予（职位，称号）。上逮："逮"，到，及；"上逮"，可承及于上。

【译文】六五，射杀山鸡，却丢失了一支箭，不过最终还是获得了美誉和封爵授职。

象辞说：最终获得美誉和封爵授职，是因为承奉居高位者（上九）。

【爻辞释义】六五阴爻居于阳位，虽不当位，但居中处尊。客居在外，不宜居于高位，六五以旅居者的身份升至尊位，其位难保。爻中以射杀山鸡作为比喻，仅有一支箭，射中了山鸡，但山鸡又跑掉了，连箭也丢失了，故说"射雉，一矢亡"。但是，六五承奉上九，受到上九的帮助，最终还是得到了美誉和封爵授职，即"终以誉命"。象辞中说的"终以誉命，上逮也"，意思是：六五的"终以誉命"，是由于能够亲近居高位的上九。

上九，鸟焚其巢，旅人先笑后号咷。丧牛于易，凶。

象曰：以旅在上，其义焚也。丧牛于易，终莫之闻也。

【注释】丧牛于易："易"，容易，轻易；"丧牛于易"，轻易地将牛丢失。终莫之闻：倒装句，即"终莫闻之"，最终也听不到消息。

【译文】上九，鸟巢被烧毁，旅居者先喜悦欢笑，后号咷痛哭。轻易地将牛丢失了，有凶险。

象辞说：以旅居者的身份居于上位，从道理上讲必然会招致焚巢之灾。轻易地将牛丢失了，最终也不会有音信。

【爻辞释义】上九以阳爻居阴位，不中不正，且与九三敌应。上九刚而不中，高居于上，如同鸟巢筑在树上。作为旅居者高居于上，势必招人嫉妒，遭人排挤打击，如同鸟巢被焚烧。客居他乡而能居上位，起初还很高兴，待到灾祸临头时号咷大哭，痛苦不已，此即"鸟焚其巢，旅人先笑后号咷"。对于上九这样的客居者，众人都十分讨厌，所以很轻易地就将牛丢失了，竟然没有人告诉他，所以象辞说："丧牛于易，终莫之闻也。"上九在旅行中待人处世的态度，比九三更过分，以至于遭受灾祸，无处安身，也是情理之中的事，这就是为什么象辞说"以旅在上，其义焚也"。

第五十七卦　巽卦

巽下巽上

巽：小亨，利有攸往，利见大人。

【注释】大人：指的是有权势、有地位、有能力的人物。

【译文】巽：小有亨通，利于有所前往，利于见到大人物。

【卦辞释义】巽为风，性卑顺。对于人而言，性格卑顺，君唱臣和，不相违逆，则容易为人所接纳，所以"利有攸往"。有权势的大人物也愿意使用卑顺的人，去发展其事业，所以"利见大人"。巽卦的上下卦皆为巽，象征唯命是从，命令可行，虽然顺通，但难成大事，故称"小亨"。

彖曰：重巽以申命。刚巽乎中正而志行。柔皆顺乎刚，是以小亨，利有攸往，利见大人。

【注释】重巽以申命："重巽"，两巽相重叠；"申"，说明，申述，表明；"命"，命令，意旨；

"申命"，发布命令，申明旨意。刚巽乎中正：九二、九五刚爻，分别居于下卦与上卦的中位，所以说"刚巽乎中正"，居中就表示行为中正。这里，"巽"为入居之意。柔皆顺乎刚：本卦初六、六四柔爻，分别居于刚爻之下，是柔顺从于刚之象。

【译文】彖辞说：上下巽卦重叠（象征上下尽皆服从），可以发布命令。刚爻居于中正之位，因而志向可行。柔爻皆顺从于刚爻，所以小有亨通，利于有所前往，利于见到大人物。

象曰：随风，巽。君子以申命行事。

【注释】申命：发布命令，申明旨意。

【译文】象辞说：两风相随，是巽卦的卦象。君子观此卦象，行事时申明其旨意。

初六，进退，利武人之贞。
象曰：进退，志疑也。利武人之贞，志治也。

【注释】进退：犹豫不决，无所适从，进退两难。利武人之贞："武人"，武士；"利武人之贞"，利于奉行武士贞正的作风，应有坚强的意志。志疑："志"，意念，意愿，决心；"志疑"，优柔寡断，疑虑太多。

【译文】初六，进退不决（无所适从），宜于采用武士坚定中正的作风。

象辞说：进退不决（无所适从），是因为疑虑太多。宜于采用武士坚定中正的作风，整治其志。

【爻辞释义】初六在巽卦之下，以阴爻居阳位，不中不正，体弱性柔，缺乏信心和勇气。初六的问题，正如象辞所说的是"志疑"，就是不能决断，拿不定主意。面对上司的命令，想服从，但不明其意图；不服从，又怕得罪上司而受处罚，所以迟疑不决，"进退"难定。之所以"志疑"，进退不决，是由于体性柔弱、逊顺太过的原因，因此应该用武士的正气加以整治，使其变得勇猛果断，弥补其柔弱的不足，此即"利武人之贞"。

九二，巽在床下，用史巫纷若，吉，无咎。
象曰：纷若之吉，得中也。

【注释】床下：指卑微，古代的礼仪规定，尊者在床上，卑者在床下。用史巫纷若："史"，祝史，主司祭祀的官；"巫"，古代所谓能以舞降神的人，奉祀天帝鬼神，为人祈福禳灾；"纷若"，盛多的样子；"用史巫纷若"，经常借助史巫祈求神灵护佑。

【译文】九二，逊顺于床下，经常请史、巫与神灵沟通，吉祥，没有灾祸。

象辞说：经常（恭敬地奉祀神灵）而获吉祥，是因为居得中位的缘故。

【爻辞释义】九二以阳爻居阴位，失位。九二处于下卦，且以阳居阴，极端卑下顺从，故称其"巽在床下"。九二有居中守正之德，如果将其卑下顺从的做法，用于奉祀神灵，则可获吉，而无咎过，即"用史巫纷若，吉，无咎"。正如象辞所说"纷若之吉，得中也"，居中则没有过于刚硬的弊病，因而获吉。

九三，频巽，吝。
象曰：频巽之吝，志穷也。

【注释】频巽："频"，同颦，皱眉蹙额；"频巽"，皱着眉头顺从，违心地顺从。吝：遗憾，羞辱。志穷：《周易正义》："九三体刚居正，为四所乘，是志意穷屈，不得申遂也。"

【译文】九三，勉强顺从，感到羞辱和遗憾。

象辞说：勉强顺从，感觉遗憾，志不得遂。

【爻辞释义】九三以阳爻居阳位，当位，但被六四阴爻凌乘，只能忍气吞声，忍受屈辱，违心地顺从。九三性情刚强，但却很难施展抱负，只能勉为其难地表示谦卑，因而感到羞辱和遗憾，即"吝"。

六四，悔亡，田获三品。
象曰：田获三品，有功也。

【注释】田获三品："田"，田猎，打猎；"三品"，据《礼记》载，"天子、诸侯，无事则岁三田，一为乾豆，二为宾客，三为充君之庖"。意思是说，把田猎所得之物分为三份，一晒成干肉，作为祭祀时的供品；二作为宴赏宾客时的食品；三充作君主庖厨中的菜肴。

【译文】六四，悔恨消失，在田猎中获得"三品"。

象辞说：田猎中获得"三品"，建立了功劳。

【爻辞释义】六四以阴爻居于阴位，当位，但凌乘刚爻九三，本应该有后悔之事。但是，因六四顺承九五，对其谦恭顺从，在正当的位置履职，所以使悔恨消除，即"悔亡"。六四依照君王旨意行事，打猎收获颇丰，即"田获三品"，意思是猎物很多，足以分成三份，用于晒制干肉、宴请宾客和供君王享用。

九五，贞吉，悔亡，无不利，无初有终，先庚三日，后庚三日，吉。
象曰：九五之吉，位正中也。

【注释】"先庚三日，后庚三日"的两种解读：①《周易注》："先申三日，令著之后，复申三日，……甲、庚，皆申命之谓也。"②《周易本义》："庚，更也。事之变也。先庚三日，丁也。后庚三日，癸也。丁所以丁宁（叮咛）于其变之前，癸所以揆度于其变之后。"先庚三日，即庚日之前三日，即丁；后庚三日，即庚日之后三日，即癸日。在古代，每旬十日，以甲、乙、丙、丁、戊、己、庚、辛、壬、癸标记。这里取第一种解读。

【译文】九五，守持正道，吉祥，悔恨消失，无所不利。起初虽然不顺利，但是最终结果却很好。（颁布法令时）反复申明解释，吉祥。

象辞说：九五的吉祥，是由于其居位中正的缘故。

【爻辞释义】九五以阳居阳，处尊位，在巽卦中不合谦逊之德，本该有悔恨之事。然而，九五居位中正，发布命令，无人不从，因其贞正而获吉祥，所以悔恨消失，无所不利，故称"贞吉，悔亡，无不利"。"无初有终"，说的是开始时并不顺利，九二巽于床下，九三频巽，但最终有了好的结果。"先庚三日，后庚三日，吉"，意思是：颁布法令时，先解释三日，然后再说明三日，经过反复说明后，就可以取得好的效果，所以吉祥。

上九，巽在床下，丧其资斧，贞凶。
象曰：巽在床下，上穷也。丧其资斧，正乎凶也。

【注释】资斧：资财和劳动工具。上穷也："上"指上九。上九居全卦的尽头，为穷途末路之象。正乎凶："正"，决定，确定；"正乎凶"，正是凶险，定有凶险。

【译文】上九,（谦卑恭顺至极）以至于屈从于床下，丧失了其钱财和工具，即使贞正，也有凶险。

象辞说:（谦卑恭顺至极）以至于屈从于床下，上九已穷途末路。丧失其钱财和工具，定有凶险。

【爻辞释义】上九阳爻居阴位，失位，处巽卦之极，表现得极度顺从，以至于"巽在床下"，甚至失去了钱财和工具，即"丧其资斧"。持这种极端卑顺的态度，即使内心贞正，也难免凶险，故称"贞凶"。

第五十八卦　兑卦

兑下兑上

兑：亨，利贞。

【译文】兑卦：亨通顺利，宜于守持中正之道。

【卦辞释义】兑卦的上、下卦都是兑，兑为泽，象征喜悦。两泽相连，互相流通，滋润万物，万物皆悦。对于人事，则象征君王施恩惠于民众，民众无不喜悦，所以亨通，即"亨"。令人喜悦的事情要警惕陷入邪恶，应注意守持中正之道，所以卦辞告诫"利贞"。

彖曰：兑，说也。刚中而柔外，说以利贞，是以顺乎天而应乎人。说以先民，民忘其劳。说以犯难，民忘其死。说之大，民劝矣哉！

【注释】刚中而柔外：指九二、九五刚爻居中位，六三、上六居于下、上卦之外，呈"刚中而柔外"之象。说以利贞："说"，同悦；"贞"，贞正，正道；"以"，连词；"说以利贞"，和悦的态度利于守持正道。"说以先民，民忘其劳"：《周易正义》："先以说豫抚民，然后使之从事，则民皆竭力忘其从事之劳，故曰'说以先民，民忘其劳'也。"犯难：冒险，克难。民劝矣哉："民劝"，倒装句，即"劝民"，意为劝勉民众；"矣哉"，语气词连用，表示感叹或反问；"民劝矣哉"，民众是可以劝导勉励的啊！

【译文】彖辞说：兑，就是喜悦的意思。内秉刚健之德，外呈柔和之态，和悦的态度利于守持正道，所以顺乎天意而合乎人心。先使民众喜悦，则民众就会忘记劳累去做事。使民众乐意去从事冒险的事情，则民众就会忘死而往。喜悦的意义重大，民众是可以劝勉的啊！

象曰：丽泽，兑。君子以朋友讲习。

【注释】丽：附丽，附着，相连。君子以朋友讲习：君子观此卦象，与朋友一起讲习探讨。在古代，同门为朋，同志为友，朋友相聚，讲习研讨，非常喜悦快乐，如《论语》所说："有朋自远方来，不亦乐乎？"

【译文】象辞说：两泽相连，是兑卦的卦象。君子观此卦象，与朋友一起讲习探讨。

初九，和兑，吉。
象曰：和兑之吉，行未疑也。

【译文】初九，和颜悦色地待人接物，吉祥。

象辞说：以和悦的态度待人，获得吉祥，因为其行为不会被人猜疑。

【爻辞释义】初九以阳爻居阳位，得位。初九上无正应，象征其没有朋党，不拉帮结伙，不利用私人关系，不奉承谄媚，对人和颜悦色，一视同仁，与人和谐相处。用这样的方式待人接物，不会有人怀疑其动机，所以吉祥，故称"和兑，吉"。

九二，孚兑，吉，悔亡。
象曰：孚兑之吉，信志也。

【注释】信志：《周易正义》："'信志也'者，失位而得吉，是其志信也。"

【译文】九二，诚信而和悦，吉祥，悔恨消失。

象辞说：诚信而和悦的吉祥，是由于心志诚信。

【爻辞释义】九二以阳爻居阴位，不当位，但九二阳爻居中，具备刚柔相济的美德，心怀诚信，以诚信与人和悦相处，所以吉祥。九二居位不正，本应有悔恨，但由于心怀诚信，获得吉祥，懊悔之事也就消失了，所以说"孚兑，吉，悔亡"。

六三，来兑，凶。
象曰：来兑之凶，位不当也。

【译文】六三，来求欢悦，凶险。

象辞说：来求欢悦的凶险，是因为其居位不当。

【爻辞释义】六三阴爻居阳位，不当位，不中不正。三爻为阳位，六三阴爻进居，象征其进而求悦，以讨好、献媚等手段取悦于人。以不正当的方式讨好他人，必然是居心叵测，另有所图，为邪恶之道，所以凶险，故称"来兑，凶"。象辞说其凶险的原因是"位不当也"，即六三的居位不当。

九四，商兑未宁，介疾有喜。
象曰：九四之喜，有庆也。

【注释】商兑未宁：商求欢悦，不得安宁。《周易正义》："商，商量裁制之谓也。夫佞邪之人，国之疾也。三为佞说，将近至尊。故四以刚德，裁而隔之，使三不得进，匡内制外，未遑宁处，故曰'商兑未宁'。"介疾：隔离疾病，比喻小人六三欲亲近君王九五，九四予以阻隔。

【译文】九四，（六三）商求欢悦，搞得无法安宁，（九四）防邪隔疾，会有喜事。

象辞说：九四的喜事是有福庆。

【爻辞释义】九四为阳爻，虽居阴位，但有阳刚之德。六三前来商求亲近九五，阿谀奉承，谄媚求悦，不得安宁，即"商兑未宁"。九四居于九五与六三之间，九四以其刚德阻止六三，使其不能接近君王九五，就像对疾病进行了隔离，当然是喜事，所以说"介疾有喜"。

九五，孚于剥，有厉。
象曰：孚于剥，位正当也。

【注释】孚于剥："孚"，诚信，相信，信任；"剥"，剥蚀，此处指剥蚀阳刚的上六阴爻；"孚于剥"，意为相信剥蚀阳刚的小人。

【译文】九五，信任剥蚀（阳刚的小人），有危险。

象辞说：信任剥蚀（阳刚的小人），是因为（九五）正处在这样的位置上。

【爻辞释义】九五以阳爻居君位，但与九四逆比，却亲近于上六，这意味着君王不乐意接受阳刚君子的忠言，却沉迷于声乐欢悦之中，听信阴极小人的谗言，所以有危险。上六为阴邪不正的小人，专附于九五，用巧言令色博得九五的信任，目的在于消剥九五阳刚。所以，爻辞告诫说"孚于剥，有厉"。象辞说"孚于剥，位正当也"，这里的"正当"是"正处在""正当其时"的意思，而不是"正确、恰当"的意思。

上六，引兑。
象曰：上六引兑，未光也。

【注释】上六引兑：上六引人欢悦。《周易本义》："上六成说之主，以阴居说之极，引下二阳相与为说，而不能必其从也。故九五当戒，而此爻不言其吉凶。"

【译文】上六，引诱他人欢悦。

象辞说：上六引人欢悦，（其行为）并非光明正大。

【爻辞释义】上六以阴爻居阴位，当位，位于兑卦之极。上六不择手段取悦于人，引诱下方的阳爻，诱使他们与自己一起欢娱玩乐，故称为"引兑"。这种取悦于人的手段，不是光明正大，所以象辞说"上六引兑，未光也"。

第五十九卦　涣卦

坎下巽上

涣：亨，王假有庙，利涉大川，利贞。

【注释】涣：卦名，涣的本义为离散，涣散。王假有庙："假"，到，至；"有"，汉帛书《周易》中为"于"，此处"有"的意思亦为"于"；"王假有庙"，君王驾临宗庙。

【译文】涣卦：亨通，君王亲临宗庙（祈福），利于涉越大江大河，宜于守持正道。

【卦辞释文】涣是离散、涣散的意思。民众遭难，离散逃避；大才大德的君王，能在民众遭难之时排难救险，所以亨通。君王来到宗庙祭祀祈福，即"王假有庙"。由于才高德大，神灵护佑，所以可以涉险济难，故说"利涉大川"，大川比喻艰难险阻。排难救险的目的是为了将人们重新聚集起来，卦辞中的"利贞"，讲的是应以贞正之道聚集民众。

　　彖曰：涣，亨，刚来而不穷，柔得位乎外而上同。王假有庙，王乃在中也。利涉大川，乘木有功也。

　　【注释】 刚来而不穷，柔得位乎外而上同：九二刚爻来居内卦中位，内刚则不穷困于险难，即"刚来而不穷"。六四柔爻在外卦得位，上承九五，为"柔得位乎外而上同"。乘木有功：本卦上卦为巽，巽为木；下卦为坎，坎为水；"乘木有功"，意为乘木舟渡河，平安无事，必获成功。

　　【译文】 彖辞说：涣卦，亨通，刚爻来居（内卦），故而不穷困（于险难），柔爻在外卦得位，顺承于上。君王亲临宗庙祭祀，（九五）君王居位在中。利于涉越大江大河，乘木舟渡河必获成功。

　　象曰：风行水上，涣。先王以享于帝，立庙。

　　【注释】 享：祭祀；进献。

　　【译文】 象辞说：风行水上，是涣卦的卦象。先王观此卦象，祭祀天帝，建立宗庙。

　　初六，用拯马壮，吉。
　　象曰：初六之吉，顺也。

　　【注释】 用拯马壮："用"，借助；"拯"，拯救；"马壮"，健壮的马；"用拯马壮"，倒装句，即"用马壮拯"，意为用健壮的马匹拯救。

　　【译文】 初六，借助健壮的马匹拯救（危难），吉祥。

　　象辞说：初六的吉祥，是因为能顺承（阳刚）。

　　【爻辞释文】 初六阴爻居阳位，不当位，并且上无正应。初六处于涣散灾难的初期，面临危险，需要逃离险境。然而，初六才质柔弱，凭自己的能力无法逃离，需要借助他人的力量使自己摆脱危难。初六与九二亲比，可借助九二的力量来拯救自己。"用拯马壮，吉"，说的是乘坐九二这匹"健壮的马"逃离危难，获得吉祥。象辞说"初六之吉，顺也"，意思是：初六的吉祥是由于它和九二亲比、顺承阳刚的缘故。

九二，涣奔其机，悔亡。
象曰：涣奔其机，得愿也。

【注释】涣奔其机："机"，通几，几案，具有承载功能的物品；此处借指安身之处，即初六。"涣奔其机"，涣散之时投奔到可以安身的地方。

【译文】九二，涣散之时投奔到安身之地，悔恨消失。

象辞说：涣散之时投奔到安身之地，得其所愿了。

【爻辞释文】九二爻是阳爻居阴位，不当位，上无正应。在离散奔逃的时候，从上面得不到援助，好在九二与初六亲比，投奔初六可找到一个安身之所，即"涣奔其机"。九二处于涣散险难之中，依靠初六阴柔相助，得以"悔亡"；初六处在涣散险难之初，得到九二的帮助，因而获"吉"；在离散奔逃之时，二者互相援助，各得其利。

六三，涣其躬，无悔。
象曰：涣其躬，志在外也。

【注释】涣其躬："涣"，涣散，离散；"躬"，自身；"涣其躬"，舍弃自身，宁愿自身受到伤害。

【译文】六三，（为救济涣难）宁愿自身受到伤害，而无怨悔。

象辞说：宁愿自身受到伤害，因为其志向在外。

【爻辞释文】六三爻是阴爻居阳位，不当位，但与上九有应。六三正应于上九，有忘身殉上之象。"涣其躬，无悔"，就是涣其自身，即以舍身取义的精神去救济涣难，而不后悔。象辞说"涣其躬，志在外也"，意思是：六三能够舍身济涣，是因为身在内卦，而正应于外卦上九的缘故。

六四，涣其群，元吉，涣有丘，匪夷所思。
象曰：涣其群元吉，光大也。

【注释】群：指朋党，结成的私党。丘：喻指像山丘一样的大群体。匪夷所思："匪"，非；"夷"，经常，常法，常道；"匪夷所思"，不是常人所能想得到。

【译文】六四，解散朋党，大吉，涣散之时将（人们）聚集成山丘般的大群体，这不是常人所能想到的。

象辞说：解散朋党，大吉，其行为光明正大。

【爻辞释文】六四以阴爻居阴位，当位，谦卑柔顺，上承君王九五。在人心涣散的情况下，初六与九二结成朋党，六三与上九关系密切。九四辅助君王治理涣散，就是要解散朋党，消除团伙，使所有人聚集在君王之下，因而大吉，即"涣其群，元吉"。六四能够消除各种有碍统一的小群体，将涣散的小群体重新聚合成如山丘般的大群体，即"涣有丘"。做到这一点很不容易，不是平常人所能考虑到的，即"匪夷所思"。所以，象辞说六四的行为"光大"。

九五，涣汗其大号，涣，王居无咎。
象曰：王居无咎，正位也。

【注释】涣汗其大号："汗"，汗液；"大号"，君王的命令、号令；"涣汗其大号"，在此喻指君王像治病发汗一样化解涣散疾症，发出其命令。"涣汗大号"现已为成语，意为帝王发布号令。《周易本义》："阳刚中正以居尊位，当涣之时能散其号令……，则可以济涣而无咎矣。"

【译文】九五，像治病发汗一样发布其号令，涣散之时君王居王位，没有灾难。

象辞说：君王居王位没有灾难，这是因为其居于正位的缘故。

【爻辞释文】九五阳爻居于君位，居中得正。九五身为天下君主，面对人心涣散的情况，决定发出号令，即"大号"，像治病发汗一样地解除困厄，化解积郁，即"涣汗其大号"。国家分裂、人心涣散之时，只有君王居王位，才不会有灾难，所以说"涣，王居无咎"。

上九，涣其血，去逖出，无咎。
象曰：涣其血，远害也。

【注释】涣其血，去逖出："血"，流血，伤害；"涣其血"，驱散、免除其伤害，即避免伤害。"逖"（tì），远，远离；"去逖出"，远离而去。《周易正义》："'涣其血，去逖出'者，血，伤也，逖，远也。上九处于卦上，最远于险，不近侵害，是能散其忧伤，去而逖出者也。

故曰'涣其血，去逖出'也。"

【译文】上九，避免伤害，远离而去，没有灾祸。

象辞说：避免伤害，远离了祸害之地。

【爻辞释文】上九阳爻居阴位，不当位，与六三有应。涣卦的下卦坎的三爻，都是处于涣散的危险中，而上卦巽的三爻，是形势已经好转。为了避免再次陷入涣散的险难中受到伤害，上九决定远离而去，这样不会有灾祸，即"涣其血，去逖出，无咎"。六三与上九相应，舍己救难而"无悔"；如果上九前去应合六三，反而有害，原因在于地位不同，一个在险中，一个在险外。

第六十卦 节卦

兑下坎上

节：亨，苦节不可贞。

【注释】苦节不可贞："苦节"，节制过度，节制过苦；"贞"，贞正，坚持不变；"苦节不可贞"，过度的节制不可能长久坚持。

【译文】节卦：（节制可致）亨通，过分的节制是不可能长久持续的。

【卦辞释义】"节"是节制、节度的意思。节卦的卦象是上坎下兑，上坎为水，下兑为泽，水在泽中象征受到节制。行事有节制，才会顺利，即"亨"。但是，节制应该适中，如果节制过度，过于苛刻，令人苦不堪言，就不可能坚持下去，故"苦节不可贞"。

象曰：节，亨。刚柔分而刚得中。苦节不可贞，其道穷也。说以行险，当位以节，中正以通。天地节而四时成。节以制度，不伤财，不害民。

【注释】说以行险："说"，通悦；下卦为兑，为悦；上卦为坎，为险；象征以乐观的态度面对艰险。当位以节，中正以通：上六、九五、六四、初九爻当位，当位而有节度，故称"当位以节"；"以"，连词，与"而"用法相同；九五、九二爻居中，居中行正而得亨通，即"中正以通"。

【译文】象辞说：节制，（可致）亨通。坎卦刚，兑卦柔，分别为上下卦；（九二、九五）刚爻居得中位。过分的节制是不可能长久持续的，必然走向穷途末路。以乐观的态度面对艰险，当位而有节度，居中行正而得亨通。天地有节度而形成四季。用制度来进行节制，就会不伤财，不害民。

象曰：泽上有水，节。君子以制数度，议德行。

【注释】数度：指礼数法度。议：评议，商度。制数度，议德行：制定典章礼法，作为节制的准则；评议人的德行而加以任用。

【译文】象辞说：泽上有水，是节卦的卦象。君子观此卦象，制定典章制度，评议人的德行。

初九，不出户庭，无咎。
象曰：不出户庭，知通塞也。

【注释】户庭：指家中的内院。通塞：为偏义复词，如大小、多少、好歹、缓急等。
【译文】初九，不出庭院，没有灾祸。
象辞说：不出庭院，是因为知晓道路的通塞情况。

【爻辞释义】初九以阳爻居下位，当位，有向上升进的能力。但是，初九与九二逆比，通道被其挡住，所以上行受阻。此时，前进还不是时候，需要自我节制，因此不出门户庭院以待时机，这般谨慎小心，自然没有灾祸，所以说"不出户庭，无咎"。象辞说"不出户庭，知通塞也"，意思是：初九不出户庭，是因为知晓道路的通塞情况。

九二，不出门庭，凶。

象曰：不出门庭凶，失时极也。

【注释】失时极：失去了最好的时机。《周易尚氏学》："《说文》'极，栋也'，栋居屋脊，当屋之中，故极为中。失时极，即失时之中也。"

【译文】九二，不出门庭，会有凶险。

象辞说：不出门庭而导致凶险，是因为失去了极好的时机。

【爻辞释义】九二阳爻处阴位，居于中位，阳刚中正，是外出发展的大好时机。九二上方为阴爻，不会阻挡其前进，但九二却畏惧前方的坎险（上卦为坎），守在家中，不敢迈出大门。当进不进，当出不出，这样过分地自我节制，不但会失去机会，无法施展才能，反而会招致凶险，所以说"不出门庭，凶"。如象辞所说，不出门庭之所以凶险，是因为丧失了极好的时机。

六三，不节若，则嗟若，无咎。

象曰：不节之嗟，又谁咎也。

【注释】若：语末助词，用在形容词或副词后面，表示事物的状态；相当于"貌""……的样子"。嗟：感叹，叹气。咎：过失，罪过；怪罪；灾祸。

【译文】六三，不能节制，就会嗟叹自悔，（咎由自取），无可怨咎。

象辞说：不能节制而导致嗟叹自悔又能怪罪谁呢？

【爻辞释义】六三以阴爻居阳位，不当位，居九二阳爻之上。以柔乘刚，有违节制之道，招致灾祸，以至于后悔哀叹，所以说"不节若，则嗟若"。六三因行为不能节制，灾祸是自己招致的，爻辞中的"无咎"，意思是：无所怨咎，怨不了任何人。这里的"咎"是怪罪的意思。象辞说的"不节之嗟，又谁咎也"，意即不能节制自己，事后嗟叹后悔，又能怪罪谁呢？

六四，安节，亨。

象曰：安节之亨，承上道也。

【注释】安节：安于节制。承上道："承"，奉承，遵从；"上道"，君上之道，臣民遵从君上之道；"承上道"，遵从君上之道，指顺从九五。

【译文】六四，安于节制，亨通。

象辞说：安于节制而获亨通，是遵从君上之道的缘故。

【爻辞释义】六四阴爻居阴位，当位，上承九五，二者为亲比关系，下与初九正应，上下关系融洽。上能遵从君王，下有贤士相助，自己则安于节制，故而亨通，即"安节，亨"。六四能得"安节之亨"，主要是其顺承九五，奉行尊上之道，即象辞所说的"承上道也"。

九五，甘节，吉，往有尚。
象曰：甘节之吉，居中位也。

【注释】甘节：心甘情愿地节制，视节制为乐事。往有尚：所往之处会受到崇尚。

【译文】九五，心甘情愿地节制，吉祥，所往之处受到尊敬和赞美。

象辞说：心甘情愿地节制而获吉祥，是因为居位中正的缘故。

【爻辞释义】九五以阳爻居中，处于尊位，是节卦的主爻。九五持中守正，甘愿自我节制。九五如象辞所言，"当位以节，中正以通"，能心甘情愿地节制，吉祥，因而受到崇尚，即"甘节，吉，往有尚"。九五的甘节，是节制的最高境界，身为尊贵之君，节制有度，就会像象辞所说的那样"不伤财，不害民"。

上六，苦节，贞凶，悔亡。
象曰：苦节贞凶，其道穷也。

【译文】上六，过度节制，即使贞正，也有凶险，（自我苦节）可得悔亡。

象辞说：过度节制，即使贞正，也有凶险，（必然导致）其穷途末路。

【爻辞释义】上六阴爻居阴位，当位，处于节卦的最高位。上六位不居中，不能守持中道，奉行的是极端的节制。过度节制就会极端艰苦，所以称为"苦节"。如果让民众都奉行苦节，必然苦不堪言，难以忍受，这是正道之凶，即"贞凶"。如果自己奉行苦节修身，勤俭节约，安分守己，就不会有什么后悔的事，即"悔亡"。象辞说"苦节贞凶，其道穷也"，意思是：过分节制，即使贞正，也有凶险，必然导致穷途末路。

第六十一卦 中孚卦

兑下巽上

中孚：豚鱼吉，利涉大川，利贞。

【注释】中孚：内心有诚信。豚（tún）：小猪，也泛指猪。豚鱼：泛指愚笨无知的动物。

【译文】中孚：对猪和鱼都讲诚信，吉祥，利于涉越大江大河，利于守持中正之道。

【卦辞释义】孚是诚信的意思，中孚是发自内心的诚信。豚为猪，豚鱼即猪和鱼，泛指愚笨无知的动物。内心怀有诚信，连猪和鱼这样愚笨无知的动物，都对它们讲诚信，所以会获得吉祥，故称"豚鱼吉"。心怀诚信，品德高尚，就一定能克服艰难险阻达到目的，利于守持正道，所以说"利涉大川，利贞"。

象曰：中孚，柔在内而刚得中。说而巽，孚，乃化邦也。豚鱼吉，信及豚鱼也。利涉大川，乘木舟虚也。中孚以利贞，乃应乎天也。

【注释】说而巽：本卦下卦为兑，为和悦；上卦为巽，为谦逊；故称"说而巽"，即和悦而谦逊。化邦："化"，教化；"邦"，国，邦国；"化邦"，教化国民的思想行为。乘木舟虚：本卦下卦为兑，兑为泽；上卦为巽，巽为木；"虚"，阳为实，阴为虚，所以"虚"指的是三、四两个阴爻；"乘木舟虚"，卦象象征凿木为舟，行于水上。

【译文】象辞说：中孚卦，柔爻（六三、六四）居位在内，刚爻（九二、九五）居位得中。和悦而谦逊，秉持诚信之德，则可以教化邦国的民众。"豚鱼吉"，说的是对猪、鱼都讲诚信，（因而吉祥）。利于涉越大江大河，乘木舟而行，（可平安到达）。内心怀有诚信，利于守持正道，就顺应了天理。

象曰：泽上有风，中孚。君子以议狱缓死。

【注释】狱：诉讼案件；刑狱，刑罚；罪过。《周易正义》："'君子以议狱缓死'者，中信之世，必非故犯过失为辜，情在可恕，故君子以议其过失之狱，缓舍当死之刑也。"

【译文】象辞说：泽上有风，是中孚卦的卦象。君子观此卦象，审议诉讼案件，宽缓死刑。

初九，虞吉，有它不燕。
象曰：初九虞吉，志未变也。

【注释】"虞"的两种解释：①《周易正义》："虞犹专也"，即诚信专一；②《广雅·释诂》："虞，安也"，即安守诚信。有它不燕："有它"，有其他想法，生异心；"燕"，安宁，安逸；"有它不燕"，有其他念想，则不得安宁。

【译文】初九，专一则吉祥，有其他念想，则不得安宁。

象辞说：初九专一吉祥，其情志没有改变。

【爻辞释义】初九以阳爻居阳位，得位。初九与六四正应，专情于六四，获得吉祥，即"虞吉"。其中，"虞"为专的意思，指初九专情于六四。若非如此，另有他求，则不得安宁，即"有它不燕"。象辞说的"初九虞吉，志未变也"，意思是：初九得到吉祥，是因为其志向没有改变，诚信专一于六四，别无他求。

九二，鸣鹤在阴，其子和之，我有好爵，吾与尔靡之。
象曰：其子和之，中心愿也。

【注释】鸣鹤在阴："阴"，幽暗之处，九二处于六三、六四二阴爻之下，故称其处为阴；"鸣鹤在阴"，鹤在荫处鸣叫。爵：古代的酒器，这里指代酒。　吾与尔靡之："尔"，你；"靡"，分散，引申为共享；"吾与尔靡之"，我与你共享。中心愿：《周易正义》："'中心愿'者，诚信之人，愿与同类相应，得诚信而应之，是中心愿也。"

【译文】九二，鹤在荫处鸣叫，小鹤啼叫应和。我有美酒，我与你共享。

象辞说：小鹤啼叫应和，是因为恰合其心愿。

【爻辞释义】九二阳爻居阴位，处下卦中位，上面六三、六四全为阴爻，所以爻辞中将其比作荫蔽处的鹤。九二虽失位，但居下卦之中，阳刚实在，象征心怀诚信，坚守中道。九二虽然身处幽暗，但诚信不变，就像鹤在荫处鸣叫，小鹤也会应和，在此是指其同类与之应和，即"鸣鹤在阴，其子和之"。"我有好爵，吾与尔靡之"，意思是：我有美酒，愿与你分享；比喻自己心诚待人，别人也会以诚回应。象辞称"其子和之，中心愿也"，说的是：诚信君子之间的应和，是发自内心的诚意，是由于心愿相同而相互呼应。

六三，得敌，或鼓或罢，或泣或歌。
象曰：或鼓或罢，位不当也。

【注释】得敌：遇到敌人。

【译文】六三，遭遇敌人，时而击鼓进攻，时而罢兵后退，时而悲愤痛哭，时而慷慨高歌。

象辞说：时而击鼓进攻，时而罢兵后退，是因为居位不当的缘故。

【爻辞释义】六三阴爻居阳位，失位，与上九有应，与六四逆比。六三心意在外，欲攀附上九，但是前面有六四阻挡。六三想要击鼓进攻，但六四上承九五，非自己所能敌，又转而罢兵后退，此即"得敌，或鼓或罢"。不能取胜而退却，惧怕六四追杀，所以痛哭忧伤；六四居位得正，性情逊顺，退兵而去，此时六三又欢乐歌唱，故称"或泣或歌"。

六四，月几望，马匹亡，无咎。
象曰：马匹亡，绝类上也。

【注释】月几望："几"，接近，几近；"望"，满月，指农历十五左右的月亮；"月几望"，即将盈满的月亮，月为阴，比喻阴德极盛。马匹亡："匹"，结成伙伴，配对成双；"马匹亡"：马失去了匹配，马失去了群类。绝类上：与同类绝交，专承于上。《周易正义》："'绝类上'者，绝三之类，不与二争，而上承於五也。"

【译文】六四，（阴德之盛如同）即将盈满的月亮，马失去了群类，没有灾祸。

象辞说：马失去了群类，是与同类绝交，专承于上。

【爻辞释义】六四阴爻居阴位，得位，上承九五，地位优越。六四阴德之盛，就像是快要盈满的月亮，故称"月几望"。六三与自己为敌，前来进攻，如果两人厮杀，就不能专心侍奉九五君王了，所以六四放弃了其同类六三，爻辞将此比作马失去其群类，即"马匹亡"。断绝与六三的关系，一心一意地侍奉九五，就不会有灾祸，故称"无咎"。象辞说的"绝类上"，就是断绝与六三同类的关系，而专一地侍奉君上（九五）。

九五，有孚挛如，无咎。
象曰：有孚挛如，位正当也。

【注释】挛如：相互牵系、相互携手的样子。《伊川易传》："五以中正居尊位而有孚信，则其类皆应之矣，故曰挛如，谓牵连相从也。"

【译文】九五，胸怀诚信，携手前行，没有灾祸。

象辞说：胸怀诚信，携手前行，是因为居中得位的缘故。

【爻辞释义】九五阳爻居阳位，得位，为这一卦的主爻。九五以中正居尊位，为诚信的典范，众人皆信服应和，与其携手同行，没有灾难，故称"有孚挛如，无咎"。象辞说"有孚挛如，位正当也"，意思是：九五具有诚信之德，众人牵连相从，是因为居位中正恰当的缘故。

上九，翰音登于天，贞凶。

象曰：翰音登于天，何可长也？

【注释】翰音登于天："翰"，本义为天鸡，引申为高飞；"翰音"，飞向高空的声音，比喻徒有虚名。《周易注》："翰，高飞也。飞音者，音飞而实不从之谓也。居卦之上，处信之终，信终则衰，忠笃内丧，华美外扬，故曰'翰音登于天'也。"

【译文】上九，高叫之声飞扬于天空，（对于守持）正道是危险的。

象辞说：高叫之声飞扬于天空，怎么能长久呢？

【爻辞释义】上九阳爻居阴位，不当位，不能持中守正。上九处于本卦的终极，代表诚信转衰，逐渐丧失，徒有华美的外表，虚而无实，就像飞鸟的鸣叫声飞扬于天，故称"翰音登于天"。有名无实是贞正的凶险，故称"贞凶"。象辞说"何可长也"，说的是：有名无实，怎么能长久呢？

第六十二卦 小过卦

艮下震上

小过：亨，利贞。可小事，不可大事。飞鸟遗之音，不宜上，宜下，大吉。

【注释】飞鸟遗之音，不宜上，宜下：鸟飞过留下其鸣叫声，飞得过高，则难以找到安身之处，低飞则容易寻得栖息之地，所以"不宜上，宜下"，比喻不可逆势而行，应当顺势而为。《伊川易传》："鸟飞迅疾声出而身已过。然岂能相远也！事之当过者亦如是，身不能甚远于声，事不可远过其常，在得宜耳。不宜上宜下，更就鸟音取宜顺之义，过之道当如飞鸟之遗音，夫声逆而上则难，顺而下则易。"

【译文】小过卦：亨通，利于守持中正之道。（小有过越）适用于一些小事，但不适用于大事。飞鸟留下鸣叫之音，不应该向上高飞，而应该向下低飞，（如此可获）大吉。

【卦辞释义】小过卦中的"过"为过越、过分的意思，是矫枉过正的"过"。

"小过"就是在小事上有过越、有些超越常规。例如，行为过于恭敬，衣食用度过于节省等。在一般事情上有"小过"，可获亨通顺利；用"小过"矫正不良世俗，利于守持正道，故卦辞说"亨，利贞"。小有过越，只能用于矫正小问题，不能纠正和解决大问题，故说"可小事，不可大事"。"飞鸟遗之音"指的是飞鸟留下的叫声，在此用飞鸟比喻"过"的吉凶。飞鸟飞得越高，越无处安身，就越危险；飞得低下，则有安身之地，就会安全；"飞鸟遗之音，不宜上，宜下，大吉"，说的就是这个意思。人事如同飞鸟，飞鸟的"上下"就是人的"逆顺"；逆势而行，不宜为之；顺势而为，可获大吉。

彖曰：小过，小者过而亨也。过以利贞，与时行也。柔得中，是以小事吉也。刚失位而不中，是以不可大事也。有飞鸟之象焉。飞鸟遗之音，不宜上，宜下，大吉，上逆而下顺也。

【注释】柔得中：六二、六五柔爻分居上下卦中位。刚失位而不中：九四刚爻居位不当，九三刚爻居位不中。有飞鸟之象：本卦象二刚爻在中间，上下分别为二柔爻，为飞鸟展翅之象。

【译文】彖辞说：小过，是小事过越而得亨通。（矫枉）过正，利于行中正之道，（但要）合乎时宜。柔爻居于中位，所以小事吉祥。刚爻失位而不居中，所以不可图谋大事。（卦象）呈飞鸟展翅之象。鸟在空中飞过，留下鸣叫之音，不宜向上高飞，而应向下低飞，方可获大吉，（这是因为）向上行则违逆，而向下行则安顺。

象曰：山上有雷，小过。君子以行过乎恭，丧过乎哀，用过乎俭。

【注释】君子以行过乎恭，丧过乎哀，用过乎俭：《周易正义》："小人过差，失在慢易奢侈，故君子矫之，以行过乎恭，丧过乎哀，用过乎俭也。"

【译文】象辞说：山上有雷，是小过卦的卦象。君子观此卦象，行为非常恭敬，遇丧事非常悲哀，日常用度非常节俭。

初六，飞鸟以凶。

象曰：飞鸟以凶，不可如何也。

【注释】飞鸟以凶："以"，为"因而"的意思，表示结果；"飞鸟以凶"，飞鸟向上强飞，因而将会招致凶险。

【译文】初六，飞鸟（向上高飞）而招致凶险。

象辞说：飞鸟（向上高飞）而招致凶险，又能有什么办法解救呢？

【爻辞释义】初六以阴爻居阳位，失位，与九四正应。初六爻处小过卦之始，卦辞说"不宜上，宜下"，初六本该居下，安止栖息，但却要逆势上飞，去应合九四。上逆下顺，初六明知上有九三相阻，却自不量力，逆而上行，必致凶险，即"飞鸟以凶"。象辞说的"飞鸟以凶，不可如何也"，意思是：飞鸟向上强飞，将会出现凶险，咎由自取，又能怎么办呢？

六二，过其祖，遇其妣，不及其君，遇其臣，无咎。

象曰：不及其君，臣不可过也。

【注释】祖：为"始"的意思。妣：母，母亲。不及其君，遇其臣："及"，触及；"不及其君，遇其臣"，不触及、不冒犯君王，而遇到其臣。《周易本义》："六二柔顺中正，进则过三四而遇六五，是过阳而反遇阴也。如此，则不及六五而自得其分，是不及君而适遇其臣也。"

【译文】六二，已过了初始位置，到达了其母亲的位置，不触犯君王，遇到其下臣，没有灾祸。

象辞说：不触犯君王，是因为臣子不可超越其本位。

【爻辞释义】六二阴爻居于阴位，当位，持中守正。祖，是"始"的意思，在此指的是初六。妣，为"母"的意思，是指六二的位置。六二在小过卦当位居中，是过而有所得。已过了初六，故称"过其祖"；当位且履行中正，故称"遇其妣"。过而不敢超越本分，不敢触犯君王（六五），遇到了君王的下臣（九三），不会有灾祸，故称"不及其君，遇其臣，无咎"。象辞说"不及其君，臣不可过也"，意思是：不触犯君王，是因为作为臣子不能超越自己的本位。

九三，弗过防之，从或戕之，凶。

象曰：从或戕之，凶如何也？

【注释】弗过防之："弗"，没有；"防"，防备；"弗过防之"，没有过越时应加防范。从或戕之："从"，跟从；"戕"（qiāng），杀害，残害；"从或戕之"，跟从可能会遭杀害。

【译文】九三，没有过越时应加防范，跟从（小人）或遭杀害，凶险。

象辞说：跟从（小人）或遭杀害，这样的凶险有什么办法呢？

【爻辞释义】九三阳爻居阳位，具阳刚之才，与上六正应。上六为阴险小人，却居最高显位，如果九三前去应合，追随其后，则有遭残害之凶。这是因为随从上六就会过越君位六五，并且会与九四相敌，必然会遭凶害。所以，爻辞告诫：没有过越的时候要防备，否则可能会遭杀身之祸，有凶险，此即"弗过防之，从或戕之，凶"。象辞说的"从或戕之，凶如何也"，意思是：跟从小人导致杀身之祸，是无法解救的。

九四，无咎，弗过遇之，往厉必戒，勿用永贞。

象曰：弗过遇之，位不当也。往厉必戒，终不可长也。

【注释】弗过遇之："弗"，没有，不；"过"，过越；"弗过遇之"，不可过越本位，以求与六五相遇，而应顺其自然。

【译文】九四，没有灾祸，不可过越（以求）相遇，前往会有凶险，务必戒慎警惕。不可（急于）施展才能，要永久守持中正之道。

象辞说：不可过越（以求）相遇，是因为居位不当。前往会有凶险，务必戒慎警惕，（因为主动求遇）最终不会长久。

【爻辞释义】九四阳爻居阴位，上承君王六五。九四处上卦的下位，以刚居柔，刚而兼柔，不会逞强，没有灾祸，即"无咎"。九四居位不正，宜谨守柔顺之道，不可去巴结或是征服六五，只应等六五自愿前来相遇。"不宜上，宜下"，不可前往，往则有危，所以爻辞告诫"弗过遇之，往厉必戒"，即不可妄动。"勿用永贞""勿用"就是不要过分表现自己，不要急于求得重用；"永贞"就是永远守持正道。显然，将"勿用永贞"理解为"用不着固守中正之道"是不对的，在"勿用"后面加一逗号似更妥，即"勿用，永贞"。

六五，密云不雨，自我西郊，公弋取彼在穴。
象曰：密云不雨，已上也。

【注释】密云不雨：六五阴爻居阳位，故用"密云"作比喻；"密云不雨"，喻指其治国理政能力差，不能恩泽天下、施惠与民众。弋（yì）：（动词）用带有绳子的箭射小动物；（名词）用来射小动物的带有绳子的箭。

【译文】六五，阴云密布却没有降雨，云气是从自己城邑的西郊而来的，王公用弋射中了洞穴中的一只小猎物。

象辞说：阴云密布却没有降雨，是因为阴云已经向上飘去。

【爻辞释义】六五阴爻居于君位，失位，象征治国理政能力差，干不了大事。降雨象征君王施恩惠与天下，"密云不雨"则表示六五不能恩泽天下、施惠与民众。六五阴爻居阳位，因而用"密云"作比喻。古人认为，云自西向东而来，是不会下雨的，所以说"密云不雨，自我西郊"。"公"是指六五，因为六五虽为一国之君，其阴极盛，所以爻辞中称之为公，而不称其为王。弋是一种带有绳子的箭，只能射近，而不能射远。"公弋取彼在穴"，即用弋猎取洞穴中的小动物，比喻只可小事，不可大事。象辞说"密云不雨，已上也"，意思是：浓云密布在天空，却不下雨，是因为阴已经过高了。阴阳交合，才会下雨，但六五阴已过高，不能与阳相遇，故而不能化雨。

上六，弗遇过之，飞鸟离之，凶，是谓灾眚。
象曰：弗遇过之，已亢也。

【注释】弗遇过之：没有相遇就已经过去了。离：离开，分离。是谓灾眚："是"，这，这个，这样；"谓"，是，说的是；"眚"（shěng）：灾难，过错；"是谓灾眚"，这就是灾祸。

【译文】上六，没有相遇就过去了，鸟儿飞而离去，有凶险，这就是灾祸。

象辞说：没有相遇就过去了，这是因为上六过于亢进的缘故。

【爻辞释义】上六阴爻居阴位，得位，处小过卦之极，阴气太过。小过卦的卦辞指出"不宜上，宜下"，可是上六却一味过越而不知极限，至于过亢，与阳气未能遇合，就错过了。上六就像飞鸟一样向上飞翔，越高就越无所终，会遇到凶险。所以，爻辞说"弗遇过之，飞鸟离之，凶"。

第六十三卦　既济卦

离下坎上

既济：亨小，利贞，初吉终乱。

【注释】既：尽，尽皆，完全。济：过河，渡；救济。乱：变故。

【译文】既济卦：小事也亨通，宜于守持贞正之道，起初吉祥，最终将会发生危乱。

【卦辞释义】济，为渡河之意；既，为尽皆、完全之意；"既济"是万事皆济、万事皆成的意思。既然万事皆成，就是无所不成，小事也不例外，同样亨通顺利，故称"亨小"。既济卦中，阳爻都居阳位，阴爻都居阴位，并且皆有正应，是六十四卦中唯一六爻皆居正位、皆有正应的完美卦象，因而象征成功、万事皆成。卦辞告诫"利贞"，即成功之时宜于守持贞正，居安思危，否则危乱将至，即"初吉终乱"。

彖曰：既济亨，小者亨也。利贞，刚柔正而位当也。初吉，柔得中也。终止则乱，其道穷也。

【注释】刚柔正而位当：上、下卦的刚、柔爻都居于正位，居位恰当。

【译文】彖辞说：既济卦亨通，连小事都亨通。利于守持中正之道，刚柔爻均处正位，居位恰当。起初吉祥，（是因为六二）柔爻居位中正。最终发生危乱，是因为其穷途末路。

象曰：水在火上，既济。君子以思患而豫防之。

【注释】思患而豫防之："患"，灾患；"豫"，通预；"豫防"，即预防；"思患而豫防之"，考虑灾患，加以防范。《周易注》："存不忘亡，既济不忘未济也。"

【译文】象辞说：水在火上，是既济卦的卦象。君子观此卦象，考虑灾患，防范于未然。

初九，曳其轮，濡其尾，无咎。
象曰：曳其轮，义无咎也。

【注释】曳（yè）：拖，拉，牵拉。濡其尾："濡"（rú），浸湿；"濡其尾"，小狐狸沾湿了尾巴。为什么是"小狐狸"呢？因为在下一卦未济卦的卦辞中有"小狐汔济，濡其尾"，既济卦和未济卦分别讲述了如何保持成功和取得成功的道理，这一卦虽然没有提"小狐"，但应该同样也是用小狐狸作比喻的。

【译文】初九，向后拖曳车轮（减其速），（小狐狸）沾湿尾巴（渡河不能速进），没有灾祸。

象辞说：向后拖曳车轮（减其速），理应不会有灾祸。

【爻辞释义】初九阳爻居阳位，得位，与六四正应。初九处既济的开始，意欲济渡，上应六四，但并不急躁，谨慎戒惧。爻辞中用"曳其轮，濡其尾"作比喻，意思是：向后拖曳车轮，使车减速；像小狐狸渡河，沾湿了尾巴而不能速进。向后拖曳车轮这样的行为，符合谨慎守成的道理，所以不致遭受祸害，即"无咎"。

六二，妇丧其髢，勿逐，七日得。

象曰：七日得，以中道也。

【注释】丧：丧失，丢失。髢（fú）：妇人的首饰。逐：追寻。七日得：七日就可失而复得。七日表示不太长的时间。

【译文】六二，妇人丢失了首饰，不要去寻找，七日之内就会失而复得。

象辞说：七日之内会失而复得，是因为守持中正之道。

【爻辞释义】六二阴爻居阴位，当位，处于下卦之中，持中守正，具有柔顺中正的美德。六二与九五正应，所以称其为"妇"，其夫为九五。六二居初九和九三之间，上不奉承九三，下不亲比初九，相邻而不相亲，会受到侵犯而有所失，故说"丧其髢"。髢是妇女的首饰，"丧其髢"在此比喻有损失。由于六二居中履正，定会平安无事，丢失的首饰，不必急于寻找，不久就会有人送来，即"勿逐，七日得"。象辞说"七日得，以中道也"，就是说：丢失的首饰不久就会失而复得，是因为其守持中正之道。

九三，高宗伐鬼方，三年克之，小人勿用。

象曰：三年克之，惫也。

【注释】高宗：指殷王武丁，殷商中兴的贤君。鬼方：殷商时西北地区的异族部落。

【译文】九三，殷高宗讨伐鬼方，历时三年才取胜；不可重用小人。

象辞说：历时三年才取胜，是因为衰惫的缘故。

【爻辞释义】九三阳爻居位得正，处于下卦之终。下卦为离，为火，象征文明，处下卦之终，就像是处于王朝中间的衰败时期。九三居得其位，具有救济衰败的能力。殷高宗讨伐鬼方，使殷商得以中兴，该爻是用此事作为比喻。殷高宗才高德厚，但因为殷商衰惫严重，不能马上取胜，历经三年才将鬼方征服，故说"高宗伐鬼方，三年克之"。这说明，虽然处在既济卦中，但取得成功也不是容易的事。胜利之后，应该休养生息，不可任用小人，防其兴风作浪，即"小人勿用"。既济卦的六爻不动，才能处于完美的平衡状态，所以九三不能动，不能听信小人之言而轻率行动。

六四，繻有衣袽，终日戒。

象曰：终日戒，有所疑也。

【注释】繻（rú）：细密的丝织品。《周易注》和《伊川易传》均认为"繻"应为"濡"（rú），即漏水。《周易注》："繻宜曰濡，衣袽，所以塞舟漏也。"《伊川易传》："当既济之时以防患虑变为急，繻当作濡，谓漏也。舟有漏，则塞以衣袽，有衣袽以备濡漏。"袽（rú）：破衣服或旧絮。袽，《说文》解作絮。古无棉花，富者以乱丝为絮，贫者以乱麻为絮。戒：小心，警惕。

【译文】六四，准备有破衣旧絮，以防止（船只）漏水，终日保持戒备。

象辞说：终日保持戒备，因为心中有所疑虑。

【爻辞释义】六四阴爻居阴位，凡事谨慎小心，有所防备，就像是船上备有破衣旧絮，万一船有漏洞，就可以堵住。爻辞之所以用这个比喻，是因为六四虽然居得其位，但是意在初九，上不承九五，下不亲九三，邻而不亲，就如同身在船上而可能发生漏水，此时有破衣旧絮就可以得救。六四能够得以保全自身，是因为终日戒备，所以说"繻有衣袽，终日戒"。象辞说"终日戒，有所疑也"，意思是：六四终日戒备，是因为不与九三和九五亲密，恐其侵犯，存疑虑之心，有危机感。

九五，东邻杀牛，不如西邻之禴祭，实受其福。

象曰：东邻杀牛，不如西邻之时也。实受其福，吉大来也。

【注释】东邻、西邻：指商朝与周朝。禴（yuè）祭：禴祭是古代君王的祭礼，为四时之祭中最简单的祭祀。

【译文】九五，东邻杀牛（隆重祭祀），不如西邻的简单祭祀，实在地受到福佑。

象辞说：东邻杀牛（隆重祭祀），不如西邻的（祭祀）顺应天时。实在地受到福佑，吉祥源源不断而来。

【爻辞释义】九五刚健中正，居于君位，在既济成功的卦中，正值极盛之时。九五居中履正，重于修德，而不妄行妄为。爻辞中的东邻和西邻，指的是商朝与周朝。商纣王不能修德，虽然用杀牛来祭祀，仪式隆重，却没有得到福佑；周文王敬德修善，只用简单的祭品献祭，反而得到了福佑；所以说"东邻杀牛，不如西邻之禴祭，实受其福"。最后，周灭商而成为天子之国，象辞说其原因是纣王祭祀不合时，而文王则是祭祀合时。

上六，濡其首，厉。
象曰：濡其首，厉，何可久也？

【注释】濡其首："濡"（rú），浸湿；"濡其首"，浸湿了它的头。《周易正义》："上六处既济之极，则反于未济。若反于未济，则首先犯焉。若进而不已，必遇于难，故濡其首也。既被濡首，将没不久，危莫先焉，故曰：'濡其首，厉'也。"

【译文】上六，浸湿了头，很危险。

象辞说：浸湿了头，很危险，怎么会长久呢？

【爻辞释义】上六阴爻居阴位，虽正不中，处于既济之终，已无路可走。狐狸过河时头被淹没，非常危险，身体也将沉入水中，所以说"濡其首，厉"。象辞说，头被淹没了，非常危险，这样怎么能长久呢？完美的极致便是缺损的开始，既济卦是最完美的，发展到最后也会走向衰败，万事万物的变化规律是不以人的意志为转移的。

第六十四卦　未济卦

坎下离上

未济：亨，小狐汔济，濡其尾，无攸利。

【注释】未济："济"，渡河；"未济"，渡河没有完成，引申为未成功。从卦象看，未济卦的六爻都居位不正，表示一切都需要再调整。《周易正义》："'未济'者，未能济渡之名也。未济之时，小才居位，不能建功立德，拔难济险。若能执柔用中，委任贤哲，则未济有可济之理，所以得通，故曰'未济，亨'。"汔济："汔"（qì），接近，几近；"汔济"，渡河快要到岸。濡：潮湿，浸湿。

【译文】未济卦：亨通顺利，小狐狸渡河快要到达彼岸，沾湿了尾巴，无所获利。

【卦辞释义】本卦六爻皆不当位，即阴爻居阳位，阳爻居阴位，未济卦象征渡河没有完成，事业尚未成功。当前的未能成功并不意味着永远不能成功，若能守持中道、任用贤才，则有可能取得成功，可以亨通，故称"亨"。卦辞以小狐狸渡河作为比喻，说明未济卦所表达的状况。"小狐汔济，濡其尾，无攸利"，说的是：小狐狸渡河快要到达彼岸时，尾巴被打湿了，渡河未能完成，因而无所获利。狐狸是可以渡河的，但小狐狸体力不支，尾巴打湿后便无力渡河了。"小狐汔济，濡其尾，无攸利"的寓意是，未济之时只有大才大德之人才能排险济难，"小狐"比喻小才，小才则因能力不足，难以克服困难、取得成功。

未济卦是六十四卦的最后一卦，这里说的"未济"并非穷尽，相反的是未穷，事物不仅没有在终点停下来，反而以其为新的起点，又开始了新一轮的变化过程。未济卦中各爻皆不当位，所以当前未济；但是卦中各爻皆刚柔相应，故而仍有可济之理。

彖曰：未济亨，柔得中也。小狐汔济，未出中也。濡其尾，无攸利，不续终也。虽不当位，刚柔应也。

【注释】未济亨，柔得中也："未济"之所以得"亨"，是因为六五居中，与九二相应，接纳阳刚之才辅助自己，因而可在未济之时获得亨通。虽不当位，刚柔应也：各爻均不当位，解释当前未济的原因；但是刚柔爻皆相正应，互相救助，所以仍有可济之理。

【译文】彖辞说：未济可得亨通，（这是因为六五）柔爻居得中位。小狐狸渡河快要到达彼岸，但尚未从河中走出。尾巴浸湿了，无所利益，不能继续（渡河）到达终点。虽然（六爻均）不当位，（但是各爻皆）刚柔相应。

象曰：火在水上，未济。君子以慎辨物居方。

【注释】君子以慎辨物居方："慎"，谨慎；"辨物"，分辨事物；"方"，方位、位置；"君子以慎辨物居方"，君子见未济之时刚柔失正，故谨慎行事，辨别各种事物，使其各居其位、各得其所、发挥作用，以利取得成功。《周易注》："辨物居方，令物各当其所也。"《周易正义》："'君子以慎辨物居方'者，君子见未济之时，刚柔失正，故用慎为德，辨别众物，各居其方，使皆得安其所，所以济也。"

【译文】象辞说：火在水上，是未济卦的卦象。君子观此卦象，谨慎分辨各种事物，使之各居其位。

初六，濡其尾，吝。

象曰：濡其尾，亦不知极也。

【译文】初六，（小狐狸）沾湿了其尾巴（渡河不会成功），遗憾。

象辞说：（小狐狸）沾湿了其尾巴，也不知道（自己力量的）极限。

【爻辞释义】初六处于未济卦的开始，以阴爻居于阳位，不中不正。初六上应九四，意欲前往。然而，由于体质柔弱，贸然渡河，尾巴被浸湿，气力不支，渡河不会成功，难免遗憾，所以说"濡其尾，吝"。象辞说"濡其尾，亦不知极也"，意思是：（小狐狸）在渡河时弄湿了尾巴，招致麻烦，是因为不知道自己几斤几两，不自量力。

九二，曳其轮，贞吉。

象曰：九二贞吉，中以行正也。

【注释】曳其轮：曳（yè），拖，拉，牵拉；"曳其轮"，拖住其车轮，比喻任务重、困难大。中以行正：居中位，行正道。《周易正义》："'中以行正'者，释九二失位而称贞吉者，位虽不正，以其居中，故能行正也。"

【译文】九二，（困难重重，如同）车轮被拖住，守持贞正而获吉祥。

象辞说：九二守持贞正而获吉祥，是因为居中位，行正道。

【爻辞释义】九二以阳爻居阴位，位虽不正，但处下卦中位，能奉行中正之道。九二处未济之时，居险难之中，以阳刚之质与六五相应。六五体质柔弱，委任九二济难，任重道远，困难重重，故称"曳其轮"。九二受命济难，行为中正，所以得吉，即"贞吉"。

六三，未济，征凶，利涉大川。

象曰：未济，征凶，位不当也。

【注释】利涉大川：①六三下比九二，如能同舟共济，涉险排难，则可脱离坎险，所以利涉大川。《周易注》："二能拯难，而己比之，弃己委二，载二而行，溺可得乎？何忧未济？故曰'利涉大川'。"②"利"字前面应当有"不"字，是转抄时漏掉了。《周易古经今注》："疑利上当有不字，讼云'不利涉大川'，此《易》言不利涉大川之例。"

【译文】六三，渡不了河，前往有凶险，（若与九二同行，则）利于涉越大河。

象辞说：渡不了河，前往有凶险，是因为居位不当的缘故。

【爻辞释义】六三在下卦坎的最上位，以阴爻居阳位，但才质柔弱。六三居位不当，又身处险境，自身难保，却急于前进，必然凶险，故称"未济，征凶"。九二是能够拯救危难、担当大任的人，六三若能委身于九二，同舟共济，则可避免危险，"利涉大川"。

九四，贞吉，悔亡，震用伐鬼方，三年有赏于大国。
象曰：贞吉悔亡，志行也。

【注释】震用伐鬼方："震用"，以浩大如雷、无比威武的声势；"伐"，征伐，讨伐；"鬼方"，商代西北的叛乱部落；"震用伐鬼方"，以雷霆万钧之势征讨鬼方。《周易本义》："以九居四，不正而有悔也。能勉而正则悔亡矣，然以不正之资，欲勉而非极其阳刚用力之久不能也，故为伐鬼方，三年而受赏之象。"大国：秦朝之前实行分封制，王朝之下分封诸侯国，封赏方圆百里以上的土地即为大国。

【译文】九四，守持正道而获吉祥，悔恨消失。以雷霆万钧之势征讨鬼方，三年（获胜）而受到封赏大国的嘉奖。

象辞说：守持正道而获吉祥，悔恨消失，可以实现其志向了。

【爻辞释义】九四阳爻居阴位，居位不正，本来应该有悔。但是，九四已走出下卦坎险，来到离卦之下，接近六五尊位，守持正道，因而可获吉祥，使悔恨消除，即"贞吉，悔亡"。九四以浩大如雷、威武无比的气势，担负起了讨伐叛乱部族鬼方的重任。由于刚出险境，力量还不足够强大，经过三年的征战才完成平定叛乱的使命，得到君王封赐百里大国的嘉奖，此即"震用伐鬼方，三年有赏于大国"的意思。这是借用殷商伐鬼方的故事，说明九四已走出困境，可以实现复兴的抱负了。

六五，贞吉，无悔，君子之光，有孚，吉。

象曰：君子之光，其晖吉也。

【注释】其晖吉："晖"，同辉。《伊川易传》："光盛则有晖；晖，光之散也。君子积充而光盛，至于有晖，善之至也，故重云'吉'。"

【译文】六五，守持正道而获吉祥，没有悔恨，（展现了）君子美德的光辉，有诚信之德，吉祥。

象辞说：君子美德的光辉，其光彩照耀带来吉祥。

【爻辞释义】六五阴爻以柔弱之质而居君位，为未济卦的主爻。六五处离卦的中位，因中正而获吉祥，无悔恨之事，故称"贞吉，无悔"。六五居于尊位，与九二相应，虽然自身柔弱，但能任用贤人。以文柔的方式使用威武，以柔和的方式驾驭阳刚，展现出"君子之光"。六四任人唯贤，用人不疑，下臣必将尽心竭力，大功可成，所以说"有孚，吉"。"君子之光，其晖吉也"，意思是：君子之德展现闪耀的光辉，其光明正大的德行可获吉祥。

上九，有孚于饮酒，无咎。濡其首，有孚，失是。

象曰：饮酒濡首，亦不知节也。

【注释】濡其首："濡"（rú），浸湿；"濡其首"，浸湿了它的头。既济卦上六爻的渡河"濡其首"，说的是成功后忘乎所以而导致灭顶的危险；这里的"濡其首"，说的是成功后毫无戒惧之心，庆功饮酒而将头扎入酒中；两卦的上爻皆有"濡其首"，讲的都是物极必反的道理。有孚，失是："是"，道理，正理。《周易本义》："若从而不反，如狐之涉水，而濡其首，则过于自信而失其义矣。"

【译文】上九，心怀诚信而（庆功）饮酒，没有过错。（沉溺于饮酒）将头都浸湿了，（过于）自信，有失正理。

象辞说：饮酒而将头扎入酒中，这也太不知节制了。

【爻辞释义】上九阳爻居阴位，是未济卦的终点，未济的终点就是既济，大功告成。上九与六五亲比，诚心诚意辅佐君王救难济世，是有功之臣。经过艰难险阻之后，取得了成功，饮酒欢庆，这没有过错，所以说"有孚于饮酒，无咎"。如果自恃有功，过于自信，逸乐无度，不知节制，沉溺于酒食的享乐之中，就可能偏离正道而招致灾祸。因此，爻辞告诫道："濡其首，有孚，失是。""濡其首"是形容其纵情滥饮，将头都扎进酒里了。"失是"就是失去了事物的正常道理，"是"为道理、正理。象辞说的"亦不知节也"，就是说不能节制，不能守持中正之道，取得成功后毫无戒惧之心。

参考文献

1. 姬昌 . 全本周易 . 北京：中国言实出版社，2008 年 2 月 .

2. 王弼 . 周易注 . 北京：中华书局，2011 年 6 月 .

3. 孔颖达 . 周易正义 . 北京：中国致公出版社，2009 年 1 月 .

4. 朱熹 . 周易本义 . 北京：九州出版社，2004 年 1 月 .

5. 程颐 . 伊川易传 . 北京：中华书局，2016 年 1 月 .

6. 李鼎祚 . 周易集解 . 北京：九州出版社，2003 年 2 月 .

7. 尚秉和 . 周易尚氏学 . 北京：中华书局，2016 年 3 月 .

8. 萧元 . 周易大辞典 . 北京：中国工人出版社，1991 年 7 月 .

9. 曾仕强 . 易经的奥秘 . 北京：北京时代华文书局，2017 年 7 月 .

10. 高亨 . 周易古经今注 . 北京：中华书局，1984 年 3 月 .

图书在版编目（CIP）数据

周易译注 / 李志刚译注. -- 武汉：崇文书局，
2024.1
　　ISBN 978-7-5403-7567-6

　　Ⅰ.①周… Ⅱ.①李… Ⅲ.①《周易》—译文②《周
易》—注释 Ⅳ.①B221

　　中国国家版本馆CIP数据核字(2024)第038567号

责任编辑：曾　咏
责任校对：董　颖
责任印刷：冯立慧
装帧设计：康　妞

周易译注
ZHOUYI YI ZHU

出版发行：长江出版传媒｜崇文书局
地　　址：武汉市雄楚大街268号C座11层
电　　话：（027）87677133　　邮政编码：430070
印　　刷：武汉中科兴业印务有限公司
开　　本：710×1000　1/16
印　　张：21.75
字　　数：327千
版　　次：2024年1月第1版
印　　次：2024年1月第1次印刷
定　　价：78.00元